Johann Wolfgang Goethe
dtv-Gesamtausgabe
Band 5

Y0-DNN-873

Johann Wolfgang Goethe
West-östlicher Divan
Noten und Abhandlungen zu besserem Verständnis
des West-östlichen Divans

Mit einem Nachwort
von Hellmuth Freiherrn von Maltzahn

Deutscher
Taschenbuch
Verlag

1. Auflage November 1961
2. Auflage August 1971: 41. bis 50. Tausend
Deutscher Taschenbuch Verlag GmbH & Co. KG,
München
Als Druckvorlage diente die im Artemis Verlag erschienene
Gedenkausgabe der Werke, Briefe und Gespräche
von Johann Wolfgang Goethe
Umschlagentwurf: Celestino Piatti
Gesamtherstellung: C. H. Beck'sche Buchdruckerei,
Nördlingen
Printed in Germany · ISBN 3-423-05105-1

Zwanzig Jahre ließ ich gehn
Und genoß was mir beschieden;
Eine Reihe völlig schön
Wie die Zeit der Barmekiden.

*

HEGIRE

Nord und West und Süd zersplittern,
Throne bersten, Reiche zittern
Flüchte du, im reinen Osten
Patriarchenluft zu kosten,
Unter Lieben, Trinken, Singen
Soll dich Chisers Quell verjüngen.

Dort im Reinen und im Rechten
Will ich menschlichen Geschlechten
In des Ursprungs Tiefe dringen,
Wo sie noch von Gott empfingen
Himmelslehr in Erdesprachen,
Und sich nicht den Kopf zerbrachen.

Wo sie Väter hoch verehrten,
Jeden fremden Dienst verwehrten;
Will mich freun der Jugendschranke:
Glaube weit, eng der Gedanke,
Wie das Wort so wichtig dort war,
Weil es ein gesprochen Wort war.

Will mich unter Hirten mischen,
An Oasen mich erfrischen,
Wenn mit Karawanen wandle,
Schal, Kaffee und Moschus handle;
Jeden Pfad will ich betreten
Von der Wüste zu den Städten.

Bösen Felsweg auf und nieder
Trösten, Hafis, deine Lieder,
Wenn der Führer mit Entzücken
Von des Maultiers hohem Rücken
Singt, die Sterne zu erwecken
Und die Räuber zu erschrecken.

Will in Bädern und in Schenken,
Heilger Hafis, dein gedenken;
Wenn den Schleier Liebchen lüftet,
Schüttelnd Ambralocken düftet.
Ja des Dichters Liebeflüstern
Mache selbst die Huris lüstern.

Wolltet ihr ihm dies beneiden,
Oder etwa gar verleiden;
Wisset nur, daß Dichterworte
Um des Paradieses Pforte
Immer leise klopfend schweben
Sich erbittend ewges Leben.

SEGENSPFÄNDER

Talisman in Karneol
Gläubgen bringt er Glück und Wohl;
Steht er gar auf Onyx' Grunde,
Küß ihn mit geweihtem Munde!
Alles Übel treibt er fort,
Schützet dich und schützt den Ort:
Wenn das eingegrabne Wort
Allahs Namen rein verkündet,
Dich zu Lieb und Tat entzündet.
Und besonders werden Frauen
Sich am Talisman erbauen.

Amulette sind dergleichen
Auf Papier geschriebne Zeichen;
Doch man ist nicht im Gedränge
Wie auf edlen Steines Enge,
Und vergönnt ist frommen Seelen
Längre Verse hier zu wählen.
Männer hängen die Papiere
Gläubig um, als Skapuliere.

Die Inschrift aber hat nichts hinter sich,
Sie ist sie selbst, und muß dir alles sagen,
Was hinterdrein mit redlichem Behagen
Du gerne sagst: Ich sag es! Ich!

Doch Abraxas bring ich selten!
Hier soll meist das Fratzenhafte,
Das ein düstrer Wahnsinn schaffte,
Für das Allerhöchste gelten.
Sag ich euch absurde Dinge,
Denkt, daß ich Abraxas bringe.

Ein Siegelring ist schwer zu zeichnen,
Den höchsten Sinn im engsten Raum;
Doch weißt du hier ein Echtes anzueignen,
Gegraben steht das Wort, du denkst es kaum.

FREISINN

Laßt mich nur auf meinem Sattel gelten!
Bleibt in euren Hütten, euren Zelten!
Und ich reite froh in alle Ferne,
Über meiner Mütze nur die Sterne.

—

Er hat euch die Gestirne gesetzt
Als Leiter zu Land und See;
Damit ihr euch daran ergetzt
Stets blickend in die Höh.

TALISMANE

Gottes ist der Orient!
Gottes ist der Okzident!
Nord- und südliches Gelände
Ruht im Frieden seiner Hände.

—

Er, der einzige Gerechte,
Will für jedermann das Rechte.
Sei, von seinen hundert Namen,
Dieser hochgelobet! Amen.

—

Mich verwirren will das Irren;
Doch du weißt mich zu entwirren.
Wenn ich handle, wenn ich dichte,
Gib du meinem Weg die Richte.

—

Ob ich Ird'sches denk und sinne,
Das gereicht zu höherem Gewinne.
Mit dem Staube nicht der Geist zerstoben,
Dringet, in sich selbst gedrängt, nach oben.

—

Im Atemholen sind zweierlei Gnaden:
Die Luft einziehen, sich ihrer entladen;
Jenes bedrängt, dieses erfrischt;
So wunderbar ist das Leben gemischt.
Du danke Gott, wenn er dich preßt,
Und dank ihm, wenn er dich wieder entläßt.

VIER GNADEN

Daß Araber an ihrem Teil
Die Weite froh durchziehen,
Hat Allah zu gemeinem Heil
Der Gnaden vier verliehen.

Den Turban erst, der besser schmückt
Als alle Kaiserkronen;
Ein Zelt, das man vom Orte rückt,
Um überall zu wohnen;

Ein Schwert, das tüchtiger beschützt
Als Fels und hohe Mauern;
Ein Liedchen, das gefällt und nützt,
Worauf die Mädchen lauern.

Und Blumen sing ich ungestört
Von ihrem Schal herunter,
Sie weiß recht wohl was ihr gehört
Und bleibt mir hold und munter.

Und Blum und Früchte weiß ich euch
Gar zierlich aufzutischen,
Wollt ihr Moralien zugleich,
So geb ich von den frischen.

GESTÄNDNIS

Was ist schwer zu verbergen? Das Feuer!
Denn bei Tage verrät's der Rauch,

Bei Nacht die Flamme, das Ungeheuer.
Ferner ist schwer zu verbergen auch
Die Liebe; noch so stille gehegt,
Sie doch gar leicht aus den Augen schlägt.
Am schwersten zu bergen ist ein Gedicht;
Man stellt es untern Scheffel nicht.
Hat es der Dichter frisch gesungen,
So ist er ganz davon durchdrungen,
Hat er es zierlich nett geschrieben,
Will er, die ganze Welt soll's lieben.
Er liest es jedem froh und laut,
Ob es uns quält, ob es erbaut.

ELEMENTE

Aus wie vielen Elementen
Soll ein echtes Lied sich nähren,
Daß es Laien gern empfinden,
Meister es mit Freuden hören?

Liebe sei vor allen Dingen
Unser Thema, wenn wir singen;
Kann sie gar das Lied durchdringen,
Wird's um desto besser klingen.

Dann muß Klang der Gläser tönen,
Und Rubin des Weins erglänzen:
Denn für Liebende, für Trinker
Winkt man mit den schönsten Kränzen.

Waffenklang wird auch gefodert,
Daß auch die Drommete schmettre;
Daß, wenn Glück zu Flammen lodert,
Sich im Sieg der Held vergöttre.

Dann zuletzt ist unerläßlich,
Daß der Dichter manches hasse;
Was unleidlich ist und häßlich
Nicht wie Schönes leben lasse.

Weiß der Sänger, dieser Viere
Urgewaltgen Stoff zu mischen,
Hafis gleich wird er die Völker
Ewig freuen und erfrischen.

ERSCHAFFEN UND BELEBEN

Hans Adam war ein Erdenkloß,
Den Gott zum Menschen machte,
Doch bracht er aus der Mutter Schoß
Noch vieles Ungeschlachte.

Die Elohim zur Nas hinein
Den besten Geist ihm bliesen,
Nun schien er schon was mehr zu sein,
Denn er fing an zu niesen.

Doch mit Gebein und Glied und Kopf
Blieb er ein halber Klumpen,
Bis endlich Noah für den Tropf
Das Wahre fand, den Humpen.

Der Klumpe fühlt sogleich den Schwung,
Sobald er sich benetzet,
So wie der Teig durch Säuerung
Sich in Bewegung setzet.

So, Hafis, mag dein holder Sang,
Dein heiliges Exempel,
Uns führen bei der Gläser Klang,
Zu unsres Schöpfers Tempel.

PHÄNOMEN

Wenn zu der Regenwand
Phöbus sich gattet,
Gleich steht ein Bogenrand
Farbig beschattet.

Im Nebel gleichen Kreis
Seh ich gezogen,
Zwar ist der Bogen weiß,
Doch Himmelsbogen.

So sollst du, muntrer Greis,
Dich nicht betrüben,
Sind gleich die Haare weiß,
Doch wirst du lieben.

LIEBLICHES

Was doch Buntes dort verbindet
Mir den Himmel mit der Höhe?
Morgennebelung verblindet
Mir des Blickes scharfe Sehe.

Sind es Zelte des Vesires,
Die er lieben Frauen baute?
Sind es Teppiche des Festes,
Weil er sich der Liebsten traute?

Rot und weiß, gemischt, gesprenkelt
Wüßt ich Schönres nicht zu schauen,
Doch wie, Hafis, kommt dein Schiras
Auf des Nordens trübe Gauen?

Ja es sind die bunten Mohne,
Die sich nachbarlich erstrecken,
Und, dem Kriegesgott zum Hohne,
Felder streifweis freundlich decken.

Möge stets so der Gescheute
Nutzend Blumenzierde pflegen,
Und ein Sonnenschein, wie heute,
Klären sie auf meinen Wegen!

ZWIESPALT

Wenn links an Baches Rand
Cupido flötet,
Im Felde rechter Hand
Mavors drommetet,
Da wird dorthin das Ohr
Lieblich gezogen,
Doch um des Liedes Flor
Durch Lärm betrogen.
Nun flötet's immer voll
Im Kriegesthunder,
Ich werde rasend, toll;
Ist das ein Wunder?
Fort wächst der Flötenton,
Schall der Posaunen,
Ich irre, rase schon;
Ist das zu staunen?

IM GEGENWÄRTIGEN VERGANGNES

Ros und Lilie morgentaulich
Blüht im Garten meiner Nähe;
Hinten an, bebuscht und traulich
Steigt der Felsen in die Höhe;
Und mit hohem Wald umzogen,
Und mit Ritterschloß gekrönet,
Lenkt sich hin des Gipfels Bogen,
Bis er sich dem Tal versöhnet.

Und da duftet's wie vor alters,
Da wir noch von Liebe litten,
Und die Saiten meines Psalters
Mit dem Morgenstrahl sich stritten;
Wo das Jagdlied aus den Büschen
Fülle runden Tons enthauchte,
Anzufeuern, zu erfrischen
Wie's der Busen wollt und brauchte.

Nun die Wälder ewig sprossen,
So ermutigt euch mit diesen,
Was ihr sonst für euch genossen
Läßt in andern sich genießen.
Niemand wird uns dann beschreien,
Daß wir's uns alleine gönnen;
Nun in allen Lebensreihen
Müsset ihr genießen können.

Und mit diesem Lied und Wendung
Sind wir wieder bei Hafisen,
Denn es ziemt des Tags Vollendung
Mit Genießern zu genießen.

LIED UND GEBILDE

Mag der Grieche seinen Ton
Zu Gestalten drücken,
An der eignen Hände Sohn
Steigern sein Entzücken;

Aber uns ist wonnereich
In den Euphrat greifen,
Und im flüßgen Element
Hin und wider schweifen.

Löscht ich so der Seele Brand,
Lied es wird erschallen;
Schöpft des Dichters reine Hand,
Wasser wird sich ballen.

DREISTIGKEIT

Worauf kommt es überall an,
Daß der Mensch gesundet?
Jeder höret gern den Schall an
Der zum Ton sich rundet.

Alles weg, was deinen Lauf stört!
Nur kein düster Streben!
Eh er singt und eh er aufhört,
Muß der Dichter leben.

Und so mag des Lebens Erzklang
Durch die Seele dröhnen!
Fühlt der Dichter sich das Herz bang,
Wird sich selbst versöhnen.

DERB UND TÜCHTIG

Dichten ist ein Übermut,
Niemand schelte mich!
Habt getrost ein warmes Blut
Froh und frei wie ich.

Sollte jeder Stunde Pein
Bitter schmecken mir,
Würd ich auch bescheiden sein
Und noch mehr als ihr.

Denn Bescheidenheit ist fein
Wenn das Mädchen blüht,
Sie will zart geworben sein
Die den Rohen flieht.

Auch ist gut Bescheidenheit,
Spricht ein weiser Mann,
Der von Zeit und Ewigkeit
Mich belehren kann.

Dichten ist ein Übermut!
Treib es gern allein.
Freund' und Frauen, frisch von Blut,
Kommt nur auch herein!

Mönchlein ohne Kapp und Kutt
Schwatz nicht auf mich ein!
Zwar du machest mich kaputt,
Nicht bescheiden, nein!

Deiner Phrasen leeres Was
Treibet mich davon,
Abgeschliffen hab ich das
An den Sohlen schon.

Wenn des Dichters Mühle geht,
Halte sie nicht ein:
Denn wer einmal uns versteht
Wird uns auch verzeihn.

ALLEBEN

Staub ist eins der Elemente,
Das du gar geschickt bezwingest,
Hafis, wenn zu Liebchens Ehren
Du ein zierlich Liedchen singest.

Denn der Staub auf ihrer Schwelle
Ist dem Teppich vorzuziehen,
Dessen goldgewirkte Blumen
Mahmuds Günstlinge beknien.

Treibt der Wind von ihrer Pforte
Wolken Staubs behend vorüber,
Mehr als Moschus sind die Düfte
Und als Rosenöl dir lieber.

Staub, den hab ich längst entbehret
In dem stets umhüllten Norden,
Aber in dem heißen Süden
Ist er mir genugsam worden.

Doch schon längst, daß liebe Pforten
Mir auf ihren Angeln schwiegen!
Heile mich, Gewitterregen,
Laß mich, daß es grunelt, riechen!

Wenn jetzt alle Donner rollen
Und der ganze Himmel leuchtet,
Wird der wilde Staub des Windes
Nach dem Boden hingefeuchtet.

Und sogleich entspringt ein Leben,
Schwillt ein heilig heimlich Wirken,
Und es grunelt und es grünet
In den irdischen Bezirken.

SELIGE SEHNSUCHT

Sagt es niemand, nur den Weisen,
Weil die Menge gleich verhöhnet,
Das Lebendge will ich preisen
Das nach Flammentod sich sehnet.

In der Liebesnächte Kühlung,
Die dich zeugte, wo du zeugtest,
Überfällt dich fremde Fühlung
Wenn die stille Kerze leuchtet.

Nicht mehr bleibest du umfangen
In der Finsternis Beschattung,
Und dich reißet neu Verlangen
Auf zu höherer Begattung.

Keine Ferne macht dich schwierig,
Kommst geflogen und gebannt,
Und zuletzt, des Lichts begierig,
Bist du Schmetterling verbrannt.

Und so lang du das nicht hast,
Dieses: Stirb und werde!
Bist du nur ein trüber Gast
Auf der dunklen Erde.

———

Tut ein Schilf sich doch hervor,
Welten zu versüßen!
Möge meinem Schreibe-Rohr
Liebliches entfließen!

Sei das Wort die Braut genannt,
Bräutigam der Geist;
Diese Hochzeit hat gekannt
Wer Hafisen preist.

*

BEINAME

DICHTER. Mohamed Schemseddin, sage,
Warum hat dein Volk, das hehre,
Hafis dich genannt?

HAFIS.   Ich ehre,
Ich erwidre deine Frage.
Weil in glücklichem Gedächtnis
Des Korans geweiht Vermächtnis
Unverändert ich verwahre,
Und damit so fromm gebare,
Daß gemeinen Tages Schlechtnis
Weder mich noch die berühret
Die Prophetenwort und Samen
Schätzen wie es sich gebühret;
Darum gab man mir den Namen.

DICHTER. Hafis, drum, so will mir scheinen,
Möcht ich dir nicht gerne weichen:
Denn, wenn wir wie andre meinen,
Werden wir den andern gleichen.

Und so gleich ich dir vollkommen
Der ich unsrer heilgen Bücher
Herrlich Bild an mich genommen,
Wie auf jenes Tuch der Tücher
Sich des Herren Bildnis drückte,
Mich in stiller Brust erquickte,
Trotz Verneinung, Hindrung, Raubens,
Mit dem heitern Bild des Glaubens.

ANKLAGE

Wißt ihr denn auf wen die Teufel lauern,
In der Wüste, zwischen Fels und Mauern?

Und, wie sie den Augenblick erpassen,
Nach der Hölle sie entführend fassen?
Lügner sind es und der Bösewicht.

Der Poete, warum scheut er nicht,
Sich mit solchen Leuten einzulassen!

Weiß denn der mit wem er geht und wandelt,
Er, der immer nur im Wahnsinn handelt?
Grenzenlos, von eigensinngem Lieben,
Wird er in die Öde fortgetrieben,
Seiner Klagen Reim, in Sand geschrieben,
Sind vom Winde gleich verjagt;
Er versteht nicht was er sagt,
Was er sagt wird er nicht halten.

Doch sein Lied man läßt es immer walten,
Da es doch dem Koran widerspricht.
Lehret nun, ihr des Gesetzes Kenner,
Weisheit-fromme hochgelahrte Männer,
Treuer Mosleminen feste Pflicht.

Hafis insbesondre schaffet Ärgernisse,
Mirza sprengt den Geist ins Ungewisse,
Saget was man tun und lassen müsse?

FETWA

Hafis' Dichterzüge sie bezeichnen
Ausgemachte Wahrheit unauslöschlich;
Aber hie und da auch Kleinigkeiten
Außerhalb der Grenze des Gesetzes.
Willst du sicher gehn, so mußt du wissen
Schlangengift und Theriak zu sondern. –
Doch der reinen Wollust edler Handlung
Sich mit frohem Mut zu überlassen,
Und vor solcher, der nur ewge Pein folgt,
Mit besonnenem Sinn sich zu verwahren,
Ist gewiß das Beste um nicht zu fehlen.
Dieses schrieb der arme Ebusuud,
Gott verzeih ihm seine Sünden alle.

DER DEUTSCHE DANKT

Heiliger Ebusuud, hast's getroffen!
Solche Heilge wünschet sich der Dichter;
Denn gerade jene Kleinigkeiten
Außerhalb der Grenze des Gesetzes
Sind das Erbteil wo er übermütig,
Selbst im Kummer lustig, sich beweget.
Schlangengift und Theriak muß
Ihm das eine wie das andre scheinen.
Töten wird nicht jenes, dies nicht heilen:
Denn das wahre Leben ist des Handelns
Ewge Unschuld, die sich so erweiset,
Daß sie niemand schadet als sich selber.
Und so kann der alte Dichter hoffen,
Daß die Huris ihn im Paradiese
Als verklärten Jüngling wohl empfangen.
Heiliger Ebusuud, hast's getroffen!

FETWA

Der Mufti las des Misri Gedichte
Eins nach dem andern, alle zusammen,
Und wohlbedächtig warf sie in die Flammen,
Das schöngeschriebne Buch es ging zunichte.

»Verbrannt sei jeder«, sprach der hohe Richter,
»Wer spricht und glaubt wie Misri – er allein
Sei ausgenommen von des Feuers Pein:
Denn Allah gab die Gabe jedem Dichter;
Mißbraucht er sie im Wandel seiner Sünden,
So seh er zu, mit Gott sich abzufinden.«

UNBEGRENZT

Daß du nicht enden kannst, das macht dich groß,
Und daß du nie beginnst, das ist dein Los.
Dein Lied ist drehend wie das Sterngewölbe,
Anfang und Ende immerfort dasselbe,
Und was die Mitte bringt ist offenbar
Das was zu Ende bleibt und anfangs war.

Du bist der Freuden echte Dichterquelle,
Und ungezählt entfließt dir Well auf Welle.
Zum Küssen stets bereiter Mund,
Ein Brustgesang der lieblich fließet,
Zum Trinken stets gereizter Schlund,
Ein gutes Herz das sich ergießet.

Und mag die ganze Welt versinken!
Hafis, mit dir, mit dir allein
Will ich wetteifern! Lust und Pein
Sei uns den Zwillingen gemein!
Wie du zu lieben und zu trinken,
Das soll mein Stolz, mein Leben sein.

Nun töne Lied mit eignem Feuer!
Denn du bist älter, du bist neuer.

NACHBILDUNG

In deine Reimart hoff ich mich zu finden,
Das Wiederholen soll mir auch gefallen,
Erst werd ich Sinn, sodann auch Worte finden;
Zum zweitenmal soll mir kein Klang erschallen,
Er müßte denn besondern Sinn begründen,
Wie du's vermagst, Begünstigter vor allen!

Denn wie ein Funke fähig zu entzünden
Die Kaiserstadt, wenn Flammen grimmig wallen,
Sich winderzeugend, glühn von eignen Winden,
Er, schon erloschen, schwand zu Sternenhallen:
So schlang's von dir sich fort mit ewgen Gluten
Ein deutsches Herz von frischem zu ermuten.

—

Zugemeßne Rhythmen reizen freilich,
Das Talent erfreut sich wohl darin;
Doch wie schnelle widern sie abscheulich,
Hohle Masken ohne Blut und Sinn;
Selbst der Geist erscheint sich nicht erfreulich,
Wenn er nicht, auf neue Form bedacht,
Jener toten Form ein Ende macht.

OFFENBAR GEHEIMNIS

Sie haben dich, heiliger Hafis,
Die mystische Zunge genannt,
Und haben, die Wortgelehrten,
Den Wert des Worts nicht erkannt.

Mystisch heißest du ihnen,
Weil sie Närrisches bei dir denken
Und ihren unlautern Wein
In deinem Namen verschenken.

Du aber bist mystisch rein,
Weil sie dich nicht verstehn,
Der du, ohne fromm zu sein, selig bist!
Das wollen sie dir nicht zugestehn.

WINK

Und doch haben sie recht, die ich schelte:
Denn, daß ein Wort nicht einfach gelte,
Das müßte sich wohl von selbst verstehn.
Das Wort ist ein Fächer! Zwischen den Stäben
Blicken ein Paar schöne Augen hervor.
Der Fächer ist nur ein lieblicher Flor,
Er verdeckt mir zwar das Gesicht,
Aber das Mädchen verbirgt er nicht,
Weil das Schönste was sie besitzt,
Das Auge, mir ins Auge blitzt.

AN HAFIS

Was alle wollen weißt du schon
Und hast es wohl verstanden:
Denn Sehnsucht hält, von Staub zu Thron,
Uns all in strengen Banden.

Es tut so weh, so wohl hernach,
Wer sträubte sich dagegen?
Und wenn den Hals der eine brach,
Der andre bleibt verwegen.

Verzeihe, Meister, wie du weißt
Daß ich mich oft vermesse,
Wenn sie das Auge nach sich reißt
Die wandelnde Zypresse.

Wie Wurzelfasern schleicht ihr Fuß
Und buhlet mit dem Boden;
Wie leicht Gewölk verschmilzt ihr Gruß,
Wie Ost-Gekos ihr Oden.

Das alles drängt uns ahndevoll,
Wo Lock an Locke kräuselt,
In brauner Fülle ringelnd schwoll,
Sodann im Winde säuselt.

Nun öffnet sich die Stirne klar,
Dein Herz damit zu glätten,
Vernimmst ein Lied so froh und wahr,
Den Geist darin zu betten.

Und wenn die Lippen sich dabei
Aufs niedlichste bewegen,
Sie machen dich auf einmal frei,
In Fesseln dich zu legen.

Der Atem will nicht mehr zurück,
Die Seel zur Seele fliehend,
Gerüche winden sich durchs Glück
Unsichtbar wolkig ziehend.

Doch wenn es allgewaltig brennt,
Dann greifst du nach der Schale:
Der Schenke läuft, der Schenke kömmt
Zum erst- und zweitenmale.

Sein Auge blitzt, sein Herz erbebt,
Er hofft auf deine Lehren,
Dich, wenn der Wein den Geist erhebt,
Im höchsten Sinn zu hören.

Ihm öffnet sich der Welten Raum,
Im Innern Heil und Orden,
Es schwillt die Brust, es bräunt der Flaum,
Er ist ein Jüngling worden.

Und wenn dir kein Geheimnis blieb
Was Herz und Welt enthalte,
Dem Denker winkst du treu und lieb,
Daß sich der Sinn entfalte.

Auch daß vom Throne Fürstenhort
Sich nicht für uns verliere,
Gibst du dem Schach ein gutes Wort
Und gibst es dem Vesire.

Das alles kennst und singst du heut
Und singst es morgen eben:
So trägt uns freundlich dein Geleit
Durchs rauhe milde Leben.

Sage mir,
Was mein Herz begehrt?

Mein Herz ist bei dir,
Halt es wert.

*

MUSTERBILDER

Hör und bewahre
  Sechs Liebespaare.
Wortbild entzündet, Liebe schürt zu:
  Rustan und Rodawu.
Unbekannte sind sich nah:
  Jussuph und Suleika.
Liebe, nicht Liebesgewinn:
  Ferhad und Schirin.
Nur für einander da:
  Medschnun und Leila.
Liebend im Alter sah
  Dschemil auf Boteinah.
Süße Liebeslaune:
  Salomo und die Braune!
Hast du sie wohl vermerkt,
  Bist im Lieben gestärkt.

NOCH EIN PAAR

Ja, Lieben ist ein groß Verdienst!
Wer findet schöneren Gewinst? –
Du wirst nicht mächtig, wirst nicht reich,
Jedoch den größten Helden gleich.
Man wird, so gut wie vom Propheten,
Von Wamik und von Asra reden. –
Nicht reden wird man, wird sie nennen:
Die Namen müssen alle kennen.
Was sie getan, was sie geübt,
Das weiß kein Mensch! Daß sie geliebt,
Das wissen wir. Genug gesagt,
Wenn man nach Wamik und Asra fragt.

LESEBUCH

Wunderlichstes Buch der Bücher
Ist das Buch der Liebe;
Aufmerksam hab ich's gelesen:
Wenig Blätter Freuden,
Ganze Hefte Leiden;
Einen Abschnitt macht die Trennung.
Wiedersehn! ein klein Kapitel,
Fragmentarisch. Bände Kummers
Mit Erklärungen verlängert,
Endlos, ohne Maß.
O Nisami! – doch am Ende
Hast den rechten Weg gefunden;
Unauflösliches wer löst es?
Liebende sich wieder findend.

—

Ja, die Augen waren's, ja der Mund,
Die mir blickten, die mich küßten.
Hüfte schmal, der Leib so rund
Wie zu Paradieses Lüsten.
War sie da? Wo ist sie hin?
Ja! sie war's, sie hat's gegeben,
Hat gegeben sich im Fliehn
Und gefesselt all mein Leben.

GEWARNT

Auch in Locken hab ich mich
Gar zu gern verfangen,
Und so, Hafis, wär's wie dir
Deinem Freund ergangen.

Aber Zöpfe flechten sie
Nun aus langen Haaren,
Unterm Helme fechten sie,
Wie wir wohl erfahren.

Wer sich aber wohl besann
Läßt sich so nicht zwingen:
Schwere Ketten fürchtet man,
Rennt in leichte Schlingen.

VERSUNKEN

Voll Locken kraus ein Haupt so rund! –
Und darf ich dann in solchen reichen Haaren
Mit vollen Händen hin und wider fahren,
Da fühl ich mich von Herzensgrund gesund.
Und küß ich Stirne, Bogen, Augen, Mund,
Dann bin ich frisch und immer wieder wund.
Der fünfgezackte Kamm wo sollt er stocken?
Er kehrt schon wieder zu den Locken.
Das Ohr versagt sich nicht dem Spiel,
Hier ist nicht Fleisch, hier ist nicht Haut,
So zart zum Scherz, so liebeviel!
Doch wie man auf dem Köpfchen kraut,
Man wird in solchen reichen Haaren
Für ewig auf und nieder fahren.
So hast du, Hafis, auch getan,
Wir fangen es von vornen an.

BEDENKLICH

Soll ich von Smaragden reden,
Die dein Finger niedlich zeigt?
Manchmal ist ein Wort vonnöten,
Oft ist's besser daß man schweigt.

Also sag ich daß die Farbe
Grün und augerquicklich sei!
Sage nicht: daß Schmerz und Narbe
Zu befürchten nah dabei.

Immerhin! du magst es lesen!
Warum übst du solche Macht!
»So gefährlich ist dein Wesen
Als erquicklich der Smaragd.«

—

Liebchen, ach! im starren Bande
zwängen sich die freien Lieder,
Die im reinen Himmelslande
Munter flogen hin und wider.

Allem ist die Zeit verderblich,
Sie erhalten sich allein!
Jede Zeile soll unsterblich,
Ewig wie die Liebe sein.

SCHLECHTER TROST

Mitternachts weint und schluchzt ich,
Weil ich dein entbehrte.
Da kamen Nachtgespenster
Und ich schämte mich.
»Nachtgespenster«, sagt' ich,
»Schluchzend und weinend
Findet ihr mich, dem ihr sonst
Schlafendem vorüberzogt.
Große Güter vermiß ich.
Denkt nicht schlimmer von mir,
Den ihr sonst weise nanntet,
Großes Übel betrifft ihn!« –
Und die Nachtgespenster
Mit langen Gesichtern
Zogen vorbei,
Ob ich weise oder törig
Völlig unbekümmert.

GENÜGSAM

»Wie irrig wähnest du:
Aus Liebe gehöre das Mädchen dir zu.
Das könnte mich nun gar nicht freuen,
Sie versteht sich auf Schmeicheleien.«

DICHTER. Ich bin zufrieden, daß ich's habe!
Mir diene zur Entschuldigung:
Liebe ist freiwillige Gabe,
Schmeichelei Huldigung.

GRUSS

O wie selig ward mir!
Im Lande wandl ich,
Wo Hudhud über den Weg läuft.
Des alten Meeres Muscheln
Im Stein sucht ich die versteinten;
Hudhud lief einher,
Die Krone entfaltend;
Stolzierte, neckischer Art,
Über das Tote scherzend
Der Lebendge.
»Hudhud«, sagt ich, »fürwahr!
Ein schöner Vogel bist du.
Eile doch, Wiedehopf!
Eile, der Geliebten
Zu verkünden, daß ich ihr
Ewig angehöre.
Hast du doch auch
Zwischen Salomo
Und Sabas Königin
Ehemals den Kuppler gemacht!«

ERGEBUNG

»Du vergehst und bist so freundlich,
Verzehrst dich und singst so schön?«

DICHTER. Die Liebe behandelt mich feindlich!
Da will ich gern gestehn,
Ich singe mit schwerem Herzen.
Sieh doch einmal die Kerzen,
Sie leuchten indem sie vergehn.

———

Eine Stelle suchte der Liebe Schmerz,
Wo es recht wüst und einsam wäre;
Da fand er denn mein ödes Herz
Und nistete sich in das leere.

UNVERMEIDLICH

Wer kann gebieten den Vögeln
Still zu sein auf der Flur?
Und wer verbieten zu zappeln
Den Schafen unter der Schur?

Stell ich mich wohl ungebärdig,
Wenn mir die Wolle kraust?
Nein! Die Ungebärden entzwingt mir
Der Scherer, der mich zerzaust.

Wer will mir wehren zu singen
Nach Lust zum Himmel hinan,
Den Wolken zu vertrauen
Wie lieb sie mir's angetan?

GEHEIMES

Über meines Liebchens Äugeln
Stehn verwundert alle Leute;
Ich, der Wissende, dagegen
Weiß recht gut was das bedeute.

Denn es heißt: ich liebe diesen,
Und nicht etwa den und jenen.
Lasset nur, ihr guten Leute,
Euer Wundern, euer Sehnen!

Ja, mit ungeheuren Mächten
Blicket sie wohl in die Runde;
Doch sie sucht nur zu verkünden
Ihm die nächste süße Stunde.

GEHEIMSTES

»Wir sind emsig, nachzuspüren,
Wir, die Anekdotenjäger,
Wer dein Liebchen sei und ob du
Nicht auch habest viele Schwäger.

Denn, daß du verliebt bist, sehn wir,
Mögen dir es gerne gönnen;
Doch, daß Liebchen so dich liebe,
Werden wir nicht glauben können.«

Ungehindert, liebe Herren,
Sucht sie auf! nur hört das eine:
Ihr erschrecket, wenn sie dasteht!
Ist sie fort, ihr kost dem Scheine.

Wisset ihr wie Schehâb-eddin
Sich auf Arafat entmantelt,
Niemand haltet ihr für törig
Der in seinem Sinne handelt.

Wenn vor deines Kaisers Throne,
Oder vor der Vielgeliebten,
Je dein Name wird gesprochen,
Sei es dir zu höchstem Lohne.

Darum war's der höchste Jammer
Als einst Medschnun sterbend wollte,
Daß vor Leila seinen Namen
Man forthin nicht nennen sollte.

Höre den Rat den die Leier tönt;
Doch er nutzet nur, wenn du fähig bist.
Das glücklichste Wort, es wird verhöhnt,
Wenn der Hörer ein Schiefohr ist.

»Was tönt denn die Leier?« Sie tönet laut:
Die schönste das ist nicht die beste Braut;
Doch wenn wir dich unter uns zählen sollen,
So mußt du das Schönste, das Beste wollen.

FÜNF DINGE

Fünf Dinge bringen fünfe nicht hervor,
Du, dieser Lehre öffne du dein Ohr:
Der stolzen Brust wird Freundschaft nicht entsprossen;
Unhöflich sind der Niedrigkeit Genossen;
Ein Bösewicht gelangt zu keiner Größe;
Der Neidische erbarmt sich nicht der Blöße;
Der Lügner hofft vergeblich Treu und Glauben;
Das halte fest und niemand laß dir's rauben.

FÜNF ANDERE

Was verkürzt mir die Zeit?
　　Tätigkeit!
Was macht sie unerträglich lang?
　　Müßiggang!
Was bringt in Schulden?
　　Harren und Dulden!
Was macht Gewinnen?
　　Nicht lange besinnen!
Was bringt zu Ehren?
　　Sich wehren!

———

Lieblich ist des Mädchens Blick der winket,
Trinkers Blick ist lieblich, eh er trinket,
Gruß des Herren, der befehlen konnte,
Sonnenschein im Herbst, der dich besonnte.

Lieblicher als alles dieses habe
Stets vor Augen, wie sich kleiner Gabe
Dürftge Hand so hübsch entgegen dränget,
Zierlich dankbar was du reichst empfänget.
Welch ein Blick! ein Gruß! ein sprechend Streben!
Schau es recht und du wirst immer geben.

———

Und was im »Pend-Nameh« steht
Ist dir aus der Brust geschrieben:
Jeden dem du selber gibst
Wirst du wie dich selber lieben.
Reiche froh den Pfennig hin,
Häufe nicht ein Goldvermächtnis,
Eile freudig vorzuziehn
Gegenwart vor dem Gedächtnis.

———

Reitest du bei einem Schmied vorbei,
Weißt nicht wann er dein Pferd beschlägt;
Siehst du eine Hütte im Felde frei,
Weißt nicht ob sie dir ein Liebchen hegt;
Einem Jüngling begegnest du schön und kühn,
Er überwindet dich künftig oder du ihn.
Am sichersten kannst du vom Rebstock sagen
Er werde für dich was Gutes tragen.
So bist du denn der Welt empfohlen,
Das übrige will ich nicht wiederholen.

———

Den Gruß des Unbekannten ehre ja!
Er sei dir wert als alten Freundes Gruß.
Nach wenig Worten sagt ihr Lebewohl!
Zum Osten du, er westwärts, Pfad an Pfad. –
Kreuzt euer Weg, nach vielen Jahren drauf
Sich unerwartet, ruft ihr freudig aus:
»Er ist es! ja, da war's!« als hätte nicht
So manche Tagefahrt zu Land und See,
So manche Sonnenkehr sich drein gelegt.
Nun tauschet War um Ware, teilt Gewinn!

Ein alt Vertrauen wirke neuen Bund. –
Der erste Gruß ist viele tausend wert,
Drum grüße freundlich jeden der begrüßt.

—

Haben sie von deinen Fehlen
Immer viel erzählt,
Und für wahr sie zu erzählen
Vielfach sich gequält.
Hätten sie von deinem Guten
Freundlich dir erzählt,
Mit verständig treuen Winken
Wie man Beßres wählt;
O gewiß! das Allerbeste
Blieb mir nicht verhehlt,
Das fürwahr nur wenig Gäste
In der Klause zählt,
Nun als Schüler mich, zu kommen,
Endlich auserwählt,
Und mich lehrt der Buße Frommen,
Wenn der Mensch gefehlt.

—

Märkte reizen dich zum Kauf;
Doch das Wissen blähet auf.
Wer im stillen um sich schaut
Lernet wie die Lieb erbaut.
Bist du Tag und Nacht beflissen
Viel zu hören viel zu wissen:
Horch an einer andern Türe
Wie zu wissen sich gebühre.
Soll das Rechte zu dir ein,
Fühl in Gott was Rechts zu sein:
Wer von reiner Lieb entbrannt
Wird vom lieben Gott erkannt.

—

Wie ich so ehrlich war,
Hab ich gefehlt,
Und habe Jahre lang
Mich durchgequält;

Ich galt und galt auch nicht,
Was sollt es heißen?
Nun wollt ich Schelm sein,
Tät mich befleißen;
Das wollt mir gar nicht ein,
Mußt mich zerreißen.
Da dacht ich: ehrlich sein
Ist doch das beste,
War es nur kümmerlich,
So steht es feste.

—

Frage nicht durch welche Pforte
Du in Gottes Stadt gekommen,
Sondern bleib am stillen Orte
Wo du einmal Platz genommen.

Schaue dann umher nach Weisen,
Und nach Mächtgen, die befehlen;
Jene werden unterweisen,
Diese Tat und Kräfte stählen.

Wenn du nützlich und gelassen
So dem Staate treu geblieben,
Wisse! niemand wird dich hassen
Und dich werden viele lieben.

Und der Fürst erkennt die Treue,
Sie erhält die Tat lebendig;
Dann bewährt sich auch das Neue
Nächst dem Alten erst beständig.

—

Woher ich kam? Es ist noch eine Frage,
Mein Weg hierher, der ist mir kaum bewußt,
Heut nun und hier am himmelfrohen Tage
Begegnen sich, wie Freunde, Schmerz und Lust.
O süßes Glück, wenn beide sich vereinen!
Einsam, wer möchte lachen, möchte weinen?

—

Es geht eins nach dem andern hin,
Und auch wohl vor dem andern;
Drum laßt uns rasch und brav und kühn
Die Lebenswege wandern.
Es hält dich auf, mit Seitenblick,
Der Blumen viel zu lesen;
Doch hält nichts grimmiger zurück
Als wenn du falsch gewesen.

—

Behandelt die Frauen mit Nachsicht!
Aus krummer Rippe ward sie erschaffen,
Gott konnte sie nicht ganz grade machen.
Willst du sie biegen, sie bricht;
Läßt du sie ruhig, sie wird noch krümmer;
Du guter Adam, was ist denn schlimmer? –
Behandelt die Frauen mit Nachsicht:
Es ist nicht gut, daß euch eine Rippe bricht.

—

Das Leben ist ein schlechter Spaß,
Dem fehlt's an Dies, dem fehlt's an Das,
Der will nicht wenig, der zu viel,
Und Kann und Glück kommt auch ins Spiel.
Und hat sich's Unglück drein gelegt,
Jeder wie er nicht wollte trägt.
Bis endlich Erben mit Behagen
Herrn Kannnicht-Willnicht weiter tragen.

—

Das Leben ist ein Gänsespiel:
Je mehr man vorwärts gehet,
Je früher kommt man an das Ziel,
Wo niemand gerne stehet.

Man sagt die Gänse wären dumm,
O glaubt mir nicht den Leuten:
Denn eine sieht einmal sich rum
Mich rückwärts zu bedeuten.

Ganz anders ist's in dieser Welt
Wo alles vorwärts drücket,
Wenn einer stolpert oder fällt
Keine Seele rückwärts blicket.

———

»Die Jahre nahmen dir, du sagst, so vieles:
Die eigentliche Lust des Sinnespieles,
Erinnerung des allerliebsten Tandes
Von gestern, weit- und breiten Landes
Durchschweifen frommt nicht mehr; selbst nicht von oben
Der Ehren anerkannte Zier, das Loben,
Erfreulich sonst. Aus eignem Tun Behagen
Quillt nicht mehr auf, dir fehlt ein dreistes Wagen!
Nun wüßt ich nicht was dir Besondres bliebe?«

Mir bleibt genug! Es bleibt Idee und Liebe!

———

Vor den Wissenden sich stellen
Sicher ist's in allen Fällen!
Wenn du lange dich gequälet
Weiß er gleich wo dir es fehlet;
Auch auf Beifall darfst du hoffen,
Denn er weiß wo du's getroffen.

———

Freigebiger wird betrogen,
Geizhafter ausgesogen,
Verständiger irrgeleitet,
Vernünftiger leer geweitet,
Der Harte wird umgangen,
Der Gimpel wird gefangen.
Beherrsche diese Lüge,
Betrogener betrüge!

———

Wer befehlen kann wird loben,
Und er wird auch wieder schelten,
Und das muß dir, treuer Diener,
Eines wie das andre gelten.

Denn er lobt wohl das Geringe,
Schilt auch, wo er sollte loben;
Aber bleibst du guter Dinge,
Wird er dich zuletzt erproben.

Und so haltet's auch, ihr Hohen,
Gegen Gott wie der Geringe,
Tut und leidet, wie sich's findet,
Bleibt nur immer guter Dinge.

SCHACH SEDSCHAN UND SEINESGLEICHEN

Durch allen Schall und Klang
Der Transoxanen
Erkühnt sich unser Sang
Auf deine Bahnen!
Uns ist für gar nichts bang,
In dir lebendig,
Dein Leben daure lang,
Dein Reich beständig!

HÖCHSTE GUNST

Ungezähmt so wie ich war
Hab ich einen Herrn gefunden,
Und gezähmt nach manchem Jahr
Eine Herrin auch gefunden.
Da sie Prüfung nicht gespart
Haben sie mich treu gefunden,
Und mit Sorgfalt mich bewahrt
Als den Schatz, den sie gefunden.
Niemand diente zweien Herrn
Der dabei sein Glück gefunden;
Herr und Herrin sehn es gern
Daß sie beide mich gefunden,
Und mir leuchtet Glück und Stern
Da ich beide sie gefunden.

FERDUSI SPRICHT

»O Welt! wie schamlos und boshaft du bist!
Du nährst und erziehest und tötest zugleich.«

—

Nur wer von Allah begünstiget ist,
Der nährt sich, erzieht sich, lebendig und reich.

—

Was heißt denn Reichtum? Eine wärmende Sonne,
Genießt sie der Bettler, wie wir sie genießen!
Es möge doch keinen der Reichen verdrießen
Des Bettlers im Eigensinn selige Wonne.

DSCHELÂL-EDDÎN RUMI SPRICHT

»Verweilst du in der Welt, sie flieht als Traum,
Du reisest, ein Geschick bestimmt den Raum;
Nicht Hitze, Kälte nicht vermagst du fest zu halten,
Und was dir blüht, sogleich wird es veralten.«

SULEIKA SPRICHT

»Der Spiegel sagt mir ich bin schön!
Ihr sagt: zu altern sei auch mein Geschick.
Vor Gott muß alles ewig stehn,
In mir liebt Ihn, für diesen Augenblick.«

»Wo hast du das genommen?
Wie konnt es zu dir kommen?
Wie aus dem Lebensplunder
Erwarbst du diesen Zunder,
Der Funken letzte Gluten
Von frischem zu ermuten?«

Euch mög es nicht bedünkeln
Es sei gemeines Fünkeln;
Auf ungemeßner Ferne,
Im Ozean der Sterne,
Mich hatt ich nicht verloren,
Ich war wie neu geboren.

Von weißer Schafe Wogen
Die Hügel überzogen,
Umsorgt von ernsten Hirten,
Die gern und schmal bewirten,
So ruhig liebe Leute,
Daß jeder mich erfreute.

In schauerlichen Nächten,
Bedrohet von Gefechten;
Das Stöhnen der Kamele
Durchdrang das Ohr, die Seele,
Und derer, die sie führen,
Einbildung und Stolzieren.

Und immer ging es weiter,
Und immer ward es breiter,
Und unser ganzes Ziehen
Es schien ein ewig Fliehen,
Blau, hinter Wüst und Heere,
Der Streif erlogner Meere.

—

Keinen Reimer wird man finden
Der sich nicht den besten hielte,
Keinen Fiedler, der nicht lieber
Eigne Melodien spielte.

Und ich konnte sie nicht tadeln;
Wenn wir andern Ehre geben,
Müssen wir uns selbst entadeln;
Lebt man denn wenn andre leben?

Und so fand ich's denn auch juste
In gewissen Antichambern,
Wo man nicht zu sondern wußte
Mäusedreck von Koriandern.

Das Gewesne wollte hassen
Solche rüstge neue Besen,
Diese dann nicht gelten lassen
Was sonst Besen war gewesen.

Und wo sich die Völker trennen
Gegenseitig im Verachten,
Keins von beiden wird bekennen,
Daß sie nach demselben trachten.

Und das grobe Selbstempfinden
Haben Leute hart gescholten,
Die am wenigsten verwinden,
Wenn die andern was gegolten.

—

Befindet sich einer heiter und gut,
Gleich will ihn der Nachbar peingen;
So lange der Tüchtige lebt und tut,
Möchten sie ihn gerne steingen.
Ist er hinterher aber tot,
Gleich sammeln sie große Spenden,
Zu Ehren seiner Lebensnot
Ein Denkmal zu vollenden;
Doch ihren Vorteil sollte dann
Die Menge wohl ermessen,
Gescheiter wär's, den guten Mann
Auf immerdar vergessen.

—

Übermacht, ihr könnt es spüren,
Ist nicht aus der Welt zu bannen;
Mir gefällt zu konversieren
Mit Gescheiten, mit Tyrannen.

Da die dummen Eingeengten
Immerfort am stärksten pochten,
Und die Halben, die Beschränkten
Gar zu gern uns unterjochten,

Hab ich mich für frei erkläret
Von den Narren, von den Weisen;
Diese bleiben ungestöret,
Jene möchten sich zerreißen.

Denken, in Gewalt und Liebe
Müßten wir zuletzt uns gatten,
Machen mir die Sonne trübe
Und erhitzen mir den Schatten.

Hafis auch und Ulrich Hutten
Mußten ganz bestimmt sich rüsten
Gegen braun und blaue Kutten,
Meine gehn wie andre Christen.

»Aber nenn uns doch die Feinde!«
Niemand soll sie unterscheiden:
Denn ich hab in der Gemeinde
Schon genug daran zu leiden.

—

Wenn du auf dem Guten ruhst,
Nimmer werd ich's tadeln,
Wenn du gar das Gute tust,
Sieh, das soll dich adeln!
Hast du aber deinen Zaun
Um dein Gut gezogen,
Leb ich frei und lebe traun
Keineswegs betrogen.

Denn die Menschen sie sind gut,
Würden besser bleiben,
Sollte nicht, wie's einer tut,
Auch der andre treiben.
Auf dem Weg da ist's ein Wort,
Niemand wird's verdammen:
Wollen wir an einen Ort,
Nun, wir gehn zusammen.

Vieles wird sich da und hie
Uns entgegen stellen.
In der Liebe mag man nie
Helfer und Gesellen;
Geld und Ehre hätte man
Gern allein zur Spende;
Und der Wein, der treue Mann,
Der entzweit am Ende.

Hat doch über solches Zeug
Hafis auch gesprochen,
Über manchen dummen Streich
Sich den Kopf zerbrochen,
Und ich seh nicht was es frommt
Aus der Welt zu laufen,
Magst du, wenn's zum Schlimmsten kommt,
Auch einmal dich raufen.

—

Als wenn das auf Namen ruhte,
Was sich schweigend nur entfaltet!
Lieb ich doch das schöne Gute
Wie es sich aus Gott gestaltet.

Jemand lieb ich, das ist nötig;
Niemand haß ich; soll ich hassen,
Auch dazu bin ich erbötig,
Hasse gleich in ganzen Massen.

Willst sie aber näher kennen?
Sieh aufs Rechte, sieh aufs Schlechte;
Was sie ganz fürtrefflich nennen
Ist wahrscheinlich nicht das Rechte.

Denn das Rechte zu ergreifen
Muß man aus dem Grunde leben,
Und salbadrisch auszuschweifen
Dünket mich ein seicht Bestreben.

Wohl, Herr Knitterer er kann sich
Mit Zersplitterer vereinen,
Und Verwitterer alsdann sich
Allenfalls der Beste scheinen!

Daß nur immer in Erneuung
Jeder täglich Neues höre,
Und zugleich auch die Zerstreuung
Jeden in sich selbst zerstöre.

Dies der Landmann wünscht und liebet,
Mag er deutsch, mag teutsch sich schreiben,
Liedchen aber heimlich piepet:
»Also war es und wird bleiben.«

—

Medschnun heißt – ich will nicht sagen
Daß es grad ein Toller heiße;
Doch ihr müßt mich nicht verklagen
Daß ich mich als Medschnun preise.

Wenn die Brust, die redlich volle,
Sich entladet euch zu retten,
Ruft ihr nicht: »Das ist der Tolle!
Holet Stricke, schaffet Ketten!«

Und wenn ihr zuletzt in Fesseln
Seht die Klügeren verschmachten,
Sengt es euch wie Feuernesseln,
Das vergebens zu betrachten.

—

Hab ich euch denn je geraten,
Wie ihr Kriege führen solltet?
Schalt ich euch, nach euren Taten,
Wenn ihr Friede schließen wolltet?

Und so hab ich auch den Fischer
Ruhig sehen Netze werfen,
Brauchte dem gewandten Tischer
Winkelmaß nicht einzuschärfen.

Aber ihr wollt besser wissen
Was ich weiß, der ich bedachte,
Was Natur, für mich beflissen,
Schon zu meinem Eigen machte.

Fühlt ihr auch dergleichen Stärke?
Nun, so fördert eure Sachen!
Seht ihr aber meine Werke,
Lernet erst: so wollt er's machen.

WANDERERS GEMÜTSRUHE

Übers Niederträchtige
Niemand sich beklage;
Denn es ist das Mächtige,
Was man dir auch sage.

In dem Schlechten waltet es
Sich zu Hochgewinne,
Und mit Rechtem schaltet es
Ganz nach seinem Sinne.

Wandrer! – Gegen solche Not
Wolltest du dich sträuben?
Wirbelwind und trocknen Kot
Laß sie drehn und stäuben.

———

Wer wird von der Welt verlangen
Was sie selbst vermißt und träumet,
Rückwärts oder seitwärts blickend
Stets den Tag des Tags versäumet?
Ihr Bemühn, ihr guter Wille
Hinkt nur nach dem raschen Leben,
Und was du vor Jahren brauchtest,
Möchte sie dir heute geben.

———

Sich selbst zu loben ist ein Fehler,
Doch jeder tut's, der etwas Gutes tut;
Und ist er dann in Worten kein Verhehler,
Das Gute bleibt doch immer gut.

Laßt doch, ihr Narren, doch die Freude
Dem Weisen, der sich weise hält,
Daß er, ein Narr wie ihr, vergeude
Den abgeschmackten Dank der Welt.

———

Glaubst du denn: von Mund zu Ohr
Sei ein redlicher Gewinst?
Überliefrung, o du Tor,
Ist auch wohl ein Hirngespinst!

Nun geht erst das Urteil an;
Dich vermag aus Glaubensketten
Der Verstand allein zu retten,
Dem du schon Verzicht getan.

—

Und wer franzet oder britet,
Italienert oder teutschet,
Einer will nur wie der andre
Was die Eigenliebe heischet.

Denn es ist kein Anerkennen,
Weder vieler, noch des einen,
Wenn es nicht am Tage fördert
Wo man selbst was möchte scheinen.

Morgen habe denn das Rechte
Seine Freunde wohlgesinnet,
Wenn nur heute noch das Schlechte
Vollen Platz und Gunst gewinnet.

Wer nicht von dreitausend Jahren
Sich weiß Rechenschaft zu geben,
Bleib im Dunkeln unerfahren,
Mag von Tag zu Tage leben.

—

Sonst, wenn man den heiligen Koran zitierte,
Nannte man die Sure, den Vers dazu,
Und jeder Moslem, wie sich's gebührte,
Fühlte sein Gewissen in Respekt und Ruh.
Die neuen Derwische wissen's nicht besser,
Sie schwatzen das Alte, das Neue dazu.
Die Verwirrung wird täglich größer,
O heiliger Koran! O ewige Ruh!

DER PROPHET SPRICHT

»Ärgert's jemand, daß es Gott gefallen
Mahomet zu gönnen Schutz und Glück,
An den stärksten Balken seiner Hallen
Da befestig er den derben Strick,
Knüpfe sich daran! das hält und trägt;
Er wird fühlen, daß sein Zorn sich legt.«

TIMUR SPRICHT

»Was? Ihr mißbilliget den kräftigen Sturm
Des Übermuts, verlogne Pfaffen!
Hätt Allah mich bestimmt zum Wurm,
So hätt er mich als Wurm geschaffen.«

Talismane werd ich in dem Buch zerstreuen,
Das bewirkt ein Gleichgewicht.
Wer mit gläubger Nadel sticht
Überall soll gutes Wort ihn freuen.

—

Vom heutgen Tag, von heutger Nacht
Verlange nichts
Als was die gestrigen gebracht.

—

Wer geboren in bösten Tagen
Dem werden selbst die bösen behagen.

—

Wie etwas sei leicht
Weiß der es erfunden und der es erreicht.

—

Das Meer flutet immer,
Das Land behält es nimmer.

—

Was wird mir jede Stunde so bang? –
Das Leben ist kurz, der Tag ist lang.
Und immer sehnt sich fort das Herz,
Ich weiß nicht recht ob himmelwärts;
Fort aber will es hin und hin,
Und möchte vor sich selber fliehn.
Und fliegt es an der Liebsten Brust,
Da ruht's im Himmel unbewußt;
Der Lebestrudel reißt es fort
Und immer hängt's an einem Ort;
Was es gewollt, was es verlor,
Es bleibt zuletzt sein eigner Tor.

—

Prüft das Geschick dich, weiß es wohl warum:
Es wünschte dich enthaltsam! Folge stumm!

—

Noch ist es Tag, da rühre sich der Mann,
Die Nacht tritt ein, wo niemand wirken kann.

—

Was machst du an der Welt? sie ist schon gemacht,
Der Herr der Schöpfung hat alles bedacht.
Dein Los ist gefallen, verfolge die Weise,
Der Weg ist begonnen, vollende die Reise:
Denn Sorgen und Kummer verändern es nicht,
Sie schleudern dich ewig aus gleichem Gewicht.

—

Wenn der schwer Gedrückte klagt:
Hülfe, Hoffnung sei versagt,
Bleibet heilsam fort und fort
Immer noch ein freundlich Wort.

—

»Wie ungeschickt habt ihr euch benommen,
Da euch das Glück ins Haus gekommen!«
Das Mädchen hat's nicht übel genommen
Und ist noch ein paarmal wieder gekommen.

—

Mein Erbteil wie herrlich, weit und breit!
Die Zeit ist mein Besitz, mein Acker ist die Zeit.

—

Gutes tu rein aus des Guten Liebe!
Das überliefre deinem Blut;
Und wenn's den Kindern nicht verbliebe,
Den Enkeln kommt es doch zugut.

—

Enweri sagt's, ein Herrlichster der Männer,
Des tiefsten Herzens, höchsten Hauptes Kenner:
»Dir frommt an jedem Ort, zu jeder Zeit:
Geradheit, Urteil und Verträglichkeit.«

—

Was klagst du über Feinde?
Sollten solche je werden Freunde,
Denen das Wesen wie du bist
Im stillen ein ewiger Vorwurf ist?

———

Dümmer ist nichts zu ertragen,
Als wenn Dumme sagen den Weisen:
Daß sie sich in großen Tagen
Sollten bescheidentlich erweisen.

———

Wenn Gott so schlechter Nachbar wäre
Als ich bin und als du bist,
Wir hätten beide wenig Ehre;
Der läßt einen jeden wie er ist.

———

Gesteht's! die Dichter des Orients
Sind größer als wir des Okzidents.
Worin wir sie aber völlig erreichen,
Das ist im Haß auf unsresgleichen.

———

Überall will jeder obenauf sein,
Wie's eben in der Welt so geht.
Jeder sollte freilich grob sein,
Aber nur in dem was er versteht.

———

Verschon uns Gott mit deinem Grimme!
Zaunkönige gewinnen Stimme.

———

Will der Neid sich doch zerreißen,
Laß ihn seinen Hunger speisen.

———

Sich im Respekt zu erhalten
Muß man recht borstig sein.
Alles jagt man mit Falken,
Nur nicht das wilde Schwein.

———

Was hilft's dem Pfaffenorden,
Der mir den Weg verrannt?
Was nicht gerade erfaßt worden
Wird auch schief nicht erkannt.

—

Einen Helden mit Lust preisen und nennen
Wird jeder, der selbst als kühner stritt.
Des Menschen Wert kann niemand erkennen
Der nicht selbst Hitze und Kälte litt.

—

Gutes tu rein aus des Guten Liebe,
Was du tust verbleibt dir nicht;
Und wenn es auch dir verbliebe,
Bleibt es deinen Kindern nicht.

—

Soll man dich nicht aufs schmählichste berauben,
Verbirg dein Gold, dein Weggehn, deinen Glauben.

—

Wie kommt's daß man an jedem Orte
So viel Gutes, so viel Dummes hört?
Die Jüngsten wiederholen der Ältesten Worte,
Und glauben daß es ihnen angehört.

—

Laß dich nur in keiner Zeit
Zum Widerspruch verleiten.
Weise fallen in Unwissenheit
Wenn sie mit Unwissenden streiten.

—

»Warum ist Wahrheit fern und weit?
Birgt sich hinab in tiefste Gründe?«
Niemand versteht zur rechten Zeit!
Wenn man zur rechten Zeit verstünde,
So wäre Wahrheit nah und breit,
Und wäre lieblich und gelinde.

—

Was willst du untersuchen
Wohin die Milde fließt!
Ins Wasser wirf deine Kuchen,
Wer weiß, wer sie genießt.

———

Als ich einmal eine Spinne erschlagen,
Dacht ich, ob ich das wohl gesollt?
Hat Gott ihr doch wie mir gewollt
Einen Anteil an diesen Tagen!

———

»Dunkel ist die Nacht, bei Gott ist Licht.
Warum hat er uns nicht auch so zugericht?«

———

Welch eine bunte Gemeinde!
An Gottes Tisch sitzen Freund und Feinde.

———

Ihr nennt mich einen kargen Mann;
Gebt mir was ich verprassen kann.

———

Soll ich dir die Gegend zeigen,
Mußt du erst das Dach besteigen.

———

Wer schweigt hat wenig zu sorgen,
Der Mensch bleibt unter der Zunge verborgen.

———

Ein Herre mit zwei Gesind
Er wird nicht wohl gepflegt.
Ein Haus worin zwei Weiber sind
Es wird nicht rein gefegt.

———

Ihr lieben Leute, bleibt dabei
Und sagt nur: »Autos epha!«
Was sagt ihr lange Mann und Weib?
Adam, so heißt's, und Eva.

———

Wofür ich Allah höchlich danke?
Daß er Leiden und Wissen getrennt.
Verzweifeln müßte jeder Kranke
Das Übel kennend, wie der Arzt es kennt.

—

Närrisch, daß jeder in seinem Falle
Seine besondere Meinung preist!
Wenn Islam Gott ergeben heißt,
In Islam leben und sterben wir alle.

—

Wer auf die Welt kommt baut ein neues Haus,
Er geht und läßt es einem zweiten.
Der wird sich's anders zubereiten
Und niemand baut es aus.

—

Wer in mein Haus tritt der kann schelten
Was ich ließ viele Jahre gelten;
Vor der Tür aber müßt er passen
Wenn ich ihn nicht wollte gelten lassen.

—

Herr, laß dir gefallen
Dieses kleine Haus,
Größre kann man bauen,
Mehr kommt nicht heraus.

—

Du bist auf immer geborgen,
Das nimmt dir niemand wieder:
Zwei Freunde, ohne Sorgen,
Weinbecher, Büchlein Lieder.

—

»Was brachte Lokman nicht hervor
Den man den garstgen hieß!«
Die Süßigkeit liegt nicht im Rohr,
Der Zucker der ist süß.

—

Herrlich ist der Orient
Übers Mittelmeer gedrungen;
Nur wer Hafis liebt und kennt
Weiß was Calderon gesungen.

—

»Was schmückst du die eine Hand denn nun
Weit mehr als ihr gebührte?«
Was sollte denn die linke tun,
Wenn sie die rechte nicht zierte?

—

Wenn man auch nach Mekka triebe
Christus' Esel, würd er nicht
Dadurch besser abgericht,
Sondern stets ein Esel bliebe.

—

Getretner Quark
Wird breit, nicht stark.

Schlägst du ihn aber mit Gewalt
In feste Form, er nimmt Gestalt.
Dergleichen Steine wirst du kennen,
Europäer Pisé sie nennen.

—

Betrübt euch nicht, ihr guten Seelen!
Denn wer nicht fehlt, weiß wohl wenn andre fehlen;
Allein wer fehlt der ist erst recht daran,
Er weiß nun deutlich wie sie wohl getan.

—

»Du hast gar vielen nicht gedankt,
Die dir so manches Gute gegeben!«
Darüber bin ich nicht erkrankt,
Ihre Gaben mir im Herzen leben.

—

Guten Ruf mußt du dir machen,
Unterscheiden wohl die Sachen;
Wer was weiter will, verdirbt.

—

»Die Flut der Leidenschaft sie stürmt vergebens
Ans unbezwungne feste Land.«
Sie wirft poetische Perlen an den Strand,
Und das ist schon Gewinn des Lebens.

VERTRAUTER

Du hast so manche Bitte gewährt,
Und wenn sie dir auch schädlich war;
Der gute Mann da hat wenig begehrt,
Dabei hat es doch keine Gefahr.

VESIR

Der gute Mann hat wenig begehrt,
Und hätt ich's ihm sogleich gewährt,
Er auf der Stelle verloren war.

———

Schlimm ist es, wie doch wohl geschieht,
Wenn Wahrheit sich nach dem Irrtum zieht;
Das ist auch manchmal ihr Behagen,
Wer wird so schöne Frau befragen?
Herr Irrtum, wollt er an Wahrheit sich schließen,
Das sollte Frau Wahrheit baß verdrießen.

———

Wisse daß mir sehr mißfällt
Wenn so viele singen und reden!
Wer treibt die Dichtkunst aus der Welt?
Die Poeten!

DER WINTER UND TIMUR

So umgab sie nun der Winter
Mit gewaltgem Grimme. Streuend
Seinen Eishauch zwischen alle,
Hetzt' er die verschiednen Winde
Widerwärtig auf sie ein.
Über sie gab er Gewaltkraft
Seinen frostgespitzten Stürmen,
Stieg in Timurs Rat hernieder,
Schrie ihn drohend an und sprach so:
»Leise, langsam, Unglückselger!
Wandle du Tyrann des Unrechts;
Sollen länger noch die Herzen
Sengen, brennen deinen Flammen?
Bist du der verdammten Geister
Einer, wohl! ich bin der andre.
Du bist Greis, ich auch, erstarren
Machen wir so Land als Menschen.
Mars! du bist's! ich bin Saturnus,
Übeltätige Gestirne,
Im Verein die schrecklichsten.
Tötest du die Seele, kältest
Du den Luftkreis: meine Lüfte
Sind noch kälter als du sein kannst.
Quälen deine wilden Heere
Gläubige mit tausend Martern:
Wohl, in meinen Tagen soll sich,
Geb es Gott! was Schlimmres finden.
Und bei Gott, dir schenk ich nichts.
Hör es Gott, was ich dir biete!
Ja bei Gott! von Todeskälte
Nicht, o Greis, verteidgen soll dich
Breite Kohlenglut vom Herde,
Keine Flamme des Dezembers.«

AN SULEIKA

Dir mit Wohlgeruch zu kosen,
Deine Freuden zu erhöhn,
Knospend müssen tausend Rosen
Erst in Gluten untergehn.

Um ein Fläschchen zu besitzen
Das den Ruch auf ewig hält,
Schlank wie deine Fingerspitzen,
Da bedarf es einer Welt;

Einer Welt von Lebenstrieben,
Die in ihrer Fülle Drang
Ahneten schon Bulbuls Lieben,
Seeleregenden Gesang.

Sollte jene Qual uns quälen,
Da sie unsre Lust vermehrt?
Hat nicht Myriaden Seelen
Timurs Herrschaft aufgezehrt?

Ich gedachte in der Nacht,
Daß ich den Mond sähe im Schlaf;
Als ich aber erwachte,
Ging unvermutet die Sonne auf.

*

EINLADUNG

Mußt nicht vor dem Tage fliehen:
Denn der Tag, den du ereilest,
Ist nicht besser als der heutge;
Aber wenn du froh verweilest
Wo ich mir die Welt beseitge,
Um die Welt an mich zu ziehen,
Bist du gleich mit mir geborgen:
Heut ist heute, morgen morgen,
Und was folgt und was vergangen
Reißt nicht hin und bleibt nicht hangen.
Bleibe du, mein Allerliebstes;
Denn du bringst es und du gibst es.

—

Daß Suleika von Jussuph entzückt war
Ist keine Kunst;
Er war jung, Jugend hat Gunst,
Er war schön, sie sagen zum Entzücken,
Schön war sie, konnten einander beglücken.
Aber daß du, die du so lange mir erharrt war,
Feurige Jugendblicke mir schickst,
Jetzt mich liebst, mich später beglückst,
Das sollen meine Lieder preisen,
Sollst mir ewig Suleika heißen.

—

Da du nun Suleika heißest,
Sollt ich auch benamset sein.
Wenn du den Geliebten preisest,
Hatem! das soll der Name sein.

Nur daß man mich daran erkennet,
Keine Anmaßung soll es sein:
Wer sich Sankt-Georgenritter nennet
Denkt nicht gleich Sankt Georg zu sein.
Nicht Hatem Thai, nicht der alles Gebende
Kann ich in meiner Armut sein;
Hatem Zograi nicht, der reichlichst Lebende
Von allen Dichtern, möcht ich sein.
Aber beide doch im Aug zu haben
Es wird nicht ganz verwerflich sein:
Zu nehmen, zu geben des Glückes Gaben,
Wird immer ein groß Vergnügen sein.
Sich liebend an einander zu laben
Wird Paradieses Wonne sein.

HATEM

Nicht Gelegenheit macht Diebe,
Sie ist selbst der größte Dieb;
Denn sie stahl den Rest der Liebe,
Die mir noch im Herzen blieb.

Dir hat sie ihn übergeben
Meines Lebens Vollgewinn,
Daß ich nun, verarmt, mein Leben
Nur von dir gewärtig bin.

Doch ich fühle schon Erbarmen
Im Karfunkel deines Blicks
Und erfreu in deinen Armen
Mich erneuerten Geschicks.

SULEIKA

Hochbeglückt in deiner Liebe
Schelt ich nicht Gelegenheit;
Ward sie auch an dir zum Diebe,
Wie mich solch ein Raub erfreut!

Und wozu denn auch berauben?
Gib dich mir aus freier Wahl;
Gar zu gerne möcht ich glauben –
Ja, ich bin's die dich bestahl.

Was so willig du gegeben
Bringt dir herrlichen Gewinn,
Meine Ruh, mein reiches Leben
Geb ich freudig, nimm es hin!

Scherze nicht! Nichts von Verarmen!
Macht uns nicht die Liebe reich?
Halt' ich dich in meinen Armen,
Jedem Glück ist meines gleich.

—

Der Liebende wird nicht irre gehn,
Wär's um ihn her auch noch so trübe.
Sollten Leila und Medschnun auferstehn,
Von mir erführen sie den Weg der Liebe.

—

Ist's möglich, daß ich Liebchen dich kose,
Vernehme der göttlichen Stimme Schall!
Unmöglich scheint immer die Rose,
Unbegreiflich die Nachtigall.

SULEIKA. Als ich auf dem Euphrat schiffte,
Streifte sich der goldne Ring
Fingerab in Wasserklüfte,
Den ich jüngst von dir empfing.

Also träumt ich. Morgenröte
Blitzt ins Auge durch den Baum,
Sag Poete, sag Prophete!
Was bedeutet dieser Traum?

HATEM. Dies zu deuten bin erbötig!
Hab ich dir nicht oft erzählt,
Wie der Doge von Venedig
Mit dem Meere sich vermählt?

So von deinen Fingergliedern
Fiel der Ring dem Euphrat zu.
Ach zu tausend Himmelsliedern
Süßer Traum, begeisterst du!

Mich, der von den Indostanen
Streifte bis Damaskus hin,
Um mit neuen Karawanen
Bis ans Rote Meer zu ziehn,

Mich vermählst du deinem Flusse,
Der Terrasse, diesem Hain,
Hier soll bis zum letzten Kusse
Dir mein Geist gewidmet sein.

—

Kenne wohl der Männer Blicke,
Einer sagt: »Ich liebe, leide!
Ich begehre, ja verzweifle!«
Und was sonst ist kennt ein Mädchen.
Alles das kann mir nicht helfen,
Alles das kann mich nicht rühren;
Aber, Hatem, deine Blicke
Geben erst dem Tage Glanz.
Denn sie sagen: »Die gefällt mir
Wie mir sonst nichts mag gefallen.
Seh ich Rosen, seh ich Lilien,
Aller Gärten Zier und Ehre,
So Zypressen, Myrten, Veilchen,
Aufgeregt zum Schmuck der Erde;
Und geschmückt ist sie ein Wunder,
Mit Erstaunen uns umfangend,
Uns erquickend, heilend, segnend,
Daß wir uns gesundet fühlen,
Wieder gern erkranken möchten.«
Da erblicktest du Suleika
Und gesundetest erkrankend,
Und erkranketest gesundend,
Lächeltest und sahst herüber
Wie du nie der Welt gelächelt.
Und Suleika fühlt des Blickes
Ewge Rede: »Die gefällt mir
Wie mir sonst nichts mag gefallen.«

GINGO BILOBA

Dieses Baums Blatt, der von Osten
Meinem Garten anvertraut,
Gibt geheimen Sinn zu kosten,
Wie's den Wissenden erbaut.

Ist es ein lebendig Wesen,
Das sich in sich selbst getrennt?
Sind es zwei, die sich erlesen,
Daß man sie als eines kennt?

Solche Frage zu erwidern
Fand ich wohl den rechten Sinn:
Fühlst du nicht an meinen Liedern,
Daß ich eins und doppelt bin?

—

SULEIKA. Sag, du hast wohl viel gedichtet,
Hin und her dein Lied gerichtet,
Schöne Schrift von deiner Hand,
Prachtgebunden, goldgerändet,
Bis auf Punkt und Strich vollendet,
Zierlich lockend, manchen Band?
Stets wo du sie hingewendet
War's gewiß ein Liebespfand?

HATEM. Ja, von mächtig holden Blicken,
Wie von lächelndem Entzücken
Und von Zähnen blendend klar,
Wimpernpfeilen, Lockenschlangen,
Hals und Busen reizumhangen
Tausendfältige Gefahr!
Denke nun wie von so langem
Prophezeit Suleika war.

—

SULEIKA. Die Sonne kommt! Ein Prachterscheinen!
Der Sichelmond umklammert sie.
Wer konnte solch ein Paar vereinen?
Dies Rätsel wie erklärt sich's? wie?

HATEM. Der Sultan konnt es, er vermählte
Das allerhöchste Weltenpaar,
Um zu bezeichnen Auserwählte,
Die Tapfersten der treuen Schar.

Auch sei's ein Bild von unsrer Wonne!
Schon seh ich wieder mich und dich,
Du nennst mich, Liebchen, deine Sonne,
Komm, süßer Mond, umklammre mich!

—

Komm, Liebchen, komm! umwinde mir die Mütze!
Aus deiner Hand nur ist der Tulbend schön.
Hat Abbas doch, auf Irans höchstem Sitze,
Sein Haupt nicht zierlicher umwinden sehn!

Ein Tulbend war das Band, das Alexandern
In Schleifen schön vom Haupte fiel,
Und allen Folgeherrschern, jenen andern,
Als Königszierde wohlgefiel.

Ein Tulbend ist's, der unsern Kaiser schmücket,
Sie nennen's Krone. Name geht wohl hin!
Juwel und Perle! sei das Aug entzücket!
Der schönste Schmuck ist stets der Musselin.

Und diesen hier, ganz rein und silberstreifig,
Umwinde, Liebchen, um die Stirn umher.
Was ist denn Hoheit? Mir ist sie geläufig!
Du schaust mich an, ich bin so groß als er.

—

Nur wenig ist's was ich verlange,
Weil eben alles mir gefällt,
Und dieses wenige, wie lange,
Gibt mir gefällig schon die Welt!

Oft sitz ich heiter in der Schenke
Und heiter im beschränkten Haus;
Allein sobald ich dein gedenke,
Dehnt sich mein Geist erobernd aus.

Dir sollten Timurs Reiche dienen,
Gehorchen sein gebietend Heer,
Badakschan zollte dir Rubinen,
Türkise das Hyrkansche Meer.

Getrocknet honigsüße Früchte
Von Bochara dem Sonnenland,
Und tausend liebliche Gedichte
Auf Seidenblatt von Samarkand.

Da solltest du mit Freude lesen
Was ich von Ormus dir verschrieb,
Und wie das ganze Handelswesen
Sich nur bewegte dir zu Lieb;

Wie in dem Lande der Brahmanen
Viel tausend Finger sich bemüht,
Daß alle Pracht der Indostanen
Für dich auf Woll und Seide blüht;

Ja, zu Verherrlichung der Lieben
Gießbäche Soumelpours durchwühlt,
Aus Erde, Grus, Gerill, Geschieben
Dir Diamanten ausgespült;

Wie Taucherschar verwegner Männer
Der Perle Schatz dem Golf entriß,
Darauf ein Divan scharfer Kenner
Sie dir zu reihen sich befliß.

Wenn nun Bassora noch das letzte,
Gewürz und Weihrauch, beigetan,
Bringt alles was die Welt ergetzte
Die Karawane dir heran.

Doch alle diese Kaisergüter
Verwirrten doch zuletzt den Blick;
Und wahrhaft liebende Gemüter
Eins nur im andern fühlt sein Glück.

———

Hätt ich irgend wohl Bedenken
Balch, Bochara, Samarkand,
Süßes Liebchen, dir zu schenken,
Dieser Städte Rausch und Tand?

Aber frag einmal den Kaiser,
Ob er dir die Städte gibt?
Er ist herrlicher und weiser;
Doch er weiß nicht, wie man liebt.

Herrscher, zu dergleichen Gaben
Nimmermehr bestimmst du dich!
Solch ein Mädchen muß man haben
Und ein Bettler sein wie ich.

—

Die schön geschriebenen,
Herrlich umgüldeten
Belächeltest du,
Die anmaßlichen Blätter,
Verziehst mein Prahlen
Von deiner Lieb und meinem
Durch dich glücklichen Gelingen,
Verziehst anmutigem Selbstlob.

Selbstlob! Nur dem Neide stinkt's,
Wohlgeruch Freunden
Und eignem Schmack!

Freude des Daseins ist groß,
Größer die Freud am Dasein.
Wenn du Suleika
Mich überschwenglich beglückst,
Deine Leidenschaft mir zuwirfst
Als wär's ein Ball,
Daß ich ihn fange,
Dir zurückwerfe
Mein gewidmetes Ich:
Das ist ein Augenblick!
Und dann reißt mich von dir
Bald der Franke, bald der Armenier.

Aber Tage währt's,
Jahre dauert's, daß ich neu erschaffe
Tausendfältig deiner Verschwendungen Fülle,
Auftrösle die bunte Schnur meines Glücks,
Geklöppelt tausendfadig
Von dir, o Suleika.

Hier nun dagegen
Dichtrische Perlen,
Die mir deiner Leidenschaft

Gewaltige Brandung
Warf an des Lebens
Verödeten Strand aus.

Mit spitzen Fingern
Zierlich gelesen,
Durchreiht mit juwelenem
Goldschmuck,
Nimm sie an deinen Hals,
An deinen Busen!
Die Regentropfen Allahs,
Gereift in bescheidener Muschel.

—

Lieb um Liebe, Stund um Stunde,
Wort um Wort und Blick um Blick;
Kuß um Kuß, vom treusten Munde,
Hauch um Hauch und Glück um Glück.
So am Abend, so am Morgen!
Doch du fühlst an meinen Liedern
Immer noch geheime Sorgen;
Jussuphs Reize möcht ich borgen
Deine Schönheit zu erwidern.

—

SULEIKA. Volk und Knecht und Überwinder
Sie gestehn, zu jeder Zeit:
Höchstes Glück der Erdenkinder
Sei nur die Persönlichkeit.

Jedes Leben sei zu führen,
Wenn man sich nicht selbst vermißt;
Alles könne man verlieren,
Wenn man bliebe was man ist.

HATEM. Kann wohl sein! so wird gemeinet;
Doch ich bin auf andrer Spur:
Alles Erdenglück vereinet
Find ich in Suleika nur.

Wie sie sich an mich verschwendet,
Bin ich mir ein wertes Ich;
Hätte sie sich weggewendet,
Augenblicks verlör ich mich.

Nun mit Hatem wär's zu Ende;
Doch schon hab ich umgelost:
Ich verkörpre mich behende
In den Holden, den sie kost.

Wollte, wo nicht gar ein Rabbi,
Das will mir so recht nicht ein,
Doch Ferdusi, Motanabbi,
Allenfalls der Kaiser sein.

—

HATEM. Wie des Goldschmieds Bazarlädchen
Vielgefärbt geschliffne Lichter,
So umgeben hübsche Mädchen
Den beinah ergrauten Dichter.

MÄDCHEN. Singst du schon Suleika wieder!
Diese können wir nicht leiden,
Nicht um dich – um deine Lieder
Wollen, müssen wir sie neiden.

Denn wenn sie auch garstig wäre,
Machst du sie zum schönsten Wesen,
Und so haben wir von Dschemil
Und Boteinah viel gelesen.

Aber eben weil wir hübsch sind,
Möchten wir auch gern gemalt sein,
Und, wenn du es billig machest,
Sollst du auch recht hübsch bezahlt sein.

HATEM. Bräunchen, komm, es wird schon gehen;
Zöpfe, Kämme groß und kleine
Zieren Köpfchens nette Reine
Wie die Kuppel ziert Moscheen.

Du, Blondinchen, bist so zierlich,
Aller Weis und Weg so nette,
Man gedenkt nicht ungebührlich
Alsogleich der Minarette.

Du da hinten hast der Augen
Zweierlei, du kannst die beiden
Einzeln nach Belieben brauchen;
Doch ich sollte dich vermeiden.

Leichtgedrückt der Augenlider
Eines, die den Stern bewhelmen,
Deutet auf den Schelm der Schelmen,
Doch das andre schaut so bieder.

Dies, wenn jen's verwundend angelt,
Heilend, nährend wird sich's weisen.
Niemand kann ich glücklich preisen,
Der des Doppelblicks ermangelt.

Und so könnt ich alle loben,
Und so könnt ich alle lieben:
Denn so wie ich euch erhoben
War die Herrin mit beschrieben.

MÄDCHEN. Dichter will so gerne Knecht sein,
Weil die Herrschaft draus entspringet;
Doch vor allem sollt ihm recht sein,
Wenn das Liebchen selber singet.

Ist sie denn des Liedes mächtig
Wie's auf unsern Lippen waltet?
Denn es macht sie gar verdächtig,
Daß sie im Verborgnen schaltet.

HATEM. Nun wer weiß was sie erfüllet!
Kennt ihr solcher Tiefe Grund?
Selbstgefühltes Lied entquillet,
Selbstgedichtetes dem Mund.

Von euch Dichterinnen allen
Ist ihr eben keine gleich:
Denn sie singt mir zu gefallen,
Und ihr singt und liebt nur euch.

MÄDCHEN. Merke wohl, du hast uns eine
Jener Huris vorgeheuchelt!
Mag schon sein! wenn es nur keine
Sich auf dieser Erde schmeichelt.

HATEM

Locken, haltet mich gefangen
In dem Kreise des Gesichts!
Euch geliebten braunen Schlangen
Zu erwidern hab ich nichts.

Nur dies Herz, es ist von Dauer,
Schwillt in jugendlichstem Flor;
Unter Schnee und Nebelschauer
Rast ein Ätna dir hervor.

Du beschämst wie Morgenröte
Jener Gipfel ernste Wand,
Und noch einmal fühlet Hatem
Frühlingshauch und Sommerbrand.

Schenke her! Noch eine Flasche!
Diesen Becher bring ich ihr!
Findet sie ein Häufchen Asche,
Sagt sie: »Der verbrannte mir.«

SULEIKA

Nimmer will ich dich verlieren!
Liebe gibt der Liebe Kraft.
Magst du meine Jugend zieren
Mit gewaltger Leidenschaft.
Ach! wie schmeichelt's meinem Triebe,
Wenn man meinen Dichter preist.
Denn das Leben ist die Liebe,
Und des Lebens Leben Geist.

—

Laß deinen süßen Rubinenmund
Zudringlichkeiten nicht verfluchen;
Was hat Liebesschmerz andern Grund
Als seine Heilung zu suchen?

—

Bist du von deiner Geliebten getrennt
Wie Orient vom Okzident,
Das Herz durch alle Wüsten rennt;
Es gibt sich überall selbst das Geleit,
Für Liebende ist Bagdad nicht weit.

—

Mag sie sich immer ergänzen
Eure brüchige Welt in sich!
Diese klaren Augen sie glänzen,
Dieses Herz es schlägt für mich!

—

O, daß der Sinnen doch so viele sind!
Verwirrung bringen sie ins Glück herein.
Wenn ich dich sehe wünsch ich taub zu sein,
Wenn ich dich höre blind.

———

Auch in der Ferne dir so nah!
Und unerwartet kommt die Qual.
Da hör ich wieder dich einmal,
Auf einmal bist du wieder da!

———

Wie sollt ich heiter bleiben,
Entfernt von Tag und Licht?
Nun aber will ich schreiben
Und trinken mag ich nicht.

Wenn sie mich an sich lockte,
War Rede nicht im Brauch,
Und wie die Zunge stockte
So stockt die Feder auch.

Nur zu! geliebter Schenke,
Den Becher fülle still!
Ich sage nur: »Gedenke!«
Schon weiß man was ich will.

———

Wenn ich dein gedenke,
Fragt mich gleich der Schenke:
»Herr, warum so still?
Da von deinen Lehren
Immer weiter hören
Saki gerne will.«

Wenn ich mich vergesse
Unter der Zypresse,
Hält er nichts davon,
Und im stillen Kreise
Bin ich doch so weise,
Klug wie Salomon.

BUCH SULEIKA

Ich möchte dieses Buch wohl gern zusammenschürzen,
Daß es den andern wäre gleich geschnürt.
Allein wie willst du Wort und Blatt verkürzen,
Wenn Liebeswahnsinn dich ins Weite führt?

—

An vollen Büschelzweigen,
Geliebte, sieh nur hin!
Laß dir die Früchte zeigen
Umschalet stachlig grün.

Sie hängen längst geballet,
Still, unbekannt mit sich,
Ein Ast, der schaukelnd wallet
Wiegt sie geduldiglich.

Doch immer reift von innen
Und schwillt der braune Kern,
Er möchte Luft gewinnen
Und säh die Sonne gern.

Die Schale platzt und nieder
Macht er sich freudig los;
So fallen meine Lieder
Gehäuft in deinen Schoß.

—

SULEIKA. An des lustgen Brunnens Rand,
Der in Wasserfäden spielt,
Wußt ich nicht, was fest mich hielt;
Doch da war von deiner Hand
Meine Chiffer leis gezogen,
Nieder blickt ich, dir gewogen.

Hier, am Ende des Kanals
Der gereihten Hauptallee,
Blick ich wieder in die Höh,
Und da seh ich abermals
Meine Lettern fein gezogen:
Bleibe! bleibe mir gewogen!

HATEM. Möge Wasser, springend, wallend,
Die Zypressen dir gestehn:
Von Suleika zu Suleika
Ist mein Kommen und mein Gehn.

—

SULEIKA. Kaum daß ich dich wieder habe,
Dich mit Kuß und Liedern labe,
Bist du still in dich gekehret;
Was beengt und drückt und störet?

HATEM. Ach, Suleika, soll ich's sagen?
Statt zu loben möcht ich klagen!
Sangest sonst nur meine Lieder,
Immer neu und immer wieder.

Sollte wohl auch diese loben,
Doch sie sind nur eingeschoben;
Nicht von Hafis, nicht Nisami,
Nicht Saadi, nicht von Dschami.

Kenn ich doch der Väter Menge,
Silb um Silbe, Klang um Klänge,
Im Gedächtnis unverloren;
Diese da sind neu geboren.

Gestern wurden sie gedichtet.
Sag! hast du dich neu verpflichtet?
Hauchest du so froh-verwegen
Fremden Atem mir entgegen,

Der dich ebenso belebet,
Ebenso in Liebe schwebet,
Lockend, ladend zum Vereine,
So harmonisch als der meine?

SULEIKA. War Hatem lange doch entfernt,
Das Mädchen hatte was gelernt,
Von ihm war sie so schön gelobt,
Da hat die Trennung sich erprobt.
Wohl, daß sie dir nicht fremde scheinen;
Sie sind Suleikas, sind die deinen.

—

Behramgur, sagt man, hat den Reim erfunden,
Er sprach entzückt aus reiner Seele Drang;
Dilaram schnell, die Freundin seiner Stunden,
Erwiderte mit gleichem Wort und Klang.

Und so, Geliebte, warst du mir beschieden
Des Reims zu finden holden Lustgebrauch,
Daß auch Behramgur ich, den Sassaniden,
Nicht mehr beneiden darf: mir ward es auch.

Hast mir dies Buch geweckt, du hast's gegeben;
Denn was ich froh, aus vollem Herzen sprach,
Das klang zurück aus deinem holden Leben,
Wie Blick dem Blick, so Reim dem Reime nach.

Nun tön es fort zu dir, auch aus der Ferne
Das Wort erreicht, und schwände Ton und Schall.
Ist's nicht der Mantel noch gesäter Sterne?
Ist's nicht der Liebe hochverklärtes All?

—

Deinem Blick mich zu bequemen,
Deinem Munde, deiner Brust,
Deine Stimme zu vernehmen
War die letzt und erste Lust.

Gestern, ach, war sie die letzte,
Dann verlosch mir Leucht und Feuer,
Jeder Scherz der mich ergetzte
Wird nun schuldenschwer und teuer.

Eh es Allah nicht gefällt
Uns aufs neue zu vereinen,
Gibt mir Sonne, Mond und Welt
Nur Gelegenheit zum Weinen.

SULEIKA

Was bedeutet die Bewegung?
Bringt der Ost mir frohe Kunde?
Seiner Schwingen frische Regung
Kühlt des Herzens tiefe Wunde.

Kosend spielt er mit dem Staube,
Jagt ihn auf in leichten Wölkchen,
Treibt zur sichern Rebenlaube
Der Insekten frohes Völkchen.

Lindert sanft der Sonne Glühen,
Kühlt auch mir die heißen Wangen,
Küßt die Reben noch im Fliehen,
Die auf Feld und Hügel prangen.

Und mir bringt sein leises Flüstern
Von dem Freunde tausend Grüße;
Eh noch diese Hügel düstern,
Grüßen mich wohl tausend Küsse.

Und so kannst du weiter ziehen!
Diene Freunden und Betrübten.
Dort wo hohe Mauern glühen,
Find ich bald den Vielgeliebten.

Ach, die wahre Herzenskunde,
Liebeshauch, erfrischtes Leben
Wird mir nur aus seinem Munde,
Kann mir nur sein Atem geben.

HOCHBILD

Die Sonne, Helios der Griechen,
Fährt prächtig auf der Himmelsbahn,
Gewiß, das Weltall zu besiegen,
Blickt er umher, hinab, hinan.

Er sieht die schönste Göttin weinen,
Die Wolkentochter, Himmelskind,
Ihr scheint er nur allein zu scheinen;
Für alle heitre Räume blind

Versenkt er sich in Schmerz und Schauer
Und häufger quillt ihr Tränenguß:
Er sendet Lust in ihre Trauer
Und jeder Perle Kuß auf Kuß.

Nun fühlt sie tief des Blicks Gewalten
Und unverwandt schaut sie hinauf;
Die Perlen wollen sich gestalten:
Denn jede nahm sein Bildnis auf.

Und so, umkränzt von Farb und Bogen,
Erheitert leuchtet ihr Gesicht,
Entgegen kommt er ihr gezogen;
Doch er, doch ach! erreicht sie nicht.

So, nach des Schicksals hartem Lose,
Weichst du mir, Lieblichste, davon;
Und wär ich Helios der Große,
Was nützte mir der Wagenthron?

NACHKLANG

Es klingt so prächtig, wenn der Dichter
Der Sonne bald, dem Kaiser sich vergleicht;
Doch er verbirgt die traurigen Gesichter,
Wenn er in düstern Nächten schleicht.

Von Wolken streifenhaft befangen
Versank zu Nacht des Himmels reinstes Blau;
Vermagert bleich sind meine Wangen
Und meine Herzenstränen grau.

Laß mich nicht so der Nacht, dem Schmerze,
Du Allerliebstes, du mein Mondgesicht,
O, du mein Phosphor, meine Kerze,
Du meine Sonne, du mein Licht!

SULEIKA

Ach, um deine feuchten Schwingen,
West, wie sehr ich dich beneide:
Denn du kannst ihm Kunde bringen
Was ich in der Trennung leide!

Die Bewegung deiner Flügel
Weckt im Busen stilles Sehnen;
Blumen, Augen, Wald und Hügel
Stehn bei deinem Hauch in Tränen.

Doch dein mildes sanftes Wehen
Kühlt die wunden Augenlider;
Ach, für Leid müßt ich vergehen,
Hofft ich nicht zu sehn ihn wieder.

Eile denn zu meinem Lieben,
Spreche sanft zu seinem Herzen;
Doch vermeid ihn zu betrüben
Und verbirg ihm meine Schmerzen.

Sag ihm, aber sag's bescheiden:
Seine Liebe sei mein Leben,
Freudiges Gefühl von beiden
Wird mir seine Nähe geben.

WIEDERFINDEN

Ist es möglich! Stern der Sterne,
Drück ich wieder dich ans Herz!
Ach, was ist die Nacht der Ferne
Für ein Abgrund, für ein Schmerz!
Ja du bist es! meiner Freuden
Süßer, lieber Widerpart;
Eingedenk vergangner Leiden
Schaudr ich vor der Gegenwart.

Als die Welt im tiefsten Grunde
Lag an Gottes ewger Brust,
Ordnet' er die erste Stunde
Mit erhabner Schöpfungslust,
Und er sprach das Wort: Es werde!
Da erklang ein schmerzlich Ach!
Als das All mit Machtgebärde
In die Wirklichkeiten brach.

Auf tat sich das Licht: so trennte
Scheu sich Finsternis von ihm,
Und sogleich die Elemente
Scheidend auseinander fliehn.
Rasch, in wilden wüsten Träumen
Jedes nach der Weite rang,
Starr, in ungemeßnen Räumen,
Ohne Sehnsucht, ohne Klang.

Stumm war alles, still und öde
Einsam Gott zum erstenmal!
Da erschuf er Morgenröte,
Die erbarmte sich der Qual;

Sie entwickelte dem Trüben
Ein erklingend Farbenspiel,
Und nun konnte wieder lieben
Was erst auseinander fiel.

Und mit eiligem Bestreben
Sucht sich was sich angehört;
Und zu ungemeßnem Leben
Ist Gefühl und Blick gekehrt.
Sei's Ergreifen, sei es Raffen,
Wenn es nur sich faßt und hält!
Allah braucht nicht mehr zu schaffen,
Wir erschaffen seine Welt.

So, mit morgenroten Flügeln,
Riß es mich an deinen Mund,
Und die Nacht mit tausend Siegeln
Kräftigt sternenhell den Bund.
Beide sind wir auf der Erde
Musterhaft in Freud und Qual,
Und ein zweites Wort: Es werde!
Trennt uns nicht zum zweitenmal.

VOLLMONDNACHT

Herrin, sag was heißt das Flüstern?
Was bewegt dir leis die Lippen?
Lispelst immer vor dich hin,
Lieblicher als Weines Nippen!
Denkst du deinen Mundgeschwistern
Noch ein Pärchen herzuziehn?
    »Ich will küssen! Küssen! sagt ich.«

Schau! Im zweifelhaften Dunkel
Glühen blühend alle Zweige,
Nieder spielet Stern auf Stern;
Und smaragden durchs Gesträuche
Tausendfältiger Karfunkel:
Doch dein Geist ist allem fern.
    »Ich will küssen! Küssen! sagt ich.«

Dein Geliebter, fern, erprobet
Gleicherweis im Sauersüßen,
Fühlt ein unglückselges Glück.

Euch im Vollmond zu begrüßen
Habt ihr heilig angelobet,
Dieses ist der Augenblick.
»Ich will küssen! Küssen! sag ich.«

GEHEIMSCHRIFT

Laßt euch, o Diplomaten!
Recht angelegen sein,
Und eure Potentaten
Beratet rein und fein!
Geheimer Chiffern Sendung
Beschäftige die Welt,
Bis endlich jede Wendung
Sich selbst ins gleiche stellt.

Mir von der Herrin süße
Die Chiffer ist zur Hand,
Woran ich schon genieße,
Weil sie die Kunst erfand;
Es ist die Liebesfülle
Im lieblichsten Revier,
Der holde, treue Wille
Wie zwischen mir und ihr.

Von abertausend Blüten
Ist es ein bunter Strauß,
Von englischen Gemüten
Ein vollbewohntes Haus;
Von buntesten Gefiedern
Der Himmel übersät,
Ein klingend Meer von Liedern
Geruchvoll überweht.

Ist unbedingten Strebens
Geheime Doppelschrift,
Die in das Mark des Lebens
Wie Pfeil um Pfeile trifft.
Was ich euch offenbaret
War längst ein frommer Brauch,
Und wenn ihr es gewahret,
So schweigt und nutzt es auch.

ABGLANZ

Ein Spiegel er ist mir geworden,
Ich sehe so gerne hinein,
Als hinge des Kaisers Orden
An mir mit Doppelschein;
Nicht etwa selbstgefällig
Such ich mich überall;
Ich bin so gerne gesellig
Und das ist hier der Fall.

Wenn ich nun vorm Spiegel stehe,
Im stillen Witwerhaus,
Gleich guckt, eh ich mich versehe,
Das Liebchen mit heraus.
Schnell kehr ich mich um, und wieder
Verschwand sie die ich sah;
Dann blick ich in meine Lieder,
Gleich ist sie wieder da.

Die schreib ich immer schöner
Und mehr nach meinem Sinn,
Trotz Krittler und Verhöhner,
Zu täglichem Gewinn.
Ihr Bild in reichen Schranken
Verherrlichet sich nur
In goldnen Rosenranken
Und Rähmchen von Lasur.

SULEIKA

Wie mit innigstem Behagen,
Lied, empfind ich deinen Sinn!
Liebevoll du scheinst zu sagen:
Daß ich ihm zur Seite bin,

Daß er ewig mein gedenket,
Seiner Liebe Seligkeit
Immerdar der Fernen schenket,
Die ein Leben ihm geweiht.

Ja, mein Herz es ist der Spiegel,
Freund, worin du dich erblickt;
Diese Brust, wo deine Siegel
Kuß auf Kuß hereingedrückt.

Süßes Dichten, lautre Wahrheit
Fesselt mich in Sympathie!
Rein verkörpert Liebesklarheit
Im Gewand der Poesie.

—

Laß den Weltenspiegel Alexandern;
Denn was zeigt er? – Da und dort
Stille Völker, die er mit den andern
Zwingend rütteln möchte fort und fort.

Du nicht weiter, nicht zu Fremdem strebe!
Singe mir, die du dir eigen sangst.
Denke, daß ich liebe, daß ich lebe,
Denke, daß du mich bezwangst.

—

Die Welt durchaus ist lieblich anzuschauen,
Vorzüglich aber schön die Welt der Dichter;
Auf bunten, hellen oder silbergrauen
Gefilden, Tag und Nacht, erglänzen Lichter.
Heut ist mir alles herrlich; wenn's nur bliebe!
Ich sehe heut durchs Augenglas der Liebe.

—

In tausend Formen magst du dich verstecken,
Doch, Allerliebste, gleich erkenn ich dich;
Du magst mit Zauberschleiern dich bedecken,
Allgegenwärtge, gleich erkenn ich dich.

An der Zypresse reinstem, jungem Streben,
Allschöngewachsne, gleich erkenn ich dich,
In des Kanales reinem Wellenleben,
Allschmeichelhafte, wohl erkenn ich dich.

Wenn steigend sich der Wasserstrahl entfaltet,
Allspielende, wie froh erkenn ich dich;
Wenn Wolke sich gestaltend umgestaltet,
Allmannigfaltge, dort erkenn ich dich.

An des geblümten Schleiers Wiesenteppich,
Allbuntbesternte, schön erkenn ich dich;
Und greift umher ein tausendarmger Eppich,
O Allumklammernde, da kenn ich dich.

Wenn am Gebirg der Morgen sich entzündet,
Gleich, Allerheiternde, begrüß ich dich,
Dann über mir der Himmel rein sich ründet,
Allherzerweiternde, dann atm ich dich.

Was ich mit äußerm Sinn, mit innerm kenne,
Du Allbelehrende, kenn ich durch dich;
Und wenn ich Allahs Namenhundert nenne,
Mit jedem klingt ein Name nach für dich.

Ja, in der Schenke hab ich auch gesessen,
Mir ward wie andern zugemessen,
Sie schwatzten, schrieen, händelten von heut,
So froh und traurig wie's der Tag gebeut;
Ich aber saß, im Innersten erfreut,
An meine Liebste dacht ich – wie sie liebt?
Das weiß ich nicht; was aber mich bedrängt!
Ich liebe sie wie es ein Busen gibt,
Der treu sich einer gab und knechtisch hängt.
Wo war das Pergament, der Griffel wo,
Die alles faßten? – doch so war's! ja so!

—

Sitz ich allein,
Wo kann ich besser sein?
Meinen Wein
Trink ich allein,
Niemand setzt mir Schranken,
Ich hab so meine eignen Gedanken.

—

So weit bracht es Muley, der Dieb,
Daß er trunken schöne Lettern schrieb.

—

Ob der Koran von Ewigkeit sei?
Darnach frag ich nicht!
Ob der Koran geschaffen sei?
Das weiß ich nicht!
Daß er das Buch der Bücher sei
Glaub ich aus Mosleminenpflicht.
Daß aber der Wein von Ewigkeit sei
Daran zweifl ich nicht;
Oder daß er vor den Engeln geschaffen sei
Ist vielleicht auch kein Gedicht.
Der Trinkende, wie es auch immer sei,
Blickt Gott frischer ins Angesicht.

—

Trunken müssen wir alle sein!
Jugend ist Trunkenheit ohne Wein;
Trinkt sich das Alter wieder zu Jugend,
So ist es wundervolle Tugend.
Für Sorgen sorgt das liebe Leben
Und Sorgenbrecher sind die Reben.

———

Da wird nicht mehr nachgefragt!
Wein ist ernstlich untersagt.
Soll denn doch getrunken sein,
Trinke nur vom besten Wein:
Doppelt wärest du ein Ketzer
In Verdammnis um den Krätzer.

———

Solang man nüchtern ist,
Gefällt das Schlechte;
Wie man getrunken hat,
Weiß man das Rechte;
Nur ist das Übermaß
Auch gleich zu Handen;
Hafis, o lehre mich
Wie du's verstanden!

Denn meine Meinung ist
Nicht übertrieben:
Wenn man nicht trinken kann
Soll man nicht lieben;
Doch sollt ihr Trinker euch
Nicht besser dünken,
Wenn man nicht lieben kann
Soll man nicht trinken.

———

SULEIKA. Warum du nur oft so unhold bist?
HATEM. Du weißt, daß der Leib ein Kerker ist;
Die Seele hat man hinein betrogen;
Da hat sie nicht freie Ellebogen.
Will sie sich da- und dorthin retten,

Schnürt man den Kerker selbst in Ketten,
Da ist das Liebchen doppelt gefährdet,
Deshalb sie sich oft so seltsam gebärdet.

—

Wenn der Körper ein Kerker ist,
Warum nur der Kerker so durstig ist?
Seele befindet sich wohl darinnen
Und bliebe gern vergnügt bei Sinnen;
Nun aber soll eine Flasche Wein
Frisch eine nach der andern herein.
Seele will's nicht länger ertragen,
Sie an der Türe in Stücke schlagen.

DEM KELLNER

Setze mir nicht, du Grobian,
Mir den Krug so derb vor die Nase!
Wer mir Wein bringt sehe mich freundlich an,
Sonst trübt sich der Eilfer im Glase.

DEM SCHENKEN

Du zierlicher Knabe, du komm herein,
Was stehst du denn da auf der Schwelle?
Du sollst mir künftig der Schenke sein,
Jeder Wein ist schmackhaft und helle.

SCHENKE SPRICHT

Du, mit deinen braunen Locken,
Geh mir weg, verschmitzte Dirne!
Schenk ich meinem Herrn zu Danke,
Nun so küßt er mir die Stirne.

Aber du, ich wollte wetten,
Bist mir nicht damit zufrieden,
Deine Wangen, deine Brüste
Werden meinen Freund ermüden.

Glaubst du wohl mich zu betriegen,
Daß du jetzt verschämt entweichest?
Auf der Schwelle will ich liegen
Und erwachen wenn du schleichest.

—

Sie haben wegen der Trunkenheit
Vielfältig uns verklagt,
Und haben von unsrer Trunkenheit
Lange nicht genug gesagt.
Gewöhnlich der Betrunkenheit
Erliegt man bis es tagt;
Doch hat mich meine Betrunkenheit
In der Nacht umhergejagt.
Es ist die Liebestrunkenheit,
Die mich erbärmlich plagt,
Von Tag zu Nacht, von Nacht zu Tag
In meinem Herzen zagt.
Dem Herzen, das in Trunkenheit
Der Lieder schwillt und ragt
Daß keine nüchterne Trunkenheit
Sich gleich zu heben wagt.
Lieb-, Lied- und Weines Trunkenheit,
Ob's nachtet oder tagt,
Die göttlichste Betrunkenheit,
Die mich entzückt und plagt.

—

Du kleiner Schelm du!
Daß ich mir bewußt sei,
Darauf kommt es überall an.
Und so erfreu ich mich
Auch deiner Gegenwart,
Du Allerliebster,
Obgleich betrunken.

—

Was in der Schenke waren heute
Am frühsten Morgen für Tumulte!
Der Wirt und Mädchen! Fackeln, Leute!
Was gab's für Händel, für Insulte!

Die Flöte klang, die Trommel scholl!
Es war ein wüstes Wesen –
Doch bin ich, Lust und Liebe voll,
Auch selbst dabei gewesen.

Daß ich von Sitte nichts gelernt
Darüber tadelt mich ein jeder;
Doch bleib ich weislich weit entfernt
Vom Streit der Schulen und Katheder.

—

SCHENKE. Welch ein Zustand! Herr, so späte
Schleichst du heut aus deiner Kammer;
Perser nennen's Bidamag buden,
Deutsche sagen Katzenjammer.

DICHTER. Laß mich jetzt, geliebter Knabe,
Mir will nicht die Welt gefallen,
Nicht der Schein, der Duft der Rose,
Nicht der Sang der Nachtigallen.

SCHENKE. Eben das will ich behandeln,
Und ich denk es soll mir klecken,
Hier! genieß die frischen Mandeln
Und der Wein wird wieder schmecken.

Dann will ich auf der Terrasse
Dich mit frischen Lüften tränken;
Wie ich dich ins Auge fasse,
Gibst du einen Kuß dem Schenken.

Schau! die Welt ist keine Höhle,
Immer reich an Brut und Nestern,
Rosenduft und Rosenöle;
Bulbul auch, sie singt wie gestern.

—

Jene garstige Vettel,
Die buhlerische,
Welt heißt man sie,
Mich hat sie betrogen
Wie die übrigen alle.
Glaube nahm sie mir weg,
Dann die Hoffnung,

Nun wollte sie
An die Liebe,
Da riß ich aus.
Den geretteten Schatz
Für ewig zu sichern
Teil ich ihn weislich
Zwischen Suleika und Saki.
Jedes der beiden
Beeifert sich um die Wette
Höhere Zinsen zu entrichten.
Und ich bin reicher als je:
Den Glauben hab ich wieder!
An ihre Liebe den Glauben;
Er, im Becher, gewährt mir
Herrliches Gefühl der Gegenwart;
Was will da die Hoffnung!

SCHENKE

Heute hast du gut gegessen,
Doch du hast noch mehr getrunken;
Was du bei dem Mahl vergessen
Ist in diesen Napf gesunken.

Sieh, das nennen wir ein Schwänchen
Wie's dem satten Gast gelüstet;
Dieses bring ich meinem Schwane,
Der sich auf den Wellen brüstet.

Doch vom Singschwan will man wissen
Daß er sich zu Grabe läutet;
Laß mich jedes Lied vermissen,
Wenn es auf dein Ende deutet.

SCHENKE

Nennen dich den großen Dichter,
Wenn dich auf dem Markte zeigest;
Gerne hör ich wenn du singest,
Und ich horche wenn du schweigest.

Doch ich liebe dich noch lieber,
Wenn du küssest zum Erinnern;
Denn die Worte gehn vorüber
Und der Kuß der bleibt im Innern.

Reim auf Reim will was bedeuten,
Besser ist es viel zu denken.
Singe du den andern Leuten
Und verstumme mit dem Schenken.

—

DICHTER. Schenke komm! Noch einen Becher!

SCHENKE. Herr, du hast genug getrunken;
Nennen dich den wilden Zecher!

DICHTER. Sahst du je daß ich gesunken?

SCHENKE. Mahomet verbietet's.

DICHTER.   Liebchen!
Hört es niemand, will dir's sagen.

SCHENKE. Wenn du einmal gerne redest,
Brauch ich gar nicht viel zu fragen.

DICHTER. Horch! wir andren Muselmannen
Nüchtern sollen wir gebückt sein,
Er, in seinem heilgen Eifer,
Möchte gern allein verrückt sein.

—

SAKI. Denk, o Herr! wenn du getrunken
Sprüht um dich des Feuers Glast!
Prasselnd blitzen tausend Funken,
Und du weißt nicht wo es faßt.

Mönche seh ich in den Ecken,
Wenn du auf die Tafel schlägst,
Die sich gleisnerisch verstecken,
Wenn dein Herz du offen trägst.

Sag mir nur warum die Jugend,
Noch von keinem Fehler frei,
So ermangelnd jeder Tugend,
Klüger als das Alter sei.

Alles weißt du, was der Himmel,
Alles was die Erde trägt,
Und verbirgst nicht das Gewimmel,
Wie sich's dir im Busen regt.

HATEM. Eben drum, geliebter Knabe,
Bleibe jung und bleibe klug;
Dichten zwar ist Himmelsgabe,
Doch im Erdeleben Trug.

Erst sich im Geheimnis wiegen,
Dann verplaudern früh und spat!
Dichter ist umsonst verschwiegen,
Dichten selbst ist schon Verrat.

SOMMERNACHT

DICHTER. Niedergangen ist die Sonne,
Doch im Westen glänzt es immer;
Wissen möcht ich wohl, wie lange
Dauert noch der goldne Schimmer?

SCHENKE. Willst du, Herr, so will ich bleiben,
Warten außer diesen Zelten;
Ist die Nacht des Schimmers Herrin,
Komm ich gleich es dir zu melden.

Denn ich weiß du liebst, das Droben,
Das Unendliche zu schauen,
Wenn sie sich einander loben
Jene Feuer in dem Blauen.

Und das hellste will nur sagen:
»Jetzo glänz ich meiner Stelle;
Wollte Gott euch mehr betagen,
Glänztet ihr wie ich so helle.«

Denn vor Gott ist alles herrlich,
Eben weil er ist der Beste;
Und so schläft nun aller Vogel
In dem groß- und kleinen Neste.

Einer sitzt auch wohl gestängelt
Auf den Ästen der Zypresse,
Wo der laue Wind ihn gängelt,
Bis zu Taues luftger Nässe.

Solches hast du mich gelehret,
Oder etwas auch dergleichen;
Was ich je dir abgehöret
Wird dem Herzen nicht entweichen.

Eule will ich deinetwegen
Kauzen hier auf der Terrasse,
Bis ich erst des Nordgestirnes
Zwillingswendung wohl erpasse.

Und da wird es Mitternacht sein,
Wo du oft zu früh ermunterst,
Und dann wird es eine Pracht sein,
Wenn das All mit mir bewunderst.

DICHTER. Zwar in diesem Duft und Garten
Tönet Bulbul ganze Nächte;
Doch du könntest lange warten,
Bis die Nacht so viel vermöchte.

Denn in dieser Zeit der Flora,
Wie das Griechenvolk sie nennet,
Die Strohwitwe, die Aurora,
Ist in Hesperus entbrennet.

Sieh dich um! sie kommt! wie schnelle!
Über Blumenfelds Gelänge! –
Hüben hell und drüben helle,
Ja, die Nacht kommt ins Gedränge.

Und auf roten leichten Sohlen
Ihn, der mit der Sonn entlaufen,
Eilt sie irrig einzuholen;
Fühlst du nicht ein Liebe-Schnaufen?

Geh nur, lieblichster der Söhne,
Tief ins Innre, schließ die Türen;
Denn sie möchte deine Schöne
Als den Hesperus entführen.

—

DER SCHENKE *schläfrig*. So hab ich endlich von dir erharrt:
In allen Elementen Gottes Gegenwart.
Wie du mir das so lieblich gibst!
Am lieblichsten aber daß du liebst.

HATEM. Der schläft recht süß und hat ein Recht zu schlafen.
Du guter Knabe hast mir eingeschenkt,
Vom Freund und Lehrer, ohne Zwang und Strafen,
So jung vernommen wie der Alte denkt.
Nun aber kommt Gesundheit holder Fülle
Dir in die Glieder daß du dich erneust.
Ich trinke noch, bin aber stille, stille,
Damit du mich, erwachend nicht, erfreust.

Vom Himmel sank in wilder Meere Schauer
Ein Tropfe bangend, gräßlich schlug die Flut,
Doch lohnte Gott bescheidnen Glaubensmut
Und gab dem Tropfen Kraft und Dauer.
Ihn schloß die stille Muschel ein.
Und nun, zu ewgem Ruhm und Lohne,
Die Perle glänzt an unsers Kaisers Krone
Mit holdem Blick und mildem Schein.

—

Bulbuls Nachtlied durch die Schauer
Drang zu Allahs lichtem Throne,
Und dem Wohlgesang zu Lohne
Sperrt' er sie in goldnen Bauer.
Dieser sind des Menschen Glieder.
Zwar sie fühlet sich beschränket;
Doch wenn sie es recht bedenket,
Singt das Seelchen immer wieder.

WUNDERGLAUBE

Zerbrach einmal eine schöne Schal
Und wollte schier verzweifeln;
Unart und Übereil zumal
Wünscht ich zu allen Teufeln.
Erst rast ich aus, dann weint ich weich
Beim traurigen Scherbelesen;
Das jammerte Gott, er schuf es gleich
So ganz als wie es gewesen.

—

Die Perle, die der Muschel entrann,
Die schönste, hochgeboren,
Zum Juwelier, dem guten Mann,
Sprach sie: »Ich bin verloren!
Durchbohrst du mich, mein schönes All
Es ist sogleich zerrüttet,
Mit Schwestern muß ich, Fall für Fall,
Zu schlechten sein geküttet.«

»Ich denke jetzt nur an Gewinn,
Du mußt es mir verzeihen:
Denn wenn ich hier nicht grausam bin,
Wie soll die Schnur sich reihen?«

———

Ich sah mit Staunen und Vergnügen
Eine Pfauenfeder im Koran liegen:
»Willkommen an dem heilgen Platz,
Der Erdgebilde höchster Schatz!
An dir, wie an des Himmels Sternen,
Ist Gottes Größe im kleinen zu lernen,
Daß er, der Welten überblickt,
Sein Auge hier hat aufgedrückt,
Und so den leichten Flaum geschmückt,
Daß Könige kaum unternahmen
Die Pracht des Vogels nachzuahmen.
Bescheiden freue dich des Ruhms,
So bist du wert des Heiligtums.«

———

Ein Kaiser hatte zwei Kassiere,
Einen zum Nehmen, einen zum Spenden;
Diesem fiel's nur so aus den Händen,
Jener wußte nicht woher zu nehmen.
Der Spendende starb; der Herrscher wußte nicht gleich,
Wem das Geberamt sei anzuvertrauen,
Und wie man kaum tät um sich schauen,
So war der Nehmer unendlich reich;
Man wußte kaum vor Gold zu leben,
Weil man einen Tag nichts ausgegeben.
Da ward nun erst dem Kaiser klar
Was schuld an allem Unheil war.
Den Zufall wußt er wohl zu schätzen,
Nie wieder die Stelle zu besetzen.

———

Zum Kessel sprach der neue Topf:
»Was hast du einen schwarzen Bauch!«
»Das ist bei uns nun Küchgebrauch;

Herbei, herbei du glatter Tropf,
Bald wird dein Stolz sich mindern.
Behält der Henkel ein klar Gesicht,
Darob erhebe du dich nicht,
Besieh nur deinen Hintern.«

—

Alle Menschen groß und klein
Spinnen sich ein Gewebe fein,
Wo sie mit ihrer Schere Spitzen
Gar zierlich in der Mitte sitzen.
Wenn nun darein ein Besen fährt,
Sagen sie, es sei unerhört
Man habe den größten Palast zerstört.

—

Vom Himmel steigend Jesus bracht
Des Evangeliums ewige Schrift,
Den Jüngern las er sie Tag und Nacht;
Ein göttlich Wort es wirkt und trifft.
Er stieg zurück, nahm's wieder mit;
Sie aber hatten's gut gefühlt,
Ein jeder schrieb, so Schritt vor Schritt,
Wie er's in seinem Sinn behielt,
Verschieden. Es hat nichts zu bedeuten:
Sie hatten nicht gleiche Fähigkeiten;
Doch damit können sich die Christen
bis zu dem Jüngsten Tage fristen.

ES IST GUT

Bei Mondeschein im Paradeis
Fand Jehova im Schlafe tief
Adam versunken, legte leis
Zur Seit ein Evchen, das auch entschlief.
Da lagen nun, in Erdeschranken,
Gottes zwei lieblichste Gedanken. –
»Gut!!!« rief er sich zum Meisterlohn,
Er ging sogar nicht gern davon.

Kein Wunder, daß es uns berückt,
Wenn Auge frisch in Auge blickt,
Als hätten wir's so weit gebracht
Bei dem zu sein der uns gedacht.
Und ruft er uns, wohlan, es sei!
Nur, das beding ich, alle zwei.
Dich halten dieser Arme Schranken,
Liebster von allen Gottes-Gedanken

PARSI NAMEH · BUCH DES PARSEN

Welch Vermächtnis, Brüder, sollt euch kommen
Von dem Scheidenden, dem armen Frommen,
Den ihr Jüngeren geduldig nährtet,
Seine letzten Tage pflegend ehrtet?

Wenn wir oft gesehn den König reiten,
Gold an ihm und Gold an allen Seiten,
Edelstein auf ihn und seine Großen
Ausgesät wie dichte Hagelschloßen,

Habt ihr jemals ihn darum beneidet?
Und nicht herrlicher den Blick geweidet,
Wenn die Sonne sich auf Morgenflügeln
Darnawends unzählgen Gipfelhügeln

Bogenhaft hervorhob? Wer enthielte
Sich des Blicks dahin? Ich fühlte, fühlte
Tausendmal, in so viel Lebenstagen,
Mich mit ihr, der kommenden, getragen,

Gott auf seinem Throne zu erkennen,
Ihn den Herrn des Lebensquells zu nennen,
Jenes hohen Anblicks wert zu handeln
Und in seinem Lichte fortzuwandeln.

Aber stieg der Feuerkreis vollendet,
Stand ich als in Finsternis geblendet,
Schlug den Busen, die erfrischten Glieder
Warf ich, Stirn voran, zur Erde nieder.

Und nun sei ein heiliges Vermächtnis
Brüderliches Wollen und Gedächtnis:
Schwerer Dienste tägliche Bewahrung,
Sonst bedarf es keiner Offenbarung.

Regt ein Neugeborner fromme Hände,
Daß man ihn sogleich zur Sonne wende,
Tauche Leib und Geist im Feuerbade!
Fühlen wird er jeden Morgens Gnade.

Dem Lebendgen übergebt die Toten,
Selbst die Tiere deckt mit Schutt und Boden,
Und, so weit sich eure Kraft erstrecket,
Was euch unrein dünkt, es sei bedecket.

Grabet euer Feld ins zierlich Reine,
Daß die Sonne gern den Fleiß bescheine;
Wenn ihr Bäume pflanzt, so sei's in Reihen,
Denn sie läßt Geordnetes gedeihen.

Auch dem Wasser darf es in Kanälen
Nie am Laufe, nie an Reine fehlen;
Wie euch Senderud aus Bergrevieren
Rein entspringt, soll er sich rein verlieren.

Sanften Fall des Wassers nicht zu schwächen,
Sorgt, die Gräben fleißig auszustechen;
Rohr und Binse, Molch und Salamander,
Ungeschöpfe, tilgt sie miteinander!

Habt ihr Erd und Wasser so im Reinen,
Wird die Sonne gern durch Lüfte scheinen,
Wo sie, ihrer würdig aufgenommen,
Leben wirkt, dem Leben Heil und Frommen.

Ihr, von Müh zu Mühe so gepeinigt,
Seid getrost, nun ist das All gereinigt,
Und nun darf der Mensch als Priester wagen
Gottes Gleichnis aus dem Stein zu schlagen.

Wo die Flamme brennt erkennet freudig,
Hell ist Nacht und Glieder sind geschmeidig.
An des Herdes raschen Feuerkräften
Reift das Rohe Tier- und Pflanzensäften.

Schleppt ihr Holz herbei, so tut's mit Wonne,
Denn ihr tragt den Samen irdscher Sonne;
Pflückt ihr Pambeh, mögt ihr traulich sagen:
»Diese wird als Docht das Heilge tragen.«

Werdet ihr in jeder Lampe Brennen
Fromm den Abglanz höhern Lichts erkennen,
Soll euch nie ein Mißgeschick verwehren
Gottes Thron am Morgen zu verehren.

Da ist unsers Daseins Kaisersiegel,
Uns und Engeln reiner Gottesspiegel,
Und was nur am Lob des Höchsten stammelt
Ist in Kreis um Kreise dort versammelt.

Will dem Ufer Senderuds entsagen,
Auf zum Darnawend die Flügel schlagen,
Wie sie tagt ihr freudig zu begegnen
Und von dorther ewig euch zu segnen.

———

Wenn der Mensch die Erde schätzet,
Weil die Sonne sie bescheinet,
An der Rebe sich ergetzet,
Die dem scharfen Messer weinet,
Da sie fühlt, daß ihre Säfte,
Wohlgekocht, die Welt erquickend,
Werden regsam vielen Kräften,
Aber mehreren erstickend:
Weiß er das der Glut zu danken,
Die das alles läßt gedeihen;
Wird Betrunkner stammelnd wanken,
Mäßger wird sich singend freuen.

VORSCHMACK

Der echte Moslem spricht vom Paradiese
Als wenn er selbst allda gewesen wäre,
Er glaubt dem Koran, wie es der verhieße,
Hierauf begründet sich die reine Lehre.

Doch der Prophet, Verfasser jenes Buches,
Weiß unsre Mängel droben auszuwittern,
Und sieht, daß trotz dem Donner seines Fluches
Die Zweifel oft den Glauben uns verbittern.

Deshalb entsendet er den ewgen Räumen
Ein Jugendmuster, alles zu verjüngen;
Sie schwebt heran und fesselt, ohne Säumen,
Um meinen Hals die allerliebsten Schlingen.

Auf meinem Schoß, an meinem Herzen halt ich
Das Himmelswesen, mag nichts weiter wissen;
Und glaube nun ans Paradies gewaltig,
Denn ewig möcht ich sie so treulich küssen.

BERECHTIGTE MÄNNER

Nach der Schlacht von Bedr, unterm Sternenhimmel

MAHOMET SPRICHT. Seine Toten mag der Feind betrauern:
Denn sie liegen ohne Wiederkehren;
Unsre Brüder sollt ihr nicht bedauern:
Denn sie wandeln über jenen Sphären.

Die Planeten haben alle sieben
Die metallnen Tore weit getan,
Und schon klopfen die verklärten Lieben
Paradieses Pforten kühnlich an.

Finden, ungehofft und überglücklich,
Herrlichkeiten die mein Flug berührt,
Als das Wunderpferd mich augenblicklich
Durch die Himmel alle durchgeführt.

Weisheitsbaum an Baum zypresseragend
Heben Äpfel goldner Zierd empor,
Lebensbäume breite Schatten schlagend
Decken Blumensitz und Kräuterflor.

Und nun bringt ein süßer Wind von Osten
Hergeführt die Himmelsmädchenschar;
Mit den Augen fängst du an zu kosten,
Schon der Anblick sättigt ganz und gar.

Forschend stehn sie, was du unternahmest?
Große Plane? fährlich blutgen Strauß?
Daß du Held seist sehn sie, weil du kamest;
Welch ein Held du seist? sie forschen's aus.

Und sie sehn es bald an deiner Wunden,
Die sich selbst ein Ehrendenkmal schreibt.
Glück und Hoheit alles ist verschwunden,
Nur die Wunde für den Glauben bleibt.

Führen zu Kiosken dich und Lauben,
Säulenreich von buntem Lichtgestein,
Und zum edlen Saft verklärter Trauben
Laden sie mit Nippen freundlich ein.

Jüngling! mehr als Jüngling bist willkommen!
Alle sind wie alle licht und klar;
Hast du eine dir ans Herz genommen,
Herrin, Freundin ist sie deiner Schar.

Doch die allertrefflichste gefällt sich
Keineswegs in solchen Herrlichkeiten,
Heiter, neidlos, redlich unterhält dich
Von den mannigfaltgen andrer Trefflichkeiten.

Eine führt dich zu der andern Schmause,
Den sich jede äußerst ausersinnt;
Viele Frauen hast und Ruh im Hause,
Wert daß man darob das Paradies gewinnt.

Und so schicke dich in diesen Frieden:
Denn du kannst ihn weiter nicht vertauschen;
Solche Mädchen werden nicht ermüden,
Solche Weine werden nicht berauschen.

—

Und so war das Wenige zu melden
Wie der selge Muselmann sich brüstet:
Paradies der Männer Glaubenshelden
Ist hiemit vollkommen ausgerüstet.

AUSERWÄHLTE FRAUEN

Frauen sollen nichts verlieren,
Reiner Treue ziemt zu hoffen;
Doch wir wissen nur von vieren,
Die alldort schon eingetroffen.

Erst Suleika, Erdensonne,
Gegen Jussuph ganz Begierde,
Nun, des Paradieses Wonne,
Glänzt sie der Entsagung Zierde.

Dann die Allgebenedeite,
Die den Heiden Heil geboren,
Und getäuscht, in bittrem Leide,
Sah den Sohn am Kreuz verloren.

Mahoms Gattin auch, sie baute
Wohlfahrt ihm und Herrlichkeiten,
Und empfahl bei Lebenszeiten
Einen Gott und eine Traute.

Kommt Fatima dann, die Holde,
Tochter, Gattin sonder Fehle,
Englisch allerreinste Seele
In dem Leib von Honiggolde.

Diese finden wir alldorten;
Und wer Frauenlob gepriesen
Der verdient an ewgen Orten
Lustzuwandeln wohl mit diesen.

EINLASS

HURI. Heute steh ich meine Wache
Vor des Paradieses Tor,
Weiß nicht grade wie ich's mache,
Kommst mir so verdächtig vor!

Ob du unsern Mosleminen
Auch recht eigentlich verwandt?
Ob dein Kämpfen, dein Verdienen
Dich ans Paradies gesandt?

Zählst du dich zu jenen Helden?
Zeige deine Wunden an,
Die mir Rühmliches vermelden,
Und ich führe dich heran.

DICHTER. Nicht so vieles Federlesen!
Laß mich immer nur herein:
Denn ich bin ein Mensch gewesen
Und das heißt ein Kämpfer sein.

Schärfe deine kräftgen Blicke!
Hier durchschaue diese Brust,
Sieh der Lebenswunden Tücke,
Sieh der Liebeswunden Lust.

Und doch sang ich gläubger Weise:
Daß mir die Geliebte treu,
Daß die Welt, wie sie auch kreise,
Liebevoll und dankbar sei.

Mit den Trefflichsten zusammen
Wirkt ich, bis ich mir erlangt
Daß mein Nam in Liebesflammen
Von den schönsten Herzen prangt.

Nein! du wählst nicht den Geringern!
Gib die Hand, daß Tag für Tag
Ich an deinen zarten Fingern
Ewigkeiten zählen mag.

ANKLANG

HURI. Draußen am Orte,
Wo ich dich zuerst sprach,
Wacht ich oft an der Pforte,
Dem Gebote nach.
Da hört ich ein wunderlich Gesäusel,
Ein Ton- und Silbengekräusel,
Das wollte herein;

Niemand aber ließ sich sehen,
Da verklang es klein zu klein;
Es klang aber fast wie deine Lieder,
Das erinnr ich mich wieder.

DICHTER. Ewig Geliebte! wie zart
Erinnerst du dich deines Trauten!
Was auch in irdischer Luft und Art,
Für Töne lauten,
Die wollen alle herauf;
Viele verklingen da unten zu Hauf;
Andere mit Geistes Flug und Lauf,
Wie das Flügelpferd des Propheten,
Steigen empor und flöten
Draußen an dem Tor.

Kommt deinen Gespielen so etwas vor,
So sollen sie's freundlich vermerken,
Das Echo lieblich verstärken,
Daß es wieder hinunter halle,
Und sollen acht haben,
Daß, in jedem Falle,
Wenn er kommt, seine Gaben
Jedem zu gute kommen;
Das wird beiden Welten frommen.

Sie mögen's ihm freundlich lohnen,
Auf liebliche Weise fügsam,
Sie lassen ihn mit sich wohnen:
Alle Guten sind genügsam.

Du aber bist mir beschieden,
Dich laß ich nicht aus dem ewigen Frieden;
Auf die Wache sollst du nicht ziehn,
Schick eine ledige Schwester dahin.

—

DICHTER. Deine Liebe, dein Kuß mich entzückt!
Geheimnisse mag ich nicht erfragen;
Doch sag mir ob du an irdischen Tagen
Jemals teil genommen?
Mir ist es oft so vorgekommen,
Ich wollt es beschwören, ich wollt es beweisen
Du hast einmal Suleika geheißen.

HURI. Wir sind aus den Elementen geschaffen,
Aus Wasser, Feuer, Erd und Luft
Unmittelbar; und irdischer Duft
Ist unserm Wesen ganz zuwider.
Wir steigen nie zu euch hernieder;
Doch wenn ihr kommt bei uns zu ruhn,
Da haben wir genug zu tun.

Denn, siehst du, wie die Gläubigen kamen,
Von dem Propheten so wohl empfohlen,
Besitz vom Paradiese nahmen,
Da waren wir, wie er befohlen,
So liebenswürdig, so scharmant,
Wie uns die Engel selbst nicht gekannt.

Allein der erste, zweite, dritte
Die hatten vorher eine Favorite,
Gegen uns waren's garstige Dinger,
Sie aber hielten uns doch geringer,
Wir waren reizend, geistig, munter;
Die Moslems wollten wieder hinunter.

Nun war uns himmlisch Hochgebornen
Ein solch Betragen ganz zuwider,
Wir aufgewiegelten Verschwornen
Besannen uns schon hin und wieder;
Als der Prophet durch alle Himmel fuhr,
Da paßten wir auf seine Spur;
Rückkehrend hatt er sich's nicht versehn,
Das Flügelpferd es mußte stehn.

Da hatten wir ihn in der Mitte! –
Freundlich ernst, nach Prophetensitte,
Wurden wir kürzlich von ihm beschieden;
Wir aber waren sehr unzufrieden.
Denn seine Zwecke zu erreichen
Sollten wir eben alles lenken,
So wie ihr dächtet, sollten wir denken,
Wir sollten euren Liebchen gleichen.

Unsere Eigenliebe ging verloren,
Die Mädchen krauten hinter den Ohren,
Doch, dachten wir, im ewigen Leben
Muß man sich eben in alles ergeben.

Nun sieht ein jeder, was er sah,
Und ihm geschieht was ihm geschah.
Wir sind die Blonden, wir sind die Braunen,
Wir haben Grillen und haben Launen,
Ja, wohl auch manchmal eine Flause,
Ein jeder denkt, er sei zu Hause,
Und wir darüber sind frisch und froh
Daß sie meinen, es wäre so.

Du aber bist von freiem Humor,
Ich komme dir paradiesisch vor;
Du gibst dem Blick, dem Kuß die Ehre,
Und wenn ich auch nicht Suleika wäre.
Doch da sie gar zu lieblich war,
So glich sie mir wohl auf ein Haar.

DICHTER. Du blendest mich mit Himmelsklarheit,
Es sei nun Täuschung oder Wahrheit,
Genug ich bewundre dich vor allen.
Um ihre Pflicht nicht zu versäumen,
Um einem Deutschen zu gefallen,
Spricht eine Huri in Knittelreimen.

HURI. Ja, reim auch du nur unverdrossen,
Wie es dir aus der Seele steigt!
Wir paradiesische Genossen
Sind Wort- und Taten reinen Sinns geneigt.
Die Tiere, weißt du, sind nicht ausgeschlossen,
Die sich gehorsam, die sich treu erzeigt!
Ein derbes Wort kann Huri nicht verdrießen;
Wir fühlen was vom Herzen spricht,
Und was aus frischer Quelle bricht,
Das darf im Paradiese fließen.

—

HURI. Wieder einen Finger schlägst du mir ein!
Weißt du denn wieviel Äonen
Wir vertraut schon zusammen wohnen?

DICHTER. Nein! – Will's auch nicht wissen. Nein!
Mannigfaltiger frischer Genuß,
Ewig bräutlich keuscher Kuß! –
Wenn jeder Augenblick mich durchschauert,
Was soll ich fragen wie lang es gedauert!

HURI. Abwesend bist denn doch auch einmal,
Ich merk es wohl, ohne Maß und Zahl.
Hast in dem Weltall nicht verzagt,
An Gottes Tiefen dich gewagt;
Nun sei der Liebsten auch gewärtig!
Hast du nicht schon das Liedchen fertig?
Wie klang es draußen an dem Tor?
Wie klingt's? – Ich will nicht stärker in dich dringen,
Sing mir die Lieder an Suleika vor:
Denn weiter wirst du's doch im Paradies nicht bringen.

BEGÜNSTIGTE TIERE

Vier Tieren auch verheißen war
Ins Paradies zu kommen,
Dort leben sie das ewge Jahr
Mit Heiligen und Frommen.

Den Vortritt hier ein Esel hat,
Der kommt mit muntern Schritten:
Denn Jesus zur Prophetenstadt
Auf ihm ist eingeritten.

Halb schüchtern kommt ein Wolf sodann,
Dem Mahomet befohlen:
»Laß dieses Schaf dem armen Mann,
Dem Reichen magst du's holen.«

Nun, immer wedelnd, munter, brav,
Mit seinem Herrn, dem braven,
Das Hündlein, das den Siebenschlaf
So treulich mitgeschlafen.

Abuherriras Katze hier
Knurrt um den Herrn und schmeichelt:
Denn immer ist's ein heilig Tier
Das der Prophet gestreichelt.

HÖHERES UND HÖCHSTES

Daß wir solche Dinge lehren
Möge man uns nicht bestrafen:
Wie das alles zu erklären,
Dürft ihr euer Tiefstes fragen.

Und so werdet ihr vernehmen:
Daß der Mensch, mit sich zufrieden,
Gern sein Ich gerettet sähe,
So da droben wie hienieden.

Und mein liebes Ich bedürfte
Mancherlei Bequemlichkeiten,
Freuden wie ich hier sie schlürfte
Wünscht ich auch für ewge Zeiten.

So gefallen schöne Gärten,
Blum und Frucht und hübsche Kinder,
Die uns allen hier gefielen,
Auch verjüngtem Geist nicht minder.

Und so möcht ich alle Freunde,
Jung und alt, in eins versammeln,
Gar zu gern in deutscher Sprache
Paradiesesworte stammeln.

Doch man horcht nun Dialekten
Wie sich Mensch und Engel kosen,
Der Grammatik, der versteckten,
Deklinierend Mohn und Rosen.

Mag man ferner auch in Blicken
Sich rhetorisch gern ergehen
Und zu himmlischem Entzücken
Ohne Klang und Ton erhöhen.

Ton und Klang jedoch entwindet
Sich dem Worte selbstverständlich,
Und entschiedener empfindet
Der Verklärte sich unendlich.

Ist somit dem Fünf der Sinne
Vorgesehn im Paradiese,
Sicher ist es, ich gewinne
Einen Sinn für alle diese.

Und nun dring ich aller Orten
Leichter durch die ewgen Kreise,
Die durchdrungen sind vom Worte
Gottes rein-lebendger Weise.

Ungehemmt mit heißem Triebe
Läßt sich da kein Ende finden,
Bis im Anschaun ewger Liebe
Wir verschweben, wir verschwinden.

SIEBENSCHLÄFER

Sechs Begünstigte des Hofes
Fliehen vor des Kaisers Grimme,
Der als Gott sich läßt verehren,
Doch als Gott sich nicht bewähret:
Denn ihn hindert eine Fliege
Guter Bissen sich zu freuen.
Seine Diener scheuchen wedelnd,
Nicht verjagen sie die Fliege.
Sie umschwärmt ihn, sticht und irret
Und verwirrt die ganze Tafel,
Kehret wieder wie des hämschen
Fliegengottes Abgesandter.

»Nun« – so sagen sich die Knaben –
»Sollt ein Flieglein Gott verhindern?
Sollt ein Gott auch trinken, speisen,
Wie wir andern? Nein, der Eine,
Der die Sonn erschuf, den Mond auch,
Und der Sterne Glut uns wölbte,
Dieser ist's, wir fliehn!« – Die zarten
Leicht beschuht-, beputzten Knaben
Nimmt ein Schäfer auf, verbirgt sie
Und sich selbst in Felsenhöhle.
Schäfershund er will nicht weichen,
Weggescheucht, den Fuß zerschmettert,
Drängt er sich an seinen Herren,
Und gesellt sich zum Verborgnen,
Zu den Lieblingen des Schlafes.

Und der Fürst, dem sie entflohen,
Liebentrüstet, sinnt auf Strafen,
Weiset ab so Schwert als Feuer,
In die Höhle sie mit Ziegeln
Und mit Kalk sie läßt vermauern.

Aber jene schlafen immer,
Und der Engel, ihr Beschützer,
Sagt vor Gottes Thron berichtend:
»So zur Rechten, so zur Linken
Hab ich immer sie gewendet,
Daß die schönen jungen Glieder
Nicht des Moders Qualm verletze.
Spalten riß ich in die Felsen,
Daß die Sonne steigend, sinkend,
Junge Wangen frisch erneute:
Und so liegen sie beseligt. –
Auch, auf heilen Vorderpfoten,
Schläft das Hündlein süßen Schlummer.«

Jahre fliehen, Jahre kommen,
Wachen endlich auf die Knaben,
Und die Mauer, die vermorschte,
Altershalben ist gefallen.
Und Jamblika sagt, der Schöne,
Ausgebildete vor allen,
Als der Schäfer fürchtend zaudert:
»Lauf ich hin! und hol euch Speise,
Leben wag ich und das Goldstück!« –

Ephesus, gar manches Jahr schon,
Ehrt die Lehre des Propheten
Jesus. (Friede sei dem Guten!)

Und er lief, da war der Tore
Wart und Turm und alles anders.
Doch zum nächsten Bäckerladen
Wandt er sich nach Brot in Eile. –
»Schelm!« so rief der Bäcker, »hast du,
Jüngling, einen Schatz gefunden!
Gib mir, dich verrät das Goldstück,
Mir die Hälfte zum Versöhnen!«

Und sie hadern. – Vor den König
Kommt der Handel; auch der König
Will nur teilen wie der Bäcker.

Nun betätigt sich das Wunder
Nach und nach aus hundert Zeichen.
An dem selbsterbauten Palast

Weiß er sich sein Recht zu sichern.
Denn ein Pfeiler durchgegraben
Führt zu scharfbenamsten Schätzen.
Gleich versammeln sich Geschlechter
Ihre Sippschaft zu beweisen.
Und als Ururvater prangend
Steht Jamblikas Jugendfülle.
Wie von Ahnherrn hört er sprechen
Hier von seinem Sohn und Enkeln.
Der Urenkel Schar umgibt ihn,
Als ein Volk von tapfern Männern,
Ihn den jüngsten zu verehren.
Und ein Merkmal übers andre
Dringt sich auf, Beweis vollendend;
Sich und den Gefährten hat er
Die Persönlichkeit bestätigt.

Nun zur Höhle kehrt er wieder,
Volk und König ihn geleiten. –
Nicht zum König, nicht zum Volke
Kehrt der Auserwählte wieder:
Denn die Sieben, die von lang her,
Achte waren's mit dem Hunde,
Sich von aller Welt gesondert,
Gabriels geheim Vermögen
Hat, gemäß dem Willen Gottes,
Sie dem Paradies geeignet,
Und die Höhle schien vermauert.

GUTE NACHT!

Nun so legt euch, liebe Lieder,
An den Busen meinem Volke!
Und in einer Moschuswolke
Hüte Gabriel die Glieder
Des Ermüdeten gefällig;
Daß er frisch und wohlerhalten,
Froh, wie immer, gern gesellig,
Möge Felsenklüfte spalten,
Und des Paradieses Weiten,
Mit Heroen aller Zeiten,

Im Genusse zu durchschreiten;
Wo das Schöne, stets das Neue,
Immer wächst nach allen Seiten,
Daß die Unzahl sich erfreue:
Ja, das Hündlein gar, das treue,
Darf die Herren hinbegleiten.

AUS DEM NACHLASS

So der Westen wie der Osten
Geben Reines dir zu kosten.
Laß die Grillen, laß die Schale,
Setze dich zum großen Mahle:
Mögst auch im Vorübergehn
Diese Schüssel nicht verschmähn.

—

Wer sich selbst und andre kennt
Wird auch hier erkennen:
Orient und Okzident
Sind nicht mehr zu trennen.

Sinnig zwischen beiden Welten
Sich zu wiegen laß ich gelten;
Also zwischen Ost- und Westen
Sich bewegen, sei's zum Besten!

—

Hör ich doch in deinen Liedern,
O Hafis, die Dichter loben;
Sieh, ich will es dir erwidern:
Herrlich, den der Dank erhoben!

—

Sollt einmal durch Erfurt fahren,
Das ich sonst so oft durchschritten,
Und ich schien, nach vielen Jahren,
Wohlempfangen, wohlgelitten.

Wenn mich Alten alte Frauen
Aus der Bude froh gegrüßet,
Glaubt ich Jugendzeit zu schauen,
Die einander wir versüßet.

Das war eine Bäckerstochter,
Eine Schusterin daneben;
Eule keinesweges jene,
Diese wußte wohl zu leben.

Und so wollen wir beständig,
Wettzueifern mit Hafisen,
Uns der Gegenwart erfreuen,
Das Vergangne mitgenießen.

—

Hafis, dir sich gleich zu stellen,
   Welch ein Wahn!
Rauscht doch wohl auf Meeres Wellen
   Rasch ein Schiff hinan,
Fühlet seine Segel schwellen,
   Wandelt kühn und stolz;
Will's der Ozean zerschellen,
   Schwimmt es, morsches Holz.
Dir in Liedern, leichten, schnellen,
   Wallet kühle Flut,
Siedet auf zu Feuerwellen;
   Mich verschlingt die Glut.
Doch mir will ein Dünkel schwellen,
   Der mir Kühnheit gibt:
Hab doch auch im sonnenhellen
   Land gelebt, geliebt!

—

Gar viele Länder hab ich bereist,
Gesehen Menge von Menschen allermeist,
Die Winkel sogar hab ich wohl bedacht,
Ein jeder Halm hat mir Körner gebracht.
Gesegnete Stadt nie solche geschaut,
Huris auf Huris, Braut auf Braut!

—

Daß des Hauses Glanz sich mehre
Als ein ewig Eigentum
Und der Sohn so halt auf Ehre
Wie der Vater hielt auf Ruhm.

—

Mit der Deutschen Freundschaft
Hat's keine Not,
Ärgerlichster Feindschaft

Steht Höflichkeit zu Gebot;
Je sanfter sie sich erwiesen,
Hab ich immer frisch gedroht,
Ließ mich nicht verdrießen
Trübes Morgen- und Abendrot;
Ließ die Wasser fließen,
Fließen zu Freud und Not.
Aber mit allem diesem
Blieb ich mir selbst zu Gebot:
Sie alle wollten genießen
Was ihnen die Stunde bot;
Ihnen hab ich's nicht verwiesen,
Jeder hat seine Not.
Sie lassen mich alle grüßen
Und hassen mich bis in Tod.

—

Mich nach- und umzubilden, mißzubilden
Versuchten sie seit vollen fünfzig Jahren;
Ich dächte doch, da konntest du erfahren
Was an dir sei in Vaterlandsgefilden.
Du hast getollt zu deiner Zeit mit wilden
Dämonisch genialen jungen Scharen,
Dann sachte schlossest du von Jahr zu Jahren
Dich näher an die Weisen, Göttlich-Milden.

Zu genießen weiß im Prachern
Abrahams geweihtes Blut;
Seh ich sie im Bazar schachern,
Kaufen wohlfeil, kaufen gut.

—

So traurig daß in Kriegestagen
Zu Tode sich die Männer schlagen,
Im Frieden ist's dieselbe Not:
Die Weiber schlagen mit Zungen tot.

—

Schwarzer Schatten ist über dem Staub der Geliebten Gefährte;
Ich machte mich zum Staube, aber der Schatten ging über
mich hin.

—

Sollt ich nicht ein Gleichnis brauchen
Wie es mir beliebt?
Da uns Gott des Lebens Gleichnis
In der Mücke gibt.

Sollt ich nicht ein Gleichnis brauchen
Wie es mir beliebt?
Da mir Gott in Liebchens Augen
Sich im Gleichnis gibt.

—

Herrlich bist du wie Moschus:
Wo du warst, gewahrt man dich noch.

—

Sprich! unter welchem Himmelszeichen
    Der Tag liegt
Wo mein Herz, das doch mein eigen,
    Nicht mehr wegfliegt?
Und, wenn es flöge, zum Erreichen
    Mir ganz nah liegt?
Auf dem Polster, dem süßen, dem weichen,
    Wo mein Herz an ihrem liegt.

—

Süßes Kind, die Perlenreihen,
    Wie ich irgend nur vermochte,
Wollte traulich dir verleihen,
    Als der Liebe Lampendochte.

Und nun kommst du, hast ein Zeichen
Dran gehängt, das, unter allen
Den Abraxas seinesgleichen,
Mir am schlechtsten will gefallen.

Diese ganz moderne Narrheit
Magst du mir nach Schiras bringen!
Soll ich wohl, in seiner Starrheit,
Hölzchen quer auf Hölzchen singen?

Abraham, den Herrn der Sterne
Hat er sich zum Ahn erlesen;
Moses ist, in wüster Ferne,
Durch den Einen groß gewesen.

David auch, durch viel Gebrechen,
Ja, Verbrechen durch gewandelt,
Wußte doch sich los zu sprechen:
»Einem hab ich recht gehandelt.«

Jesus fühlte rein und dachte
Nur den Einen Gott im stillen;
Wer ihn selbst zum Gotte machte
Kränkte seinen heilgen Willen.

Und so muß das Rechte scheinen
Was auch Mahomet gelungen;
Nur durch den Begriff des Einen
Hat er alle Welt bezwungen.

Wenn du aber dennoch Huldgung
Diesem leidgen Ding verlangest:
Diene mir es zur Entschuldigung
Daß du nicht alleine prangest. –

Doch allein! – Da viele Frauen
Salomonis ihn verkehrten,
Götter betend anzuschauen
Wie die Närrinnen verehrten.

Isis' Horn, Anubis' Rachen
Boten sie dem Judenstolze,
Mir willst du zum Gotte machen
Solch ein Jammerbild am Holze!

Und ich will nicht besser scheinen
Als es sich mit mir ereugnet,
Salomo verschwur den seinen,
Meinen Gott hab ich verleugnet.

Laß die Renegatenbürde
Mich in diesem Kuß verschmerzen:
Denn ein Vitzliputzli würde
Talisman an deinem Herzen.

—

Laßt mich weinen! umschränkt von Nacht,
In unendlicher Wüste.
Kamele ruhn, die Treiber desgleichen,
Rechnend still wacht der Armenier;

Ich aber, neben ihm, berechne die Meilen
Die mich von Suleika trennen, wiederhole
Die wegeverlängernden ärgerlichen Krümmungen.
Laßt mich weinen! das ist keine Schande.
Weinende Männer sind gut.
Weinte doch Achill um seine Briseis!
Xerxes beweinte das unerschlagene Heer,
Über den selbstgemordeten Liebling
Alexander weinte.
Laßt mich weinen! Tränen beleben den Staub.
Schon grunelt's.

—

Und warum sendet
Der Reiterhauptmann
Nicht seine Boten
Von Tag zu Tage?
Hat er doch Pferde,
Versteht die Schrift.

Er schreibt ja Talik,
Auch Neski weiß er
Zierlich zu schreiben
Auf Seidenblätter.
An seiner Stelle
Sei mir die Schrift.

Die Kranke will nicht,
Will nicht genesen,
Vom süßen Leiden,
Sie, an der Kunde
Von ihrem Liebsten
Gesundend, krankt.

DIE LIEBENDE

Schreibt er in Neski,
So sagt er's treulich,
Schreibt er in Talik,
's ist gar erfreulich,
Eins wie das andre,
Genug! er liebt. –

—

Nicht mehr auf Seidenblatt
Schreib ich symmetrische Reime;
Nicht mehr faß ich sie
In goldne Ranken;
Dem Staub, dem beweglichen, eingezeichnet
Überweht sie der Wind, aber die Kraft besteht,
Bis zum Mittelpunkt der Erde
Dem Boden angebannt.
Und der Wandrer wird kommen,
Der Liebende. Betritt er
Diese Stelle, ihm zuckt's
Durch alle Glieder.
»Hier! vor mir liebte der Liebende.
War es Medschnun der zarte?
Ferhad der kräftige? Dschemil der daurende?
Oder von jenen tausend
Glücklich-Unglücklichen einer?
Er liebte! Ich liebe wie er,
Ich ahnd ihn!«
Suleika, du aber ruhst
Auf dem zarten Polster
Das ich dir bereitet und geschmückt.
Auch dir zuckt's aufweckend durch die Glieder.
»Er ist der mich ruft Hatem.
Auch ich rufe dir, o! Hatem! Hatem!«

———

Hudhud auf dem Palmensteckchen,
Hier im Eckchen,
Nistet äuglend, wie scharmant!
Und ist immer vigilant.

———

Hudhud sprach: »Mit einem Blicke
Hat sie alles mir vertraut
Und ich bin von eurem Glücke
Immer wie ich's war erbaut.
Liebt ihr doch! – In Trennungsnächten
Seht wie sich's in Sternen schreibt:
Daß gesellt zu ewgen Mächten
Glanzreich eure Liebe bleibt.«

HUDHUD ALS EINLADENDER BOTE

Dich beglückte ja mein Gesang,
Nun dräng er gern zu dir ins Ferne,
Ich singe Morgen und Abend entlang,
Sie sagen: »Besser!« Das hör ich gerne;
Kommt auch ein Blatt von Zeit zu Zeit,
Bringt einen Gruß, laß dich nicht stören!
Aber ist denn Bagdad so weit?
Willst du mich gar nicht wieder hören?

HUDHUD ERBITTET EIN NEUJAHRSGESCHENK
RÄTSELWEISE

Ein Werkzeug ist es alle Tage nötig,
Den Männern weniger, den Frauen viel
Zum treusten Dienste gar gelind erbötig,
Im Einen vielfach, spitz und scharf, sein Spiel
Gern wiederholt; wobei wir uns bescheiden:
Von außen glatt, wenn wir von innen leiden.
Doch Spiel und Schmuck erquickt uns nur aufs neue,
Erhielt das Werkzeug erst gerechte Weihe.

—

Schön und köstlich ist die Gabe,
Wohlenträtselt das Verlangen;
Daß die Weihe sie empfangen
Bleibet aber ungewiß.

Wäre das nicht nachzubringen?
Was er sittsam nicht entraubte,
Wenn sie sich's nun selbst erlaubte!!
Hudhud, geh und melde dies.

—

Ach, ich kann sie nicht erwidern,
Wie ich auch daran mich freue;
G'nüg es dir an meinen Liedern,
Meinem Herzen, meiner Treue!

—

Wein er kann dir nicht behagen,
Dir hat ihn kein Arzt erlaubt;
Wenig nur verdirbt den Magen
Und zuviel erhitzt das Haupt.

—

Wißt ihr denn was Liebchen heiße?
Wißt ihr welchen Wein ich preise?

—

In welchem Weine
Hat sich Alexander betrunken?
Ich wette den letzten Lebensfunken:
Er war nicht so gut als der meine.

—

Wo man mir Guts erzeigt überall
    's ist eine Flasche Eilfer.
Am Rhein und Main, im Neckertal,
    Man bringt mir lächlend Eilfer.
Und nennt gar manchen braven Mann
    Viel seltner als den Eilfer:
Hat er der Menschheit wohl getan,
    Ist immer noch kein Eilfer.
Die guten Fürsten nennt man so,
    Beinahe wie den Eilfer;
Uns machen ihre Taten froh,
    Sie leben hoch im Eilfer.
Und manchen Namen nenn ich leis
    Still schöppelnd meinen Eilfer:
Sie weiß es wenn es niemand weiß,
    Da schmeckt mir erst der Eilfer.
Von meinen Liedern sprechen sie
    Fast rühmlich wie vom Eilfer,
Und Blum und Zweige brechen sie
    Mich kränzend und den Eilfer.
Das alles wär ein größres Heil, –
    Ich teilte gern den Eilfer –
Nähm Hafis auch nur seinen Teil
    Und schlurfte mit den Eilfer.
Drum eil ich in das Paradies

Wo leider nie vom Eilfer
Die Gläubgen trinken. Sei er süß
Der Himmelswein! Kein Eilfer.
»Geschwinde, Hafis, eile hin!
Da steht ein Römer Eilfer!«

—

Wo kluge Leute zusammenkommen
Da wird erst Weisheit wahrgenommen.
So gab einst Sabas Königin
Gelegenheit zum höchsten Sinn.

Vor Salomo, unter andern Schätzen,
Läßt sie eine goldene Vase setzen
Groß, reicher, unerhörter Zier,
Fischen und Vögeln und Waldgetier,
Worum sich krause Schnörkel häufen,
Als Jakin und Boas an beiden Knäufen.

Sollt ein Knecht allzu täppisch sein,
Stößt eine wüste Beule hinein;
Wird augenblicks zwar repariert,
Doch feines Auge den Makel spürt,
Genuß und Freude sind nun geniert.

Der König spricht: »Ich dacht es eben!
Trifft doch das Höchste das uns gegeben
Ein allzu garstiger Schmitz darneben.
Es können die Eblis die uns hassen
Vollkommnes nicht vollkommen lassen.«

NOTEN UND ABHANDLUNGEN

ZU BESSEREM VERSTÄNDNIS
DES WEST-ÖSTLICHEN DIVANS

Wer das Dichten will verstehen
Muß ins Land der Dichtung gehen;
Wer den Dichter will verstehen
Muß in Dichters Lande gehen.

EINLEITUNG

Alles hat seine Zeit! – Ein Spruch, dessen Bedeutung man bei längerem Leben immer mehr anerkennen lernt; diesem nach gibt es eine Zeit zu schweigen, eine andere zu sprechen, und zum letzten entschließt sich diesmal der Dichter. Denn wenn dem früheren Alter Tun und Wirken gebührt, so ziemt dem späteren Betrachtung und Mitteilung.

Ich habe die Schriften meiner ersten Jahre ohne Vorwort in die Welt gesandt, ohne auch nur im mindesten anzudeuten, wie es damit gemeint sei; dies geschah im Glauben an die Nation, daß sie früher oder später das Vorgelegte benutzen werde. Und so gelang mehreren meiner Arbeiten augenblickliche Wirkung, andere, nicht ebenso faßlich und eindringend, bedurften, um anerkannt zu werden, mehrerer Jahre. Indessen gingen auch diese vorüber, und ein zweites, drittes nachwachsendes Geschlecht entschädigt mich doppelt und dreifach für die Unbilden, die ich von meinen früheren Zeitgenossen zu erdulden hatte.

Nun wünscht' ich aber, daß nichts den ersten guten Eindruck des gegenwärtigen Büchleins hindern möge. Ich entschließe mich daher zu erläutern, zu erklären, nachzuweisen, und zwar bloß in der Absicht, daß ein unmittelbares Verständnis Lesern daraus erwachse, die mit dem Osten wenig oder nicht bekannt sind. Dagegen bedarf derjenige dieses Nachtrags nicht, der sich um Geschichte und Literatur einer so höchst merkwürdigen Weltregion näher umgetan hat. Er wird vielmehr die Quellen und Bäche leicht bezeichnen, deren erquickliches Naß ich auf meine Blumenbeete geleitet.

Am liebsten aber wünschte der Verfasser vorstehender Gedichte als ein Reisender angesehen zu werden, dem es zum Lobe gereicht, wenn er sich der fremden Landesart mit Neigung bequemt, deren Sprachgebrauch sich anzueignen trachtet,

Gesinnungen zu teilen, Sitten aufzunehmen versteht. Man entschuldigt ihn, wenn es ihm auch nur bis auf einen gewissen Grad gelingt, wenn er immer noch an einem eignen Akzent, an einer unbezwinglichen Unbiegsamkeit seiner Landsmannschaft als Fremdling kenntlich bleibt. In diesem Sinne möge nun Verzeihung dem Büchlein gewährt sein! Kenner vergeben mit Einsicht; Liebhaber, weniger gestört durch solche Mängel, nehmen das Dargebotene unbefangen auf.

Damit aber alles, was der Reisende zurückbringt, den Seinigen schneller behage, übernimmt er die Rolle eines Handelsmanns, der seine Waren gefällig auslegt und sie auf mancherlei Weise angenehm zu machen sucht; ankündigende, beschreibende, ja lobpreisende Redensarten wird man ihm nicht verargen.

Zuvörderst also darf unser Dichter wohl aussprechen, daß er sich im Sittlichen und Ästhetischen Verständlichkeit zur ersten Pflicht gemacht, daher er sich denn auch der schlichtesten Sprache, in dem leichtesten, faßlichsten Silbenmaße seiner Mundart befleißigt und nur von weitem auf dasjenige hindeutet, wo der Orientale durch Künstlichkeit und Künstelei zu gefallen strebt.

Das Verständnis jedoch wird durch manche nicht zu vermeidende fremde Worte gehindert, die deshalb dunkel sind, weil sie sich auf bestimmte Gegenstände beziehen, auf Glauben, Meinungen, Herkommen, Fabeln und Sitten. Diese zu erklären, hielt man für die nächste Pflicht und hat dabei das Bedürfnis berücksichtigt, das aus Fragen und Einwendungen deutscher Hörenden und Lesenden hervorging. Ein angefügtes Register bezeichnet die Seite, wo dunkle Stellen vorkommen und auch wo sie erklärt werden. Dieses Erklären aber geschieht in einem gewissen Zusammenhange, damit nicht abgerissene Noten, sondern ein selbständiger Text erscheine, der, obgleich nur flüchtig behandelt und lose verknüpft, dem Lesenden jedoch Übersicht und Erläuterung gewähre.

Möge das Bestreben unseres diesmaligen Berufes angenehm sein! Wir dürfen es hoffen: denn in einer Zeit, wo so vieles aus dem Orient unserer Sprache treulich angeeignet wird, mag es verdienstlich erscheinen, wenn auch wir von unserer Seite die Aufmerksamkeit dorthin zu lenken suchen, woher so manches Große, Schöne und Gute seit Jahrtausenden zu uns gelangte, woher täglich mehr zu hoffen ist.

HEBRÄER

Naive Dichtkunst ist bei jeder Nation die erste, sie liegt allen folgenden zum Grunde; je frischer, je naturgemäßer sie hervortritt, desto glücklicher entwickeln sich die nachherigen Epochen.

Da wir von orientalischer Poesie sprechen, so wird notwendig, der Bibel, als der ältesten Sammlung, zu gedenken. Ein großer Teil des Alten Testaments ist mit erhöhter Gesinnung, ist enthusiastisch geschrieben und gehört dem Felde der Dichtkunst an.

Erinnern wir uns nun lebhaft jener Zeit, wo Herder und Eichhorn uns hierüber persönlich aufklärten, so gedenken wir eines hohen Genusses, dem reinen orientalischen Sonnenaufgang zu vergleichen. Was solche Männer uns verliehen und hinterlassen, darf nur angedeutet werden, und man verzeiht uns die Eilfertigkeit, mit welcher wir an diesen Schätzen vorübergehen.

Beispiels willen jedoch gedenken wir des Buches Ruth, welches bei seinem hohen Zweck, einem Könige von Israel anständige, interessante Voreltern zu verschaffen, zugleich als das lieblichste kleine Ganze betrachtet werden kann, das uns episch und idyllisch überliefert worden ist.

Wir verweilen sodann einen Augenblick bei dem Hohen Lied, als dem Zartesten und Unnachahmlichsten, was uns von Ausdruck leidenschaftlicher, anmutiger Liebe zugekommen. Wir beklagen freilich, daß uns die fragmentarisch durcheinander geworfenen, übereinander geschobenen Gedichte keinen vollen reinen Genuß gewähren, und doch sind wir entzückt, uns in jene Zustände hineinzuahnen, in welchen die Dichtenden gelebt. Durch und durch wehet eine milde Luft des lieblichsten Bezirks von Kanaan; ländlich-trauliche Verhältnisse, Wein-, Garten- und Gewürzbau, etwas von städtischer Beschränkung, sodann aber ein königlicher Hof mit seinen Herrlichkeiten im Hintergrunde. Das Hauptthema jedoch bleibt glühende Neigung jugendlicher Herzen, die sich suchen, finden, abstoßen, anziehen, unter mancherlei höchst einfachen Zuständen.

Mehrmals gedachten wir aus dieser lieblichen Verwirrung einiges herauszuheben, aneinanderzureihen; aber gerade das Rätselhaft-Unauflösliche gibt den wenigen Blättern Anmut und Eigentümlichkeit. Wie oft sind nicht wohldenkende, ordnungsliebende Geister angelockt worden, irgendeinen verständigen Zusammenhang zu finden oder hineinzulegen, und einem Folgenden bleibt immer dieselbige Arbeit.

Ebenso hat das Buch Ruth seinen unbezwinglichen Reiz über manchen wackern Mann schon ausgeübt, daß er dem Wahn sich hingab, das in seinem Lakonismus unschätzbar dargestellte Ereignis könne durch eine ausführliche, paraphrastische Behandlung noch einigermaßen gewinnen.

Und so dürfte Buch für Buch das Buch aller Bücher dartun, daß es uns deshalb gegeben sei, damit wir uns daran wie an einer zweiten Welt versuchen, uns daran verirren, aufklären und ausbilden mögen.

ARABER

Bei einem östlichen Volke, den Arabern, finden wir herrliche Schätze an den »Moallakat«. Es sind Preisgesänge, die aus dichterischen Kämpfen siegreich hervorgingen; Gedichte, entsprungen vor Mahomets Zeiten, mit goldenen Buchstaben geschrieben, aufgehängt an den Pforten des Gotteshauses zu Mekka. Sie deuten auf eine wandernde, herdenreiche, kriegerische Nation, durch den Wechselstreit mehrerer Stämme innerlich beunruhigt. Dargestellt sind: festeste Anhänglichkeit an Stammgenossen, Ehrbegierde, Tapferkeit, unversöhnbare Rachelust gemildert durch Liebestrauer, Wohltätigkeit, Aufopferung, sämtlich grenzenlos. Diese Dichtungen geben uns einen hinlänglichen Begriff von der hohen Bildung des Stammes der Koraischiten, aus welchem Mahomet selbst entsprang, ihnen aber eine düstre Religionshülle überwarf und jede Aussicht auf reinere Fortschritte zu verhüllen wußte.

Der Wert dieser trefflichen Gedichte, an Zahl sieben, wird noch dadurch erhöht, daß die größte Mannigfaltigkeit in ihnen herrscht. Hiervon können wir nicht kürzere und würdigere Rechenschaft geben, als wenn wir einschaltend hinlegen, wie der einsichtige Jones ihren Charakter ausspricht. »Amralkais' Gedicht ist weich, froh, glänzend, zierlich, mannigfaltig und anmutig. Tarafas: kühn, aufgeregt, aufspringend und doch mit einiger Fröhlichkeit durchwebt. Das Gedicht von Zoheir scharf, ernst, keusch, voll moralischer Gebote und ernster Sprüche. Lebids Dichtung ist leicht, verliebt, zierlich, zart;

sie erinnert an Virgils zweite Ekloge: denn er beschwert sich
über der Geliebten Stolz und Hochmut und nimmt daher Anlaß, seine Tugenden herzuzählen, den Ruhm seines Stammes
in den Himmel zu erheben. Das Lied Antaras zeigt sich stolz,
drohend, treffend, prächtig, doch nicht ohne Schönheit der
Beschreibungen und Bilder. Amru ist heftig, erhaben, ruhm-
redig; Harez darauf voll Weisheit, Scharfsinn und Würde.
Auch erscheinen die beiden letzten als poetisch-politische
Streitreden, welche vor einer Versammlung Araber gehalten
wurden, um den verderblichen Haß zweier Stämme zu beschwichtigen.«

Wie wir nun durch dieses wenige unsere Leser gewiß auf-
regen, jene Gedichte zu lesen, oder wieder zu lesen, so fügen
wir ein anderes bei, aus Mohamets Zeit, und völlig im Geiste
jener. Man könnte den Charakter desselben als düster, ja finster
ansprechen, glühend, rachlustig und von Rache gesättigt.

1

Unter dem Felsen am Wege
Erschlagen liegt er,
In dessen Blut
Kein Tau herabträuft.

2

Große Last legt' er mir auf
Und schied;
Fürwahr diese Last
Will ich tragen.

3

»Erbe meiner Rache
Ist der Schwestersohn,
Der Streitbare,
Der Unversöhnliche.

4

Stumm schwitzt er Gift aus
Wie die Otter schweigt,
Wie die Schlange Gift haucht,
Gegen die kein Zauber gilt.«

5

Gewaltsame Botschaft kam über uns
Großen mächtigen Unglücks;
Den Stärksten hätte sie
Überwältigt.

6

Mich hat das Schicksal geplündert,
Den Freundlichen verletzend,
Dessen Gastfreund
Nie beschädigt ward.

7

Sonnenhitze war er
Am kalten Tag,
Und brannte der Sirius,
War er Schatten und Kühlung.

8

Trocken von Hüften,
Nicht kümmerlich,
Feucht von Händen,
Kühn und gewaltsam.

9

Mit festem Sinn
Verfolgt' er sein Ziel,
Bis er ruhte;
Da ruht' auch der feste Sinn.

10

Wolkenregen war er,
Geschenke verteilend;
Wenn er anfiel,
Ein grimmiger Löwe.

11

Stattlich vor dem Volke,
Schwarzen Haares, langen Kleides,
Auf den Feind rennend,
Ein magrer Wolf.

12

Zwei Geschmäcke teilt' er aus,
Honig und Wermut,
Speise solcher Geschmäcke
Kostete jeder.

13

Schreckend ritt er allein,
Niemand begleitet' ihn
Als das Schwert von Jemen
Mit Scharten geschmückt.

14

Mittags begannen wir Jünglinge
Den feindseligen Zug,
Zogen die Nacht hindurch,
Wie schwebende Wolken ohne Ruh.

15

Jeder war ein Schwert
Schwertumgürtet,
Aus der Scheide gerissen
Ein glänzender Blitz.

16

Sie schlürften die Geister des Schlafes,
Aber wie sie mit den Köpfen nickten,
Schlugen wir sie
Und sie waren dahin.

17

Rache nahmen wir völlige;
Es entrannen von zwei Stämmen
Gar wenige,
Die wenigsten.

18

Und hat der Hudseilite
Ihn zu verderben die Lanze gebrochen,
Weil er mit seiner Lanze
Die Hudseiliten zerbrach.

19

Auf rauhem Ruhplatz
Legten sie ihn,
An schroffen Fels, wo selbst Kamele
Die Klauen zerbrachen.

20

Als der Morgen ihn da begrüßt'
Am düstern Ort, den Gemordeten,
War er beraubt,
Die Beute entwendet.

21

Nun aber sind gemordet von mir
Die Hudseiliten mit tiefen Wunden.
Mürbe macht mich nicht das Unglück,
Es selbst wird mürbe.

22

Des Speeres Durst ward gelöscht
Mit erstem Trinken,
Versagt war ihm nicht
Wiederholtes Trinken.

23

Nun ist der Wein wieder erlaubt,
Der erst versagt war,
Mit vieler Arbeit
Gewann ich mir die Erlaubnis.

24

Auf Schwert und Spieß
Und aufs Pferd erstreckt' ich
Die Vergünstigung,
Das ist nun alles Gemeingut.

25

Reiche den Becher denn
O! Sawad Ben Amre:
Denn mein Körper um des Oheims willen
Ist eine große Wunde.

26

Und den Todeskelch
Reichten wir den Hudseiliten,
Dessen Wirkung ist Jammer,
Blindheit und Erniedrigung.

27

Da lachten die Hyänen
Beim Tode der Hudseiliten.
Und du sahest Wölfe,
Denen glänzte das Angesicht.

28

Die edelsten Geier flogen daher,
Sie schritten von Leiche zu Leiche,
Und von dem reichlich bereiteten Mahle
Nicht in die Höhe konnten sie steigen.

Wenig bedarf es, um sich über dieses Gedicht zu verständigen. Die Größe des Charakters, der Ernst, die rechtmäßige Grausamkeit des Handelns sind hier eigentlich das Mark der Poesie. Die zwei ersten Strophen geben die klare Exposition, in der dritten und vierten spricht der Tote und legt seinem Verwandten die Last auf, ihn zu rächen. Die fünfte und sechste schließt sich dem Sinne nach an die ersten, sie stehen lyrisch versetzt; die siebente bis dreizehnte erhebt den Erschlagenen, daß man die Größe seines Verlustes empfinde. Die vierzehnte bis siebzehnte Strophe schildert die Expedition gegen die Feinde; die achtzehnte führt wieder rückwärts, die neunzehnte und zwanzigste könnte gleich nach den beiden ersten stehen. Die einundzwanzigste und zweiundzwanzigste könnte nach der siebzehnten Platz finden; sodann folgt Siegeslust und Genuß beim Gastmahl, den Schluß aber macht die furchtbare Freude, die erlegten Feinde, Hyänen und Geiern zum Raube, vor sich liegen zu sehen.

Höchst merkwürdig erscheint uns bei diesem Gedicht, daß die reine Prosa der Handlung durch Transposition der einzelnen Ereignisse poetisch wird. Dadurch, und daß das Gedicht fast allen äußern Schmucks ermangelt, wird der Ernst desselben erhöht, und wer sich recht hineinliest, muß das Geschehene von Anfang bis zu Ende nach und nach vor der Einbildungskraft aufgebaut erblicken.

ÜBERGANG

Wenn wir uns nun zu einem friedlichen, gesitteten Volke,
den Persern, wenden, so müssen wir, da ihre Dichtungen
eigentlich diese Arbeit veranlaßten, in die früheste Zeit zurück-
gehen, damit uns dadurch die neuere verständlich werde. Merkwürdig bleibt es immer dem Geschichtsforscher, daß, mag
auch ein Land noch so oft von Feinden erobert, unterjocht, ja
vernichtet sein, sich doch ein gewisser Kern der Nation immer
in seinem Charakter erhält, und, ehe man sich's versieht, eine
altbekannte Volkserscheinung wieder auftritt.

In diesem Sinne möge es angenehm sein, von den ältesten
Persern zu vernehmen und einen desto sicherern und freieren
Schritt bis auf den heutigen Tag eilig durchzuführen.

ÄLTERE PERSER

Auf das Anschauen der Natur gründet sich der alten Parsen
Gottesverehrung. Sie wendeten sich, den Schöpfer anbetend,
gegen die aufgehende Sonne, als der auffallend herrlichsten Erscheinung. Dort glaubten sie den Thron Gottes, von Engeln
umfunkelt, zu erblicken. Die Glorie dieses herzerhebenden
Dienstes konnte sich jeder, auch der Geringste, täglich vergegenwärtigen. Aus der Hütte trat der Arme, der Krieger aus
dem Zelt hervor, und die religioseste aller Funktionen war
vollbracht. Dem neugebornen Kinde erteilte man die Feuer-
taufe in solchen Strahlen, und den ganzen Tag über, das ganze
Leben hindurch sah der Parse sich von dem Urgestirne bei allen
seinen Handlungen begleitet. Mond und Sterne erhellten die
Nacht, ebenfalls unerreichbar, dem Grenzenlosen angehörig.
Dagegen stellte sich das Feuer ihnen zur Seite; erleuchtend,
erwärmend, nach seinem Vermögen. In Gegenwart dieses Stell-
vertreters Gebete zu verrichten, sich vor dem unendlich Emp-
fundenen zu beugen, wird angenehme, fromme Pflicht. Rein-
licher ist nichts als ein heiterer Sonnenaufgang, und so reinlich
mußte man auch die Feuer entzünden und bewahren, wenn sie
heilig, sonnenähnlich sein und bleiben sollten.

Zoroaster scheint die edle reine Naturreligion zuerst in
einen umständlichen Kultus verwandelt zu haben. Das men-
tale Gebet, das alle Religionen einschließt und ausschließt und
nur bei wenigen, gottbegünstigten Menschen den ganzen

Lebenswandel durchdringt, entwickelt sich bei den meisten nur als flammendes, beseligendes Gefühl des Augenblicks; nach dessen Verschwinden sogleich der sich selbst zurückgegebene, unbefriedigte, unbeschäftigte Mensch in die unendlichste Langeweile zurückfällt.

Diese mit Zeremonien, mit Weihen und Entsühnen, mit Kommen und Gehen, Neigen und Beugen umständlich auszufüllen, ist Pflicht und Vorteil der Priesterschaft, welche denn ihr Gewerbe durch Jahrhunderte durch in unendliche Kleinlichkeiten zersplittert. Wer von der ersten kindlich-frohen Verehrung einer aufgehenden Sonne bis zur Verrücktheit der Guebern, wie sie noch diesen Tag in Indien stattfindet, sich einen schnellen Überblick verschaffen kann, der mag dort eine frische, vom Schlaf dem ersten Tageslicht sich entgegenregende Nation erblicken, hier aber ein verdüstertes Volk, welches gemeine Langeweile durch fromme Langeweile zu töten trachtet.

Wichtig ist es jedoch zu bemerken, daß die alten Parsen nicht etwa nur das Feuer verehrt; ihre Religion ist durchaus auf die Würde der sämtlichen Elemente gegründet, insofern sie das Dasein und die Macht Gottes verkündigen. Daher die heilige Scheu, das Wasser, die Luft, die Erde zu besudeln. Eine solche Ehrfurcht vor allem, was den Menschen Natürliches umgibt, leitet auf alle bürgerlichen Tugenden: Aufmerksamkeit, Reinlichkeit, Fleiß wird angeregt und genährt. Hierauf war die Landeskultur gegründet; denn wie sie keinen Fluß verunreinigten, so wurden auch die Kanäle mit sorgfältiger Wasserersparnis angelegt und rein gehalten, aus deren Zirkulation die Fruchtbarkeit des Landes entquoll, so daß das Reich damals über das Zehnfache mehr bebaut war. Alles, wozu die Sonne lächelte, ward mit höchstem Fleiß betrieben, vor anderm aber die Weinrebe, das eigentlichste Kind der Sonne, gepflegt.

Die seltsame Art, ihre Toten zu bestatten, leitet sich her aus eben dem übertriebenen Vorsatz, die reinen Elemente nicht zu verunreinigen. Auch die Stadtpolizei wirkt aus diesen Grundsätzen: Reinlichkeit der Straßen war eine Religionsangelegenheit, und noch jetzt, da die Guebern vertrieben, verstoßen, verachtet sind und nur allenfalls in Vorstädten in verrufenen Quartieren ihre Wohnung finden, vermacht ein Sterbender dieses Bekenntnisses irgendeine Summe, damit eine oder die andere Straße der Hauptstadt sogleich möge völlig gereinigt werden. Durch eine so lebendige praktische Gottesverehrung ward jene unglaubliche Bevölkerung möglich, von der die Geschichte ein Zeugnis gibt.

Eine so zarte Religion, gegründet auf die Allgegenwart Gottes in seinen Werken der Sinnenwelt, muß einen eignen Einfluß auf die Sitten ausüben. Man betrachte ihre Hauptgebote und Verbote: nicht lügen, keine Schulden machen, nicht undankbar sein! die Fruchtbarkeit dieser Lehren wird sich jeder Ethiker und Askete leicht entwickeln. Denn eigentlich enthält das erste Verbot die beiden andern und alle übrigen, die doch eigentlich nur aus Unwahrheit und Untreue entspringen; und daher mag der Teufel im Orient bloß unter Beziehung des ewigen Lügners angedeutet werden.

Da diese Religion jedoch zur Beschaulichkeit führt, so könnte sie leicht zur Weichlichkeit verleiten, so wie denn in den langen und weiten Kleidern auch etwas Weibliches angedeutet scheint. Doch war auch in ihren Sitten und Verfassungen die Gegenwirkung groß. Sie trugen Waffen, auch im Frieden und geselligen Leben, und übten sich im Gebrauch derselben auf alle mögliche Weise. Das geschickteste und heftigste Reiten war bei ihnen herkömmlich, auch ihre Spiele, wie das mit Ballen und Schlegel, auf großen Rennbahnen, erhielt sie rüstig, kräftig, behend; und eine unbarmherzige Konskription machte sie sämtlich zu Helden auf den ersten Wink des Königs.

Schauen wir zurück auf ihren Gottessinn. Anfangs war der öffentliche Kultus auf wenige Feuer eingeschränkt und daher desto ehrwürdiger, dann vermehrte sich ein hochwürdiges Priestertum nach und nach zahlreich, womit sich die Feuer vermehrten. Daß diese innigst verbundene geistliche Macht sich gegen die weltliche gelegentlich auflehnen würde, liegt in der Natur dieses ewig unverträglichen Verhältnisses. Nicht zu gedenken, daß der falsche Smerdis, der sich des Königreichs bemächtigte, ein Magier gewesen, durch seine Genossen erhöht und eine Zeitlang gehalten worden, so treffen wir die Magier mehrmals den Regenten fürchterlich.

Durch Alexanders Invasion zerstreut, unter seinen parthischen Nachfolgern nicht begünstigt, von den Sassaniden wieder hervorgehoben und versammelt, bewiesen sie sich immer fest auf ihren Grundsätzen und widerstrebten dem Regenten, der diesen zuwiderhandelte. Wie sie denn die Verbindung des Chosru mit der schönen Schirin, einer Christin, auf alle Weise beiden Teilen widersetzlich verleideten.

Endlich von den Arabern auf immer verdrängt und nach Indien vertrieben und, was von ihnen oder ihren Geistesverwandten in Persien zurückblieb, bis auf den heutigen Tag verachtet und beschimpft, bald geduldet, bald verfolgt nach Willkür der Herrscher, hält sich noch diese Religion hie und da in der frühesten Reinheit, selbst in kümmerlichen Winkeln, wie der Dichter solches durch das »Vermächtnis des alten Parsen« auszudrücken gesucht hat.

Daß man daher dieser Religion durch lange Zeiten durch sehr viel schuldig geworden, daß in ihr die Möglichkeit einer höhern Kultur lag, die sich im westlichen Teile der östlichen Welt verbreitete, ist wohl nicht zu bezweifeln. Zwar ist es höchst schwierig, einen Begriff zu geben, wie und woher sich diese Kultur ausbreitete. Viele Städte lagen als Lebenspunkte in vielen Regionen zerstreut; am bewundernswürdigsten aber ist mir, daß die fatale Nähe des indischen Götzendienstes nicht auf sie wirken konnte. Auffallend bleibt es, da die Städte von Balch und Bamian so nah aneinanderlagen, hier die verrücktesten Götzen in riesenhafter Größe verfertigt und angebetet zu sehen, indessen sich dort die Tempel des reinen Feuers erhielten, große Klöster dieses Bekenntnisses entstanden und eine Unzahl von Mobeden sich versammelten. Wie herrlich aber die Einrichtung solcher Anstalten müsse gewesen sein, bezeugen die außerordentlichen Männer, die von dort ausgegangen sind. Die Familie der Barmekiden stammte daher, die so lange als einflußreiche Staatsdiener glänzten, bis sie zuletzt, wie ein ungefähr ähnliches Geschlecht dieser Art zu unsern Zeiten, ausgerottet und vertrieben worden.

REGIMENT

Wenn der Philosoph aus Prinzipien sich ein Natur-, Völker- und Staatsrecht auferbaut, so forscht der Geschichtsfreund nach, wie es wohl mit solchen menschlichen Verhältnissen und Verbindungen von jeher gestanden habe. Da finden wir denn im ältesten Oriente: daß alle Herrschaft sich ableiten lasse von dem Rechte, Krieg zu erklären. Dieses Recht liegt, wie alle übrigen, anfangs in dem Willen, in der Leidenschaft des Volkes. Ein Stammglied wird verletzt, sogleich regt sich die Masse unaufgefordert, Rache zu nehmen am Beleidiger. Weil aber die Menge zwar handeln und wirken, nicht aber sich führen mag, überträgt sie durch Wahl, Sitte, Gewohnheit die Anführung zum Kampfe einem einzigen, es sei für einen Kriegszug, für mehrere; dem tüchtigen Manne verleiht sie den gefährlichen Posten auf Lebenszeit, auch wohl endlich für seine Nachkommen. Und so verschafft sich der einzelne durch die Fähigkeit, Krieg zu führen, das Recht, den Krieg zu erklären.

Hieraus fließt nun ferner die Befugnis, jeden Staatsbürger, der ohnehin als kampflustig und streitfertig angesehen werden darf, in die Schlacht zu rufen, zu fordern, zu zwingen. Diese Konskription mußte von jeher, wenn sie sich gerecht und wirksam erzeigen wollte, unbarmherzig sein. Der erste Darius rüstet sich gegen verdächtige Nachbarn, das unzählige Volk gehorcht dem Wink. Ein Greis liefert drei Söhne, er bittet, den jüngsten vom Feldzuge zu befreien, der König sendet ihm den Knaben in Stücken zerhauen zurück. Hier ist also das Recht über Leben und Tod schon ausgesprochen. In der Schlacht selbst leidet's keine Frage: denn wird nicht oft willkürlich, ungeschickt ein ganzer Heeresteil vergebens aufgeopfert, und niemand fordert Rechenschaft vom Anführer?

Nun zieht sich aber bei kriegerischen Nationen derselbe Zustand durch die kurzen Friedenszeiten. Um den König her ist's immer Krieg und niemanden bei Hofe das Leben gesichert. Ebenso werden die Steuern forterhoben, die der Krieg nötig machte. Deshalb setzte denn auch Darius Codomannus vorsichtig regelmäßige Abgaben fest statt freiwilliger Geschenke. Nach diesem Grundsatz, mit dieser Verfassung stieg die persische Monarchie zu höchster Macht und Glückseligkeit, die denn doch zuletzt an dem Hochsinn einer benachbarten, kleinen, zerstückelten Nation endlich scheiterte.

GESCHICHTE

Die Perser, nachdem außerordentliche Fürsten ihre Streitkräfte in eins versammelt und die Elastizität der Masse aufs höchste gesteigert, zeigten sich selbst entfernten Völkern gefährlich, um so mehr den benachbarten.

Alle waren überwunden, nur die Griechen, uneins unter sich, vereinigten sich gegen den zahlreichen, mehrmals herandringenden Feind und entwickelten musterhafte Aufopferung, die erste und letzte Tugend, worin alle übrigen enthalten sind. Dadurch ward Frist gewonnen, daß, in dem Maße wie die persische Macht innerlich zerfiel, Philipp von Mazedonien eine Einheit gründen konnte, die übrigen Griechen um sich zu versammeln und ihnen für den Verlust ihrer inneren Freiheit den Sieg über äußere Dränger vorzubereiten. Sein Sohn überzog die Perser und gewann das Reich.

Nicht nur furchtbar sondern äußerst verhaßt hatten sich diese der griechischen Nation gemacht, indem sie Staat und Gottesdienst zugleich bekriegten. Sie, einer Religion ergeben, wo die himmlischen Gestirne, das Feuer, die Elemente als gottähnliche Wesen in freier Welt verehrt wurden, fanden höchst scheltenswert, daß man die Götter in Wohnungen einsperrte, sie unter Dach anbetete. Nun verbrannte und zerstörte man die Tempel und schuf dadurch sich selbst ewig Haß erregende Denkmäler, indem die Weisheit der Griechen beschloß, diese Ruinen niemals wieder aus ihrem Schutte zu erheben, sondern zur Anreizung künftiger Rache ahnungsvoll liegen zu lassen. Diese Gesinnungen, ihren beleidigten Gottesdienst zu rächen, brachten die Griechen mit auf persischen Grund und Boden; manche Grausamkeit erklärt sich daher, auch will man den Brand von Persepolis damit entschuldigen.

Die gottesdienstlichen Übungen der Magier, die freilich, von ihrer ersten Einfalt entfernt, auch schon Tempel und Klostergebäude bedurften, wurden gleichfalls zerstört, die Magier verjagt und zerstreut, von welchen jedoch immer eine große Menge versteckt sich sammelten und auf bessere Zeiten Gesinnung und Gottesdienst aufbewahrten. Ihre Geduld wurde freilich sehr geprüft: denn als mit Alexanders Tode die kurze Alleinherrschaft zerfiel und das Reich zersplitterte, bemächtigten sich die Parther des Teils, der uns gegenwärtig besonders beschäftigt. Sprache, Sitten, Religion der Griechen ward bei ihnen einheimisch. Und so vergingen fünfhundert Jahre über der Asche der alten Tempel und Altäre, unter welchen das heilige Feuer immerfort glimmend sich erhielt, so daß die Sassaniden Anfang des dritten Jahrhunderts unserer Zeitrechnung, als sie, die alte Religion wieder bekennend, den frühern Dienst herstellten, sogleich eine Anzahl Magier und Mobeden vorfanden, welche an und über der Grenze Indiens sich und ihre Gesinnungen im stillen erhalten hatten. Die altpersische Sprache wurde hervorgezogen, die griechische verdrängt und zu einer eignen Nationalität wieder Grund gelegt. Hier finden wir nun in einem Zeitraum von vierhundert Jahren die mythologische

Vorgeschichte persischer Ereignisse durch poetisch-prosaische Nachklänge einigermaßen erhalten. Die glanzreiche Dämmerung derselben erfreut uns immerfort, und eine Mannigfaltigkeit von Charakteren und Ereignissen erweckt großen Anteil.

Was wir aber auch von Bild- und Baukunst dieser Epoche vernehmen, so ging es damit doch bloß auf Pracht und Herrlichkeit, Größe und Weitläuftigkeit und unförmliche Gestalten hinaus; und wie konnt' es auch anders werden? da sie ihre Kunst vom Abendlande hernehmen mußten, die schon dort so tief entwürdigt war. Der Dichter besitzt selbst einen Siegelring Sapor des Ersten, einen Onyx, offenbar von einem westlichen Künstler damaliger Zeit, vielleicht einem Kriegsgefangenen, geschnitten. Und sollte der Siegelschneider des überwindenden Sassaniden geschickter gewesen sein als der Stempelschneider des überwundenen Valentinian? Wie es aber mit den Münzen der damaligen Zeit aussehe, ist uns leider nur zu wohl bekannt. Auch hat sich das Dichterisch-Märchenhafte jener überbliebenen Monumente nach und nach durch Bemühung der Kenner zur historischen Prosa herabgestimmt. Da wir denn nun deutlich auch in diesem Beispiel begreifen, daß ein Volk auf einer hohen sittlich-religiosen Stufe stehen, sich mit Pracht und Prunk umgeben und in bezug auf Künste noch immer unter die barbarischen gezählt werden kann.

Ebenso müssen wir auch, wenn wir orientalische und besonders persische Dichtkunst der Folgezeit redlich schätzen und nicht zu künftigem eignem Verdruß und Beschämung solche überschätzen wollen, gar wohl bedenken, wo denn eigentlich die werte, wahre Dichtkunst in jenen Tagen zu finden gewesen.

Aus dem Westlande scheint sich nicht viel selbst nach dem nächsten Osten verloren zu haben, Indien hielt man vorzüglich im Auge; und da denn doch den Verehrern des Feuers und der Elemente jene verrückt-monstrose Religion, dem Lebemenschen aber eine abstruse Philosophie keineswegs annehmlich sein konnte, so nahm man von dorther, was allen Menschen immer gleich willkommen ist, Schriften, die sich auf Weltklugheit beziehen; da man denn auf die Fabeln des Bidpai den höchsten Wert legte und dadurch schon eine künftige Poesie in ihrem tiefsten Grund zerstörte. Zugleich hatte man aus derselben Quelle das Schachspiel erhalten, welches in bezug mit jener Weltklugheit allem Dichtersinn den Garaus zu machen völlig geeignet ist. Setzen wir dieses voraus, so werden wir das

Naturell der späteren persischen Dichter, sobald sie durch günstige Anlässe hervorgerufen wurden, höchlich rühmen und bewundern, wie sie so manche Ungunst bekämpfen, ihr ausweichen oder vielleicht gar überwinden können.

Die Nähe von Byzanz, die Kriege mit den westlichen Kaisern und daraus entspringenden wechselseitigen Verhältnisse bringen endlich ein Gemisch hervor, wobei die christliche Religion zwischen die der alten Parsen sich einschlingt, nicht ohne Widerstreben der Mobeden und dortigen Religionsbewahrer. Wie denn doch die mancherlei Verdrießlichkeiten, ja großes Unglück selbst, das den trefflichen Fürsten Chosru Parvis überfiel, bloß daher seinen Ursprung nahm, weil Schirin, liebenswürdig und reizend, am christlichen Glauben festhielt.

Dieses alles, auch nur obenhin betrachtet, nötigt uns zu gestehen, daß die Vorsätze, die Verfahrensweise der Sassaniden alles Lob verdienen; nur waren sie nicht mächtig genug, in einer von Feinden rings umgebenen Lage zur bewegtesten Zeit sich zu erhalten. Sie wurden nach tüchtigem Widerstand von den Arabern unterjocht, welche Mahomet durch Einheit zur furchtbarsten Macht erhoben hatte.

MAHOMET

Da wir bei unseren Betrachtungen vom Standpunkte der Poesie entweder ausgehen oder doch auf denselben zurückkehren, so wird es unsern Zwecken angemessen sein, von genanntem außerordentlichen Manne vorerst zu erzählen, wie er heftig behauptet und beteuert, er sei Prophet und nicht Poet und daher auch sein Koran als göttliches Gesetz und nicht etwa als menschliches Buch zum Unterricht oder zum Vergnügen anzusehen. Wollen wir nun den Unterschied zwischen Poeten und Propheten näher andeuten, so sagen wir: beide sind von einem Gott ergriffen und befeuert, der Poet aber vergeudet die ihm verliehene Gabe im Genuß, um Genuß hervorzubringen, Ehre durch das Hervorgebrachte zu erlangen, allenfalls ein bequemes Leben. Alle übrigen Zwecke versäumt er, sucht mannigfaltig zu sein, sich in Gesinnung und Darstellung grenzenlos zu zeigen. Der Prophet hingegen sieht nur auf einen einzigen bestimmten Zweck; solchen zu erlangen, bedient er sich der einfachsten Mittel. Irgendeine Lehre will er verkünden und, wie um eine Standarte, durch sie und um sie die Völker

versammeln. Hiezu bedarf es nur, daß die Welt glaube; er muß
also eintönig werden und bleiben, denn das Mannigfaltige
glaubt man nicht, man erkennt es.

Der ganze Inhalt des Korans, um mit wenigem viel zu sagen,
findet sich zu Anfang der zweiten Sura und lautet folgendermaßen: »Es ist kein Zweifel in diesem Buch. Es ist eine Unter-
richtung der Frommen, welche die Geheimnisse des Glaubens
für wahr halten, die bestimmten Zeiten des Gebets beobachten
und von demjenigen, was wir ihnen verliehen haben, Almosen
austeilen; und welche der Offenbarung glauben, die den Propheten vor dir herabgesandt worden, und gewisse Versiche-
rung des zukünftigen Lebens haben: diese werden von ihrem
Herrn geleitet und sollen glücklich und selig sein. Die Unglä-
bigen betreffend, wird es ihnen gleichviel sein, ob du sie vermahnest oder nicht vermahnest; sie werden doch nicht glauben.
Gott hat ihre Herzen und Ohren versiegelt. Eine Dunkelheit bedecket ihr Gesicht, und sie werden eine schwere Strafe leiden.«

Und so wiederholt sich der Koran Sure für Sure. Glauben
und Unglauben teilen sich in Oberes und Unteres; Himmel und
Hölle sind den Bekennern und Leugnern zugedacht. Nähere
Bestimmung des Gebotenen und Verbotenen, fabelhafte Geschichten jüdischer und christlicher Religion, Amplifikationen
aller Art, grenzenlose Tautologien und Wiederholungen bilden
den Körper dieses heiligen Buches, das uns, so oft wir auch
daran gehen, immer von neuem anwidert, dann aber anzieht, in
Erstaunen setzt und am Ende Verehrung abnötigt.

Worin es daher jedem Geschichtsforscher von der größten
Wichtigkeit bleiben muß, sprechen wir aus mit den Worten
eines vorzüglichen Mannes: »Die Hauptabsicht des Korans
scheint diese gewesen zu sein, die Bekenner der drei verschiedenen, in dem volkreichen Arabien damals herrschenden Religionen, die meistenteils vermischt untereinander in den Tag
hineinlebten und ohne Hirten und Wegweiser herumirrten, indem der größte Teil Götzendienst und die übrigen entweder
Juden oder Christen eines höchst irrigen und ketzerischen
Glaubens waren, in der Erkenntnis und Verehrung des einigen,
ewigen und unsichtbaren Gottes, durch dessen Allmacht alle
Dinge geschaffen sind und die, so es nicht sind, geschaffen
werden können, des allerhöchsten Herrschers, Richters und
Herrn aller Herren, unter der Bestätigung gewisser Gesetze
und den äußerlichen Zeichen gewisser Zeremonien, teils von

alter und teils von neuer Einsetzung, und die durch Vorstellung sowohl zeitlicher als ewiger Belohnungen und Strafen eingeschärft wurden, zu vereinigen und sie alle zu dem Gehorsam des Mahomet, als des Propheten und Gesandten Gottes, zu bringen, der nach den wiederholten Erinnerungen, Verheißungen und Drohungen der vorigen Zeiten endlich Gottes wahre Religion auf Erden durch Gewalt der Waffen fortpflanzen und bestätigen sollte, um sowohl für den Hohenpriester, Bischof oder Papst in geistlichen als auch höchsten Prinzen in weltlichen Dingen erkannt zu werden.«

Behält man diese Ansicht fest im Auge, so kann man es dem Muselmann nicht verargen, wenn er die Zeit vor Mahomet die Zeit der Unwissenheit benennt und völlig überzeugt ist, daß mit dem Islam Erleuchtung und Weisheit erst beginne. Der Stil des Korans ist seinem Inhalt und Zweck gemäß streng, groß, furchtbar, stellenweis wahrhaft erhaben; so treibt ein Keil den andern, und darf sich über die große Wirksamkeit des Buches niemand verwundern. Weshalb es denn auch von den echten Verehrern für unerschaffen und mit Gott gleich ewig erklärt wurde. Dessenungeachtet aber fanden sich gute Köpfe, die eine bessere Dicht- und Schreibart der Vorzeit anerkannten und behaupteten: daß, wenn es Gott nicht gefallen hätte, durch Mahomet auf einmal seinen Willen und eine entschieden gesetzliche Bildung zu offenbaren, die Araber nach und nach von selbst eine solche Stufe und eine noch höhere würden erstiegen und reinere Begriffe in einer reinen Sprache entwickelt haben.

Andere, verwegener, behaupteten, Mahomet habe ihre Sprache und Literatur verdorben, so daß sie sich niemals wieder erholen werde. Der Verwegenste jedoch, ein geistvoller Dichter, war kühn genug zu versichern: alles, was Mahomet gesagt habe, wollte er auch gesagt haben, und besser, ja er sammelte sogar eine Anzahl Sektierer um sich her. Man bezeichnete ihn deshalb mit dem Spottnamen Montanabbi, unter welchem wir ihn kennen, welches so viel heißt als: einer, der gern den Propheten spielen möchte.

Ob nun gleich die muselmännische Kritik selbst an dem Koran manches Bedenken findet, indem Stellen, die man früher aus demselben angeführt, gegenwärtig nicht mehr darin zu finden sind, andere, sich widersprechend, einander aufheben und was dergleichen bei allen schriftlichen Überlieferungen nicht zu vermeidende Mängel sind: so wird doch dieses Buch für

ewige Zeiten höchst wirksam verbleiben, indem es durchaus
praktisch und den Bedürfnissen einer Nation gemäß verfaßt
worden, welche ihren Ruhm auf alte Überlieferungen gründet
und an herkömmlichen Sitten festhält.

In seiner Abneigung gegen Poesie erscheint Mahomet auch
höchst inkonsequent, indem er alle Märchen verbietet. Diese
Spiele einer leichtfertigen Einbildungskraft, die vom Wirklichen bis zum Unmöglichen hin- und widerschwebt und das
Unwahrscheinliche als ein Wahrhaftes und Zweifelloses vor-
trägt, waren der orientalischen Sinnlichkeit, einer weichen Ruhe
und bequemem Müßiggang höchst angemessen. Diese Luft-
gebilde, über einen wunderlichen Boden schwankend, hatten
sich zur Zeit der Sassaniden ins Unendliche vermehrt, wie sie
uns »Tausendundeine Nacht«, an einen losen Faden gereiht, als
Beispiele darlegt. Ihr eigentlicher Charakter ist, daß sie keinen
sittlichen Zweck haben und daher den Menschen nicht auf sich
selbst zurück, sondern außer sich hinaus ins unbedingte Freie
führen und tragen. Gerade das Entgegengesetzte wollte Mahomet bewirken. Man sehe, wie er die Überlieferungen des Alten
Testaments und die Ereignisse patriarchalischer Familien, die
freilich auch auf einem unbedingten Glauben an Gott, einem
unwandelbaren Gehorsam und also gleichfalls auf einem Islam
beruhen, in Legenden zu verwandeln weiß, mit kluger Aus-
führlichkeit den Glauben an Gott, Vertrauen und Gehorsam
immer mehr auszusprechen und einzuschärfen versteht; wobei
er sich denn manches Märchenhafte, obgleich immer zu seinen
Zwecken dienlich, zu erlauben pflegt. Bewundernswürdig ist
er, wenn man in diesem Sinne die Begebenheiten Noahs, Abrahams, Josephs betrachtet und beurteilt.

KALIFEN

Um aber in unsern eigensten Kreis zurückzukehren, wiederholen wir, daß die Sassaniden bei vierhundert Jahre regieren,
vielleicht zuletzt nicht mit früherer Kraft und Glanz; doch
hätten sie sich wohl noch eine Weile erhalten, wäre die Macht
der Araber nicht dergestalt gewachsen, daß ihr zu widerstehen
kein älteres Reich imstande war. Schon unter Omar, bald nach
Mahomet, ging jene Dynastie zugrunde, welche die altpersische
Religion gehegt und einen seltenen Grad der Kultur verbreitet hatte.

Die Araber stürmten sogleich auf alle Bücher los, nach ihrer Ansicht nur überflüssige oder schädliche Schreibereien; sie zerstörten alle Denkmale der Literatur, so daß kaum die geringsten Bruchstücke zu uns gelangen konnten. Die sogleich eingeführte arabische Sprache verhinderte jede Wiederherstellung dessen, was national heißen konnte. Doch auch hier überwog die Bildung des Überwundenen nach und nach die Roheit des Überwinders, und die mahometanischen Sieger gefielen sich in der Prachtliebe, den angenehmen Sitten und den dichterischen Resten der Besiegten. Daher bleibt noch immer als die glänzendste Epoche berühmt die Zeit, wo die Barmekiden Einfluß hatten zu Bagdad. Diese, von Balch abstammend, nicht sowohl selbst Mönche als Patrone und Beschützer großer Klöster und Bildungsanstalten, bewahrten unter sich das heilige Feuer der Dicht- und Redekunst und behaupteten durch ihre Weltklugheit und Charaktergröße einen hohen Rang auch in der politischen Sphäre. Die Zeit der Barmekiden heißt daher sprichwörtlich: eine Zeit lokalen, lebendigen Wesens und Wirkens, von der man, wenn sie vorüber ist, nur hoffen kann, daß sie erst nach geraumen Jahren an fremden Orten unter ähnlichen Umständen vielleicht wieder aufquellen werde.

Aber auch das Kalifat war von kurzer Dauer; das ungeheure Reich erhielt sich kaum vierhundert Jahre; die entfernteren Statthalter machten sich nach und nach mehr und mehr unabhängig, indem sie den Kalifen als eine geistliche, Titel und Pfründen spendende Macht allenfalls gelten ließen.

FORTLEITENDE BEMERKUNG

Physisch-klimatische Einwirkung auf Bildung menschlicher Gestalt und körperlicher Eigenschaften leugnet niemand, aber man denkt nicht immer daran, daß Regierungsform eben auch einen moralisch-klimatischen Zustand hervorbringe, worin die Charaktere auf verschiedene Weise sich ausbilden. Von der Menge reden wir nicht, sondern von bedeutenden, ausgezeichneten Gestalten.

In der Republik bilden sich große, glückliche, ruhig-rein tätige Charaktere; steigert sie sich zur Aristokratie, so entstehen würdige, konsequente, tüchtige, im Befehlen und Gehorchen bewunderungswürdige Männer. Gerät ein Staat in Anarchie, sogleich tun sich verwegene, kühne, sittenverachtende Menschen hervor, augenblicklich gewaltsam wirkend, bis zum Entsetzen alle Mäßigung verbannend. Die Despotie dagegen schafft große Charaktere; kluge, ruhige Übersicht, strenge Tätigkeit, Festigkeit, Entschlossenheit, alles Eigenschaften, die man braucht, um den Despoten zu dienen, entwickeln sich in fähigen Geistern und verschaffen ihnen die ersten Stellen des Staats, wo sie sich zu Herrschern ausbilden. Solche erwuchsen unter Alexander dem Großen, nach dessen frühzeitigem Tode seine Generale sogleich als Könige dastanden. Auf die Kalifen häufte sich ein ungeheures Reich, das sie durch Statthalter mußten regieren lassen, deren Macht und Selbständigkeit gedieh, indem die Kraft der obersten Herrscher abnahm. Ein solcher trefflicher Mann, der ein eigenes Reich sich zu gründen und zu verdienen wußte, ist derjenige, von dem wir nun zu reden haben, um den Grund der neueren persischen Dichtkunst und ihre bedeutenden Lebensanfänge kennenzulernen.

MAHMUD VON GASNA

Mahmud, dessen Vater im Gebirge gegen Indien ein starkes Reich gegründet hatte, indessen die Kalifen in der Fläche des Euphrats zur Nichtigkeit versanken, setzte die Tätigkeit seines Vorgängers fort und machte sich berühmt wie Alexander und Friedrich. Er läßt den Kalifen als eine Art geistlicher Macht gelten, die man wohl, zu eigenem Vorteil, einigermaßen anerkennen mag; doch erweitert er erst sein Reich um sich her, dringt sodann auf Indien los, mit großer Kraft und besonderm Glück. Als eifrigster Mahometaner beweist er sich unermüdlich und streng in Ausbreitung seines Glaubens und Zerstörung des Götzendienstes. Der Glaube an den einigen Gott wirkt immer geisterhebend, indem er den Menschen auf die Einheit seines eignen Innern zurückweist. Näher steht der Nationalprophete, der nur Anhänglichkeit und Förmlichkeiten fordert und eine Religion auszubreiten befiehlt, die, wie eine jede, zu unendlichen Auslegungen und Mißdeutungen dem Sekten- und Parteigeist Raum läßt und dessenungeachtet immer dieselbige bleibt.

Eine solche einfache Gottesverehrung mußte mit dem indischen Götzendienste im herbsten Widerspruch stehen, Gegenwirkung und Kampf, ja blutige Vernichtungskriege hervorrufen, wobei sich der Eifer des Zerstörens und Bekehrens noch durch Gewinn unendlicher Schätze erhöht fühlte. Ungeheure, fratzenhafte Bilder, deren hohler Körper mit Gold und Juwelen ausgefüllt erfunden ward, schlug man in Stücke und sendete sie, gevierteilt, verschiedene Schwellen mahometanischer Heilorte zu pflastern. Noch jetzt sind die indischen Ungeheuer jedem reinen Gefühle verhaßt, wie gräßlich mögen sie den bildlosen Mahometaner angeschaut haben!

Nicht ganz am unrechten Orte wird hier die Bemerkung stehen, daß der ursprüngliche Wert einer jeden Religion erst nach Verlauf von Jahrhunderten aus ihren Folgen beurteilt werden kann. Die jüdische Religion wird immer einen gewissen starren Eigensinn, dabei aber auch freien Klugsinn und lebendige Tätigkeit verbreiten; die mahometanische läßt ihren Bekenner nicht aus einer dumpfen Beschränktheit heraus, indem sie, keine schweren Pflichten fordernd, ihm innerhalb derselben alles Wünschenswerte verleiht und zugleich, durch Aussicht auf die Zukunft, Tapferkeit und Religionspatriotismus einflößt und erhält.

Die indische Lehre taugte von Haus aus nichts, sowie denn gegenwärtig ihre vielen tausend Götter, und zwar nicht etwa untergeordnete, sondern alle gleich unbedingt mächtige Götter die Zufälligkeiten des Lebens nur noch mehr verwirren, den Unsinn jeder Leidenschaft fördern und die Verrücktheit des Lasters, als die höchste Stufe der Heiligkeit und Seligkeit, begünstigen.

Auch selbst eine reinere Vielgötterei, wie die der Griechen und Römer, mußte doch zuletzt auf falschem Wege ihre Bekenner und sich selbst verlieren. Dagegen gebührt der christlichen das höchste Lob, deren reiner, edler Ursprung sich immerfort dadurch betätigt, daß nach den größten Verirrungen, in welche sie der dunkle Mensch hineinzog, eh man sich's versieht, sie sich in ihrer ersten lieblichen Eigentümlichkeit, als Mission, als Hausgenossen- und Brüderschaft, zu Erquickung des sittlichen Menschenbedürfnisses, immer wieder hervortut.

Billigen wir nun den Eifer des Götzenstürmers Mahmud, so gönnen wir ihm die zu gleicher Zeit gewonnenen unendlichen Schätze und verehren besonders in ihm den Stifter persischer Dichtkunst und höherer Kultur. Er, selbst aus persischem Stamme, ließ sich nicht etwa in die Beschränktheit der Araber hineinziehen, er fühlte gar wohl, daß der schönste Grund und Boden für Religion in der Nationalität zu finden sei; diese

ruhet auf der Poesie, die uns älteste Geschichte in fabelhaften
Bildern überliefert, nach und nach sodann ins Klare hervortritt und ohne Sprung die Vergangenheit an die Gegenwart
heranführt.

Unter diesen Betrachtungen gelangen wir also in das zehnte
Jahrhundert unserer Zeitrechnung. Man werfe einen Blick auf
die höhere Bildung, die sich dem Orient, ungeachtet der aus-
schließenden Religion, immerfort aufdrang. Hier sammelten
sich, fast wider Willen der wilden und schwachen Beherrscher,
die Reste griechischer und römischer Verdienste und so vieler
geistreichen Christen, deren Eigenheiten aus der Kirche aus-
gestoßen worden, weil auch diese wie der Islam auf Eingläubig-
keit losarbeiten mußte.

Doch zwei große Verzweigungen des menschlichen Wissens
und Wirkens gelangten zu einer freiern Tätigkeit!

Die Medizin sollte die Gebrechen des Mikrokosmus heilen,
und die Sternkunde dasjenige dolmetschen, womit uns für die
Zukunft der Himmel schmeicheln oder bedrohen möchte; jene
mußte der Natur, diese der Mathematik huldigen, und so waren
beide wohl empfohlen und versorgt.

Die Geschäftsführung sodann unter despotischen Regenten
blieb, auch bei größter Aufmerksamkeit und Genauigkeit, immer gefahrvoll, und ein Kanzleiverwandter bedurfte so viel
Mut, sich in den Divan zu bewegen, als ein Held zur Schlacht;
einer war nicht sicherer, seinen Herd wiederzusehn, als der
andere.

Reisende Handelsleute brachten immer neuen Zuwachs an
Schätzen und Kenntnissen herbei, das Innere des Landes, vom
Euphrat bis zum Indus, bot eine eigne Welt von Gegenständen
dar. Eine Masse widereinander streitender Völkerschaften, ver-
triebene, vertreibende Herrscher stellten überraschenden Wechsel von Sieg zur Knechtschaft, von Obergewalt zur Dienstbar-
keit nur gar zu oft vor Augen und ließen geistreiche Männer
über die traumartige Vergänglichkeit irdischer Dinge die traurigsten Betrachtungen anstellen.

Dieses alles und noch weit mehr, im weitesten Umfange unendlicher Zersplitterung und augenblicklicher Wiederherstellung, sollte man vor Augen haben, um billig gegen die folgenden Dichter, besonders gegen die persischen zu sein; denn
jedermann wird eingestehen, daß die geschilderten Zustände
keineswegs für ein Element gelten können, worin der Dichter

sich nähren, erwachsen und gedeihen dürfte. Deswegen sei uns
erlaubt, schon das edle Verdienst der persischen Dichter des
ersten Zeitalters als problematisch anzusprechen. Auch diese
darf man nicht nach dem Höchsten messen, man muß ihnen
manches zugeben, indem man sie liest, manches verzeihen,
wenn man sie gelesen hat.

DICHTERKÖNIGE

Viele Dichter versammelten sich an Mahmuds Hofe, man
spricht von vierhunderten, die daselbst ihr Wesen getrieben.
Und wie nun alles im Orient sich unterordnen, sich höheren
Geboten fügen muß, so bestellte ihnen auch der Fürst einen
Dichterfürsten, der sie prüfen, beurteilen, sie zu Arbeiten,
jedem Talent gemäß, aufmuntern sollte. Diese Stelle hat man
als eine der vorzüglichsten am Hofe zu betrachten: er war Minister aller wissenschaftlichen, historisch-poetischen Geschäfte;
durch ihn wurden die Gunstbezeigungen seinen Untergebenen
zuteil, und wenn er den Hof begleitete, geschah es in so großem
Gefolge, in so stattlichem Aufzuge, daß man ihn wohl für einen
Wesir halten konnte.

ÜBERLIEFERUNGEN

Wenn der Mensch daran denken soll, von Ereignissen, die
ihn zunächst betreffen, künftigen Geschlechtern Nachricht zu
hinterlassen, so gehört dazu ein gewisses Behagen an der Gegenwart, ein Gefühl von dem hohen Werte derselben. Zuerst
also befestigt er im Gedächtnis, was er von Vätern vernommen,
und überliefert solches in fabelhaften Umhüllungen; denn
mündliche Überlieferung wird immer märchenhaft wachsen.
Ist aber die Schrift erfunden, ergreift die Schreibseligkeit ein
Volk vor dem andern, so entstehen alsdann Chroniken, welche
den poetischen Rhythmus behalten, wenn die Poesie der Einbildungskraft und des Gefühls längst verschwunden ist. Die
späteste Zeit versorgt uns mit ausführlichen Denkschriften,
Selbstbiographien unter mancherlei Gestalten.

Auch im Orient finden wir gar frühe Dokumente einer bedeutenden Weltausbildung. Sollten auch unsere heiligen Bücher
später in Schriften verfaßt sein, so sind doch die Anlässe dazu
als Überlieferungen uralt und können nicht dankbar genug

beachtet werden. Wie vieles mußte nicht auch in dem mittleren
Orient, wie wir Persien und seine Umgebungen nennen dürfen,
jeden Augenblick entstehen und sich trotz aller Verwüstung
und Zersplitterung erhalten! Denn wenn es zu höherer Ausbildung großer Landstrecken dienlich ist, daß solche nicht
einem Herrn unterworfen, sondern unter mehrere geteilt seien,
so ist derselbe Zustand gleichfalls der Erhaltung nütze, weil
das, was an dem einen Ort zugrunde geht, an dem andern fort-
bestehen, was aus dieser Ecke vertrieben wird, sich in jene
flüchten kann.

Auf solche Weise müssen, ungeachtet aller Zerstörung und
Verwüstung, sich manche Abschriften aus frühern Zeiten erhalten haben, die man von Epoche zu Epoche teils abgeschrie-
ben, teils erneuert. So finden wir, daß unter Jesdedschird, dem
letzten Sassaniden, eine Reichsgeschichte verfaßt worden, wahrscheinlich aus alten Chroniken zusammengestellt, dergleichen
sich schon Ahasverus in dem Buch Esther bei schlaflosen Nächten vorlesen läßt. Kopien jenes Werkes, welches »Bastan Nameh« betitelt war, erhielten sich: denn vierhundert Jahre
später wird unter Mansur I. aus dem Hause der Samaniden eine
Bearbeitung desselben vorgenommen, bleibt aber unvollendet,
und die Dynastie wird von den Gasnewiden verschlungen.
Mahmud jedoch, genannten Stammes zweiter Beherrscher, ist
vom gleichen Triebe belebt und verteilt sieben Abteilungen des
»Bastan Nameh« unter sieben Hofdichter. Es gelingt Ansari,
seinen Herrn am meisten zu befriedigen, er wird zum Dichterkönig ernannt und beauftragt, das Ganze zu bearbeiten. Er aber,
bequem und klug genug, weiß das Geschäft zu verspäten und
mochte sich im stillen umtun, ob er nicht jemand fände, dem es
zu übertragen wäre.

FERDUSI

Starb 1039

Die wichtige Epoche persischer Dichtkunst, die wir nun erreichen, gibt uns zur Betrachtung Anlaß, wie große Weltereignisse nur alsdann sich entwickeln, wenn gewisse Neigungen,
Begriffe, Vorsätze hie und da, ohne Zusammenhang, einzeln
ausgesäet sich bewegen und im stillen fortwachsen, bis endlich
früher oder später ein allgemeines Zusammenwirken hervortritt. In diesem Sinne ist es merkwürdig genug, daß zu gleicher

Zeit, als ein mächtiger Fürst auf die Wiederherstellung einer Volks- und Stammesliteratur bedacht war, ein Gärtnersohn zu Tus gleichfalls ein Exemplar des »Bastan Nameh« sich zueignete und das eingeborene schöne Talent solchen Studien eifrig widmete.

In Absicht, über den dortigen Statthalter wegen irgendeiner Bedrängnis zu klagen, begibt er sich nach Hofe, ist lange vergebens bemüht, zu Ansari durchzudringen und durch dessen Fürsprache seinen Zweck zu erreichen. Endlich macht eine glückliche, gehaltvolle Reimzeile, aus dem Stegreif gesprochen, ihn dem Dichterkönige bekannt, welcher, Vertrauen zu seinem Talente fassend, ihn empfiehlt und ihm den Auftrag des großen Werkes verschafft. Ferdusi beginnt das »Schah Nameh« unter günstigen Umständen; er wird im Anfange teilweis hinlänglich belohnt, nach dreißigjähriger Arbeit hingegen entspricht das königliche Geschenk seiner Erwartung keineswegs. Erbittert verläßt er den Hof und stirbt, eben da der König seiner mit Gunst abermals gedenkt. Mahmud überlebt ihn kaum ein Jahr, innerhalb welches der alte Essedi, Ferdusis Meister, das »Schah Nameh« völlig zu Ende schreibt.

Dieses Werk ist ein wichtiges, ernstes, mythisch-historisches Nationalfundament, worin das Herkommen, das Dasein, die Wirkung alter Helden aufbewahrt wird. Es bezieht sich auf frühere und spätere Vergangenheit, deshalb das eigentlich Geschichtliche zuletzt mehr hervortritt, die früheren Fabeln jedoch manche uralte Traditionswahrheit verhüllt überliefern.

Ferdusi scheint überhaupt zu einem solchen Werke sich vortrefflich dadurch zu qualifizieren, daß er leidenschaftlich am Alten, echt Nationellen festgehalten und auch in Absicht auf Sprache frühe Reinigkeit und Tüchtigkeit zu erreichen gesucht, wie er denn arabische Worte verbannt und das alte Pehlewi zu beachten bemüht war.

ENWERI
Stirbt 1152

Er studiert zu Tus, einer wegen bedeutender Lehranstalten berühmten, ja sogar wegen Überbildung verdächtigen Stadt; und als er, an der Türe des Kollegiums sitzend, einen mit Gefolge und Prunk vorbeireitenden Großen erblickt, zu seiner großen Verwunderung aber hört, daß es ein Hofdichter sei, entschließt er sich, zu gleicher Höhe des Glücks zu gelangen. Ein über Nacht geschriebenes Gedicht, wodurch er sich die Gunst des Fürsten erwirbt, ist uns übriggeblieben.

Aus diesem und aus mehreren Poesien, die uns mitgeteilt worden, blickt ein heiterer Geist hervor, begabt mit unendlicher Umsicht und scharfem, glücklichem Durchschauen. Er beherrscht einen unübersehbaren Stoff. Er lebt in der Gegenwart, und wie er vom Schüler sogleich zum Hofmann übergeht, wird er ein freier Enkomiast und findet, daß kein besser Handwerk sei, als mitlebende Menschen durch Lob zu ergötzen. Fürsten, Wesire, edle und schöne Frauen, Dichter und Musiker schmückt er mit seinem Preis und weiß auf einen jeden etwas Zierliches aus dem breiten Weltvorrate anzuwenden.

Wir können daher nicht billig finden, daß man ihm die Verhältnisse, in denen er gelebt und sein Talent genutzt, nach so viel hundert Jahren zum Verbrechen macht. Was sollt aus dem Dichter werden, wenn es nicht hohe, mächtige, kluge, tätige, schöne und geschickte Menschen gäbe, an deren Vorzügen er sich auferbauen kann? An ihnen, wie die Rebe am Ulmenbaum, wie Efeu an der Mauer, rankt er sich hinauf, Auge und Sinn zu erquicken. Sollte man einen Juwelier schelten, der die Edelgesteine beider Indien zum herrlichen Schmuck trefflicher Menschen zu verwenden sein Leben zubringt? Sollte man von ihm verlangen, daß er das freilich sehr nützliche Geschäft eines Straßenpflasterers übernähme?

So gut aber unser Dichter mit der Erde stand, ward ihm der Himmel verderblich. Eine bedeutende, das Volk aufregende Weissagung: als werde an einem gewissen Tage ein ungeheurer Sturm das Land verwüsten, traf nicht ein, und der Schah selbst konnte gegen den allgemeinen Unwillen des Hofes und der Stadt seinen Liebling nicht retten. Dieser floh. Auch in entfernter Provinz schützte ihn nur der entschiedene Charakter eines freundlichen Statthalters.

Die Ehre der Astrologie kann jedoch gerettet werden, wenn man annimmt, daß die Zusammenkunft so vieler Planeten in einem Zeichen auf die Zukunft von Dschengis Chan hindeute, welcher in Persien mehr Verwüstung anrichtete, als irgendein Sturmwind hätte bewirken können.

NISAMI
Stirbt 1180

Ein zarter, hochbegabter Geist, der, wenn Ferdusi die sämtlichen Heldenüberlieferungen erschöpfte, nunmehr die lieblichsten Wechselwirkungen innigster Liebe zum Stoffe seiner Gedichte wählt. Medschnun und Leila, Chosru und Schirin, Liebespaare, führt er vor; durch Ahnung, Geschick, Natur, Gewohnheit, Neigung, Leidenschaft für einander bestimmt, sich entschieden gewogen; dann aber durch Grille, Eigensinn, Zufall, Nötigung und Zwang getrennt, ebenso wunderlich wieder zusammengeführt und am Ende doch wieder auf eine oder die andere Weise weggerissen und geschieden.

Aus diesen Stoffen und ihrer Behandlung erwächst die Erregung einer idellen Sehnsucht. Befriedigung finden wir nirgends. Die Anmut ist groß, die Mannigfaltigkeit unendlich.

Auch in seinen andern unmittelbar moralischem Zweck gewidmeten Gedichten atmet gleiche liebenswürdige Klarheit. Was auch dem Menschen Zweideutiges begegnen mag, führt er jederzeit wieder ans Praktische heran und findet in einem sittlichen Tun allen Rätseln die beste Auflösung.

Übrigens führt er, seinem ruhigen Geschäft gemäß, ein ruhiges Leben unter den Seldschugiden und wird in seiner Vaterstadt Gendsche begraben.

DSCHELÂL-EDDÎN RUMI
Stirbt 1262

Er begleitet seinen Vater, der wegen Verdrießlichkeiten mit dem Sultan sich von Balch hinwegbegibt, auf dem langen Reisezug. Unterwegs nach Mekka treffen sie Attar, der ein Buch göttlicher Geheimnisse dem Jünglinge verehrt und ihn zu heiligen Studien entzündet.

Hiebei ist so viel zu bemerken: daß der eigentliche Dichter die Herrlichkeit der Welt in sich aufzunehmen berufen ist und deshalb immer eher zu loben als zu tadeln geneigt sein wird. Daraus folgt, daß er den würdigsten Gegenstand aufzufinden sucht und, wenn er alles durchgegangen, endlich sein Talent am liebsten zu Preis und Verherrlichung Gottes anwendet. Besonders aber liegt dieses Bedürfnis dem Orientalen am nächsten, weil er immer dem Überschwenglichen zustrebt und solches bei Betrachtung der Gottheit in größter Fülle gewahr zu werden glaubt, sowie ihm denn bei jeder Ausführung niemand Übertriebenheit schuld geben darf.

Schon der sogenannte mahometanische Rosenkranz, wodurch der Name Allah mit neunundneunzig Eigenschaften verherrlicht wird, ist eine solche Lob- und Preislitanei. Bejahende, verneinende Eigenschaften bezeichnen das unbegreiflichste Wesen; der Anbeter staunt, ergibt und beruhigt sich. Und wenn der weltliche Dichter die ihm vorschwebenden Vollkommenheiten an vorzügliche Personen verwendet, so flüchtet sich der gottergebene in das unpersönliche Wesen, das von Ewigkeit her alles durchdringt.

So flüchtete sich Attar vom Hofe zur Beschaulichkeit, und Dschelâl-eddîn, ein reiner Jüngling, der sich soeben auch vom Fürsten und der Hauptstadt entfernte, war um desto eher zu tieferen Studien zu entzünden.

Nun zieht er mit seinem Vater nach vollbrachten Wallfahrten durch Kleinasien; sie bleiben zu Iconium. Dort lehren sie, werden verfolgt, vertrieben, wieder eingesetzt und liegen daselbst mit einem ihrer treusten Lehrgenossen begraben. Indessen hatte Dschengis Chan Persien erobert, ohne den ruhigen Ort ihres Aufenthaltes zu berühren.

Nach obiger Darstellung wird man diesem großen Geiste nicht verargen, wenn er sich ins Abstruse gewendet. Seine Werke sehen etwas bunt aus; Geschichten, Märchen, Parabeln, Legenden, Anekdoten, Beispiele, Probleme behandelt er, um eine geheimnisvolle Lehre eingängig zu machen, von der er selbst keine deutliche Rechenschaft zu geben weiß. Unterricht und Erhebung ist sein Zweck, im ganzen aber sucht er durch die Einheitslehre alle Sehnsucht wo nicht zu erfüllen, doch aufzulösen und anzudeuten, daß im göttlichen Wesen zuletzt alles untertauche und sich verkläre.

SAADI

Stirbt 1291, alt 102 Jahre

Gebürtig von Schiras, studiert er zu Bagdad, wird als Jüngling durch Liebesunglück zum unsteten Leben eines Derwisch bestimmt. Wallfahrtet fünfzehnmal nach Mekka, gelangt auf seinen Wanderungen nach Indien und Kleinasien, ja als Gefangener der Kreuzfahrer ins Westland. Er übersteht wundersame Abenteuer, erwirbt aber schöne Länder- und Menschenkenntnis. Nach dreißig Jahren zieht er sich zurück, bearbeitet seine Werke und macht sie bekannt. Er lebt und webt in einer großen Erfahrungsbreite und ist reich an Anekdoten, die er mit Sprüchen und Versen ausschmückt. Leser und Hörer zu unterrichten ist sein entschiedener Zweck.

Sehr eingezogen in Schiras erlebt er das hundertundzweite Jahr und wird daselbst begraben. Dschengis' Nachkommen hatten Iran zum eignen Reiche gebildet, in welchem sich ruhig wohnen ließ.

HAFIS

Stirbt 1389

Wer sich noch, aus der Hälfte des vorigen Jahrhunderts, erinnert, wie unter den Protestanten Deutschlands nicht allein Geistliche, sondern auch wohl Laien gefunden wurden, welche mit den heiligen Schriften sich dergestalt bekannt gemacht, daß sie als lebendige Konkordanz von allen Sprüchen, wo und in welchem Zusammenhange sie zu finden, Rechenschaft zu geben sich geübt haben, die Hauptstellen aber auswendig wußten und solche zu irgend einer Anwendung immerfort bereit hielten, der wird zugleich gestehen, daß für solche Männer eine große Bildung daraus erwachsen mußte, weil das Gedächtnis, immer mit würdigen Gegenständen beschäftigt, dem Gefühl, dem Urteil reinen Stoff zu Genuß und Behandlung aufbewahrte. Man nannte sie bibelfest, und ein solcher Beiname gab eine vorzügliche Würde und unzweideutige Empfehlung.

Das, was nun bei uns Christen aus natürlicher Anlage und gutem Willen entsprang, war bei den Mahometanern Pflicht: denn indem es einem solchen Glaubensgenossen zum größten Verdienst gereichte, Abschriften des Korans selbst zu vervielfältigen oder vervielfältigen zu lassen, so war es kein geringeres, denselben auswendig zu lernen, um bei jedem Anlaß die gehörigen Stellen anführen, Erbauung befördern, Streitigkeit schlichten zu können. Man benannte solche Personen mit dem Ehrentitel Hafis, und dieser ist unserm Dichter als bezeichnender Hauptname geblieben.

Nun ward, gar bald nach seinem Ursprunge, der Koran ein Gegenstand der unendlichsten Auslegungen, gab Gelegenheit zu den spitzfindigsten Subtilitäten, und, indem er die Sinnesweise eines jeden aufregte, entstanden grenzenlos abweichende Meinungen, verrückte Kombinationen, ja die unvernünftigsten Beziehungen aller Art wurden versucht, so daß der eigentlich geistreiche, verständige Mann eifrig bemüht sein mußte, um nur wieder auf den Grund des reinen, guten Textes zurückzugelangen. Daher finden wir denn auch in' der Geschichte des Islam Auslegung, Anwendung und Gebrauch oft bewundernswürdig.

Zu einer solchen Gewandtheit war das schönste dichterische Talent erzogen und herangebildet; ihm gehörte der ganze Koran, und was für Religionsgebäude man darauf gegründet, war ihm kein Rätsel. Er sagt selbst:

> *Durch den Koran hab ich alles*
> *Was mir je gelang gemacht.*

Als Derwisch, Sofi, Scheich lehrte er in seinem Geburtsorte Schiras, auf welchen er sich beschränkte, wohlgelitten und geschätzt von der Familie Mosaffer und ihren Beziehungen. Er beschäftigte sich mit theologischen und grammatikalischen Arbeiten und versammelte eine große Anzahl Schüler um sich her.

Mit solchen ernsten Studien, mit einem wirklichen Lehramte stehen seine Gedichte völlig im Widerspruch, der sich wohl dadurch heben läßt, wenn man sagt: daß der Dichter nicht geradezu alles denken und leben müsse, was er ausspricht, am wenigsten derjenige, der in späterer Zeit in verwickelte Zustände gerät, wo er sich immer der rhetorischen Verstellung nähern und dasjenige vortragen wird, was seine Zeitgenossen gerne hören. Dies scheint uns bei Hafis durchaus der Fall. Denn wie ein Märchenerzähler auch nicht an die Zaubereien glaubt, die er vorspiegelt, sondern sie nur aufs beste zu beleben und auszustatten gedenkt, damit seine Zuhörer sich daran ergötzen, ebensowenig braucht gerade der lyrische Dichter dasjenige alles selbst auszuüben, womit er hohe und geringe Leser und Sänger ergötzt und beschmeichelt. Auch scheint unser Dichter keinen großen Wert auf seine so leicht hinfließenden Lieder gelegt zu haben, denn seine Schüler sammelten sie erst nach seinem Tode.

Nur wenig sagen wir von diesen Dichtungen, weil man sie
genießen, sich damit in Einklang setzen sollte. Aus ihnen
strömt eine fortquellende, mäßige Lebendigkeit. Im Engen
genügsam, froh und klug, von der Fülle der Welt seinen Teil
dahinnehmend, in die Geheimnisse der Gottheit von fern
hineinblickend, dagegen aber auch einmal Religionsübung
und Sinnenlust ablehnend, eins wie das andere; wie denn
überhaupt diese Dichtart, was sie auch zu befördern und zu
lehren scheint, durchaus eine skeptische Beweglichkeit behalten muß.

DSCHAMI
Stirbt 1494, alt 82 Jahre

Dschami faßt die ganze Ernte der bisherigen Bemühungen
zusammen und zieht die Summe der religiosen, philosophi-
schen, wissenschaftlichen, prosaisch-poetischen Kultur. Er
hat einen großen Vorteil, dreiundzwanzig Jahre nach Hafis'
Tode geboren zu werden und als Jüngling abermals ein ganz
freies Feld vor sich zu finden. Die größte Klarheit und Besonnenheit ist sein Eigentum. Nun versucht und leistet er
alles, erscheint sinnlich und übersinnlich zugleich; die Herrlichkeit der wirklichen und Dichterwelt liegt vor ihm, er bewegt sich zwischen beiden. Die Mystik konnte ihn nicht an-
muten; weil er aber ohne dieselbe den Kreis des National-
interesses nicht ausgefüllt hätte, so gibt er historisch Rechenschaft von allen den Torheiten, durch welche stufenweis der
in seinem irdischen Wesen befangene Mensch sich der Gottheit unmittelbar anzunähern und sich zuletzt mit ihr zu vereinigen gedenkt; da denn doch zuletzt nur widernatürliche
und widergeistige, grasse Gestalten zum Vorscheine kommen.
Denn was tut der Mystiker anders, als daß er sich an Proble-
men vorbeischleicht oder sie weiterschiebt, wenn es sich tun
läßt?

ÜBERSICHT

Man hat aus der sehr schicklich geregelten Folge der sieben
ersten römischen Könige schließen wollen, daß diese Geschichte klüglich und absichtlich erfunden sei, welches wir
dahingestellt sein lassen; dagegen aber bemerken, daß die

sieben Dichter, welche von dem Perser für die ersten gehalten
werden und innerhalb eines Zeitraums von fünfhundert
Jahren nach und nach erschienen, wirklich ein ethisch-poe-
tisches Verhältnis gegeneinander haben, welches uns erdichtet
scheinen könnte, wenn nicht ihre hinterlassenen Werke von
ihrem wirklichen Dasein das Zeugnis gäben.

Betrachten wir aber dieses Siebengestirn genauer, wie es uns
aus der Ferne vergönnt sein mag, so finden wir, daß sie alle
ein fruchtbares, immer sich erneuendes Talent besaßen, wodurch sie sich über die Mehrzahl sehr vorzüglicher Männer,
über die Unzahl mittlerer, täglicher Talente erhoben sahen;
dabei aber auch in eine besondere Zeit, in eine Lage gelangten,
wo sie eine große Ernte glücklich wegnehmen und gleich
talentvollen Nachkommen sogar die Wirkung auf eine Zeitlang verkümmern durften, bis wieder ein Zeitraum verging,
in welchem die Natur dem Dichter neue Schätze abermals
aufschließen konnte.

In diesem Sinne nehmen wir die Dargestellten einzeln nochmals durch und bemerken: daß

Ferdusi die ganzen vergangenen Staats- und Reichsereig-
nisse, fabelhaft oder historisch aufbehalten, vorwegnahm,
so daß einem Nachfolger nur Bezug und Anmerkung, nicht
aber neue Behandlung und Darstellung übrigblieb.

Enweri hielt sich fest an der Gegenwart. Glänzend und prächtig, wie die Natur ihm erschien, freud- und gabenvoll erblickt' er auch den Hof seines Schahs; beide Welten und ihre
Vorzüge mit den lieblichsten Worten zu verknüpfen, war
Pflicht und Behagen. Niemand hat es ihm hierin gleichgetan.

Nisami griff mit freundlicher Gewalt alles auf, was von Lie-
bes- und Halbwunderlegende in seinem Bezirk vorhanden
sein mochte. Schon im Koran war die Andeutung gegeben,
wie man uralte lakonische Überlieferungen zu eigenen Zwek-
ken behandeln, ausführen und in gewisser Weitläuftigkeit
könne ergötzlich machen.

Dschelâl-eddîn Rumi findet sich unbehaglich auf dem problematischen Boden der Wirklichkeit und sucht die Rätsel
der innern und äußern Erscheinungen auf geistige, geistreiche Weise zu lösen, daher sind seine Werke neue Rätsel,
neuer Auflösungen und Kommentare bedürftig. Endlich
fühlt er sich gedrungen, in die Alleinigkeitslehre zu flüchten,
wodurch soviel gewonnen als verloren wird und zuletzt das

so tröstliche als untröstliche Zero übrigbleibt. Wie sollte nun also irgendeine Redemitteilung poetisch oder prosaisch weiter gelingen? Glücklicherweise wird

Saadi, der Treffliche, in die weite Welt getrieben, mit grenzenlosen Einzelnheiten der Empirie überhäuft, denen er allen etwas abzugewinnen weiß. Er fühlt die Notwendigkeit, sich zu sammeln, überzeugt sich von der Pflicht zu belehren, und so ist er uns Westländern zuerst fruchtbar und segenreich geworden.

Hafis, ein großes heiteres Talent, das sich begnügt alles abzuweisen, wonach die Menschen begehren, alles beiseite zu schieben, was sie nicht entbehren mögen, und dabei immer als lustiger Bruder ihresgleichen erscheint. Er läßt sich nur in seinem National- und Zeitkreis richtig anerkennen. Sobald man ihn aber gefaßt hat, bleibt er ein lieblicher Lebensgeleiter. Wie ihn denn auch noch jetzt, unbewußt mehr als bewußt, Kamel- und Maultiertreiber fortsingen, keineswegs um des Sinnes halben, den er selbst mutwillig zerstückelt, sondern der Stimmung wegen, die er ewig rein und erfreulich verbreitet. Wer konnte denn nun auf diesen folgen, da alles andere von den Vorgängern weggenommen war? als

Dschami, allem gewachsen, was vor ihm geschehen und neben ihm geschah; wie er nun dies alles zusammen in Garben band, nachbildete, erneuerte, erweiterte, mit der größten Klarheit die Tugenden und Fehler seiner Vorgänger in sich vereinigte, so blieb der Folgezeit nichts übrig, als zu sein wie er, insofern sie sich nicht verschlimmerte; und so ist es denn auch drei Jahrhunderte durch geblieben. Wobei wir nur noch bemerken, daß, wenn früher oder später das Drama hätte durchbrechen und ein Dichter dieser Art sich hervortun können, der ganze Gang der Literatur eine andere Wendung genommen hätte.

Wagten wir nun mit diesem wenigen fünfhundert Jahre persischer Dicht- und Redekunst zu schildern, so sei es, um mit Quintilian, unserm alten Meister, zu reden, von Freunden aufgenommen in der Art wie man runde Zahlen erlaubt, nicht um genauer Bestimmung willen, sondern um etwas Allgemeines bequemlichkeitshalber annähernd auszusprechen.

ALLGEMEINES

Die Fruchtbarkeit und Mannigfaltigkeit der persischen Dichter entspringt aus einer unübersehbaren Breite der Außenwelt und ihrem unendlichen Reichtum. Ein immer bewegtes öffentliches Leben, in welchem alle Gegenstände gleichen Wert haben, wogt vor unserer Einbildungskraft, deswegen uns ihre Vergleichungen oft so sehr auffallend und mißbeliebig sind. Ohne Bedenken verknüpfen sie die edelsten und niedrigsten Bilder, an welches Verfahren wir uns nicht so leicht gewöhnen.

Sprechen wir es aber aufrichtig aus: ein eigentlicher Lebemann, der frei und praktisch atmet, hat kein ästhetisches Gefühl und keinen Geschmack, ihm genügt Realität im Handeln, Genießen, Betrachten ebenso wie im Dichten; und wenn der Orientale, seltsame Wirkung hervorzubringen, das Ungereimte zusammenreimt, so soll der Deutsche, dem dergleichen wohl auch begegnet, dazu nicht scheel sehen.

Die Verwirrung, die durch solche Produktionen in der Einbildungskraft entsteht, ist derjenigen zu vergleichen, wenn wir durch einen orientalischen Bazar, durch eine europäische Messe gehen. Nicht immer sind die kostbarsten und niedrigsten Waren im Raume weit gesondert, sie vermischen sich in unsern Augen, und oft gewahren wir auch die Fässer, Kisten, Säcke, worin sie transportiert worden. Wie auf einem Obst- und Gemüsmarkt sehen wir nicht allein Kräuter, Wurzeln und Früchte, sondern auch hier und dort allerlei Arten Abwürflinge, Schalen und Strunke.

Ferner kostet's dem orientalischen Dichter nichts, uns von der Erde in den Himmel zu erheben und von da wieder herunterzustürzen oder umgekehrt. Dem Aas eines faulenden Hundes versteht Nisami eine sittliche Betrachtung abzulocken, die uns in Erstaunen setzt und erbaut.

> *Herr Jesus, der die Welt durchwandert',*
> *Ging einst an einem Markt vorbei;*
> *Ein toter Hund lag auf dem Wege,*
> *Geschleppet vor des Hauses Tor,*
> *Ein Haufe stand ums Aas umher,*
> *Wie Geier sich um Äser sammeln.*
> *Der eine sprach: »Mir wird das Hirn*

Von dem Gestank ganz ausgelöscht«.
Der andre sprach: »Was braucht es viel,
Der Gräber Auswurf bringt nur Unglück«.
So sang ein jeder seine Weise,
Des toten Hundes Leib zu schmähen.
Als nun an Jesus kam die Reih,
Sprach, ohne Schmähn, er guten Sinns,
Er sprach aus gütiger Natur:
»Die Zähne sind wie Perlen weiß«.
Dies Wort macht' den Umstehenden,
Durchglühten Muscheln ähnlich, heiß.

Jedermann fühlt sich betroffen, wenn der so liebevolle als geistreiche Prophet nach seiner eigensten Weise Schonung und Nachsicht fordert. Wie kräftig weiß er die unruhige Menge auf sich selbst zurückzuführen, sich des Verwerfens, des Verwünschens zu schämen, unbeachteten Vorzug mit Anerkennung, ja vielleicht mit Neid zu betrachten! Jeder Umstehende denkt nun an sein eigen Gebiß. Schöne Zähne sind überall, besonders auch im Morgenland, als eine Gabe Gottes hoch angenehm. Ein faulendes Geschöpf wird durch das Vollkommene, was von ihm übrigbleibt, ein Gegenstand der Bewunderung und des frömmsten Nachdenkens.

Nicht ebenso klar und eindringlich wird uns das vortreffliche Gleichnis, womit die Parabel schließt; wir tragen daher Sorge, dasselbe anschaulich zu machen.

In Gegenden, wo es an Kalklagern gebricht, werden Muschelschalen zu Bereitung eines höchst nötigen Baumaterials angewendet und, zwischen dürres Reisig geschichtet, von der erregten Flamme durchgeglüht. Der Zuschauende kann sich das Gefühl nicht nehmen, daß diese Wesen, lebendig im Meere sich nährend und wachsend, noch kurz vorher der allgemeinen Lust des Daseins nach ihrer Weise genossen und jetzt nicht etwa verbrennen, sondern durchgeglüht ihre völlige Gestalt behalten, wenn gleich alles Lebendige aus ihnen weggetrieben ist. Nehme man nunmehr an, daß die Nacht hereinbricht und diese organischen Reste dem Auge des Beschauers wirklich glühend erscheinen, so läßt sich kein herrlicheres Bild einer tiefen, heimlichen Seelenqual vor Augen stellen. Will sich jemand hievon ein vollkommenes Anschauen erwerben, so ersuche er einen Chemiker, ihm Austerschalen in

den Zustand der Phosphoreszenz zu versetzen, wo er mit uns
gestehen wird, daß ein siedendheißes Gefühl, welches den
Menschen durchdringt, wenn ein gerechter Vorwurf ihn mitten
in dem Dünkel eines zutraulichen Selbstgefühls unerwartet
betrifft, nicht furchtbarer auszusprechen sei.

Solcher Gleichnisse würden sich zu Hunderten auffinden
lassen, die das unmittelbarste Anschauen des Natürlichen,
Wirklichen voraussetzen und zugleich wiederum einen hohen
sittlichen Begriff erwecken, der aus dem Grunde eines reinen
ausgebildeten Gefühls hervorsteigt.

Höchst schätzenswert ist bei dieser grenzenlosen Breite ihre
Aufmerksamkeit aufs Einzelne, der scharfe liebevolle Blick,
der einem bedeutenden Gegenstand sein Eigentümlichstes
abzugewinnen sucht. Sie haben poetische Stilleben, die sich
den besten niederländischer Künstler an die Seite setzen, ja
im Sittlichen sich darüber erheben dürfen. Aus eben dieser
Neigung und Fähigkeit werden sie gewisse Lieblingsgegen-
stände nicht los; kein persischer Dichter ermüdet, die Lampe
blendend, die Kerze leuchtend vorzustellen. Eben daher
kommt auch die Eintönigkeit, die man ihnen vorwirft; aber
genau betrachtet, werden die Naturgegenstände bei ihnen
zum Surrogat der Mythologie, Rose und Nachtigall nehmen
den Platz ein von Apoll und Daphne. Wenn man bedenkt,
was ihnen abging, daß sie kein Theater, keine bildende Kunst
hatten, ihr dichterisches Talent aber nicht geringer war als
irgend eins von jeher, so wird man, ihrer eigensten Welt befreundet, sie immer mehr bewundern müssen.

ALLGEMEINSTES

Der höchste Charakter orientalischer Dichtkunst ist, was
wir Deutsche Geist nennen, das Vorwaltende des oberen Lei-
tenden; hier sind alle übrigen Eigenschaften vereinigt, ohne
daß irgend eine, das eigentümliche Recht behauptend, her-
vorträte. Der Geist gehört vorzüglich dem Alter oder einer
alternden Weltepoche. Übersicht des Weltwesens, Ironie,
freien Gebrauch der Talente finden wir in allen Dichtern des
Orients. Resultat und Prämisse wird uns zugleich geboten,
deshalb sehen wir auch, wie großer Wert auf ein Wort aus
dem Stegreife gelegt wird. Jene Dichter haben alle Gegenstände gegenwärtig und beziehen die entferntesten Dinge

leicht aufeinander, daher nähern sie sich auch dem, was wir
Witz nennen; doch steht der Witz nicht so hoch, denn dieser
ist selbstsüchtig, selbstgefällig, wovon der Geist ganz frei
bleibt, deshalb er auch überall genialisch genannt werden kann
und muß.

Aber nicht der Dichter allein erfreut sich solcher Verdienste;
die ganze Nation ist geistreich, wie aus unzähligen Anekdoten
hervortritt. Durch ein geistreiches Wort wird der Zorn eines
Fürsten erregt, durch ein anderes wieder besänftigt. Neigung
und Leidenschaft leben und weben in gleichem Elemente;
so erfinden Behramgur und Dilaram den Reim, Dschemil und
Boteinah bleiben bis ins höchste Alter leidenschaftlich verbunden. Die ganze Geschichte der persischen Dichtkunst
wimmelt von solchen Fällen.

Wenn man bedenkt, daß Nuschirwan, einer der letzten Sassaniden, um die Zeit Mahomets mit ungeheuren Kosten die
Fabeln des Bidpai und das Schachspiel aus Indien kommen
läßt, so ist der Zustand einer solchen Zeit vollkommen ausgesprochen. Jene, nach dem zu urteilen, was uns überliefert
ist, überbieten einander an Lebensklugheit und freieren Ansichten irdischer Dinge. Deshalb konnte vier Jahrhunderte
später, selbst in der ersten besten Epoche persischer Dichtkunst, keine vollkommen reine Naivetät stattfinden. Die
große Breite der Umsicht, die vom Dichter gefordert ward,
das gesteigerte Wissen, die Hof- und Kriegsverhältnisse, alles
verlangte große Besonnenheit.

NEUERE, NEUESTE

Nach Weise von Dschami und seiner Zeit vermischten fol-
gende Dichter Poesie und Prosa immer mehr, so daß für alle
Schreibarten nur ein Stil angewendet wurde. Geschichte,
Poesie, Philosophie, Kanzlei- und Briefstil, alles wird auf
gleiche Weise vorgetragen, und so geht es nun schon drei
Jahrhunderte fort. Ein Muster des allerneusten sind wir
glücklicherweise imstande vorzulegen.

Als der persische Botschafter Mirza Abul Hassan Chan sich
in Petersburg befand, ersuchte man ihn um einige Zeilen seiner
Handschrift. Er war freundlich genug, ein Blatt zu schreiben,
wovon wir die Übersetzung hier einschalten.

»Ich bin durch die ganze Welt gereist, bin lange mit vielen
Personen umgegangen, jeder Winkel gewährte mir einigen
Nutzen, jeder Halm eine Ähre, und doch habe ich keinen
Ort gesehen dieser Stadt vergleichbar noch ihren schönen
Huris. Der Segen Gottes ruhe immer auf ihr! –

* * *

Wie wohl hat jener Kaufmann gesprochen, der unter die
Räuber fiel, die ihre Pfeile auf ihn richteten! Ein König, der
den Handel unterdrückt, verschließt die Türe des Heils vor
dem Gesichte seines Heeres. Welcher Verständige möchte
bei solchem Ruf der Ungerechtigkeit sein Land besuchen?
Willst du einen guten Namen erwerben, so behandle mit
Achtung Kaufleute und Gesandte. Die Großen behandeln
Reisende wohl, um sich einen guten Ruf zu machen. Das
Land, das die Fremden nicht beschützt, geht bald unter. Sei
ein Freund der Fremden und Reisenden, denn sie sind als
Mittel eines guten Rufs zu betrachten; sei gastfrei, schätze
die Vorüberziehenden, hüte dich, ungerecht gegen sie zu
sein. Wer diesen Rat des Gesandten befolgt, wird gewiß
Vorteil davon ziehen.

* * *

Man erzählt, daß Omar ebn abd el asis ein mächtiger König
war und nachts in seinem Kämmerlein voll Demut und Un-
terwerfung, das Angesicht zum Throne des Schöpfers wen-
dend, sprach: ›O Herr! Großes hast du anvertraut der Hand
des schwachen Knechtes; um der Herrlichkeit der Reinen
und Heiligen deines Reiches willen, verleihe mir Gerechtigkeit und Billigkeit, bewahre mich vor der Bosheit der Menschen; ich fürchte, daß das Herz eines Unschuldigen durch
mich könne betrübt worden sein und Fluch des Unterdrück-
ten meinem Nacken folge. Ein König soll immer an die Herrschaft und das Dasein des höchsten Wesens gedenken, an die
fortwährende Veränderlichkeit der irdischen Dinge, er soll
bedenken, daß die Krone von einem würdigen Haupt auf
ein unwürdiges übergeht, und sich nicht zum Stolze verleiten
lassen. Denn ein König, der hochmütig wird, Freund und
Nachbarn verachtet, kann nicht lange auf seinem Throne
gedeihen; man soll sich niemals durch den Ruhm einiger
Tage aufblähen lassen. Die Welt gleicht einem Feuer, das am

Wege angezündet ist; wer so viel davon nimmt als nötig, um sich auf dem Wege zu leuchten, erduldet kein Übel, aber wer mehr nimmt, verbrennt sich.‹

Als man Plato fragte, wie er in dieser Welt gelebt habe, antwortete er: ›Mit Schmerzen bin ich hereingekommen, mein Leben war ein anhaltendes Erstaunen, und ungern geh ich hinaus, und ich habe nichts gelernt, als daß ich nichts weiß.‹ Bleibe fern von dem, der etwas unternimmt und unwissend ist, von einem Frommen, der nicht unterrichtet ist; man könnte sie beide einem Esel vergleichen, der die Mühle dreht, ohne zu wissen warum. Der Säbel ist gut anzusehen, aber seine Wirkungen sind unangenehm. Ein wohldenkender Mann verbindet sich Fremden, aber der Bösartige entfremdet sich seinem Nächsten. Ein König sagte zu einem, der Behlul hieß: ›Gib mir einen Rat.‹ Dieser versetzte: ›Beneide keinen Geizigen, keinen ungerechten Richter, keinen Reichen, der sich nicht aufs Haushalten versteht, keinen Freigebigen, der sein Geld unnütz verschwendet, keinen Gelehrten, dem das Urteil fehlt.‹ Man erwirbt in der Welt entweder einen guten oder einen bösen Namen, da kann man nun zwischen beiden wählen, und da nun ein jeder sterben muß, gut oder bös, glücklich der, welcher den Ruhm eines Tugendhaften vorzog.

Diese Zeilen schrieb, dem Verlangen eines Freundes gemäß, im Jahr 1231 der Hegire den Tag des Demazsul Sani, nach christlicher Zeitrechnung am .. Mai 1816, Mirza Abul Hassan Chan, von Schiras, während seines Aufenthalts in der Hauptstadt St. Petersburg als außerordentlicher Abgesandter Seiner Majestät von Persien Fetch Ali Schah Catschar. Er hofft, daß man mit Güte einem Unwissenden verzeihen wird, der es unternahm, einige Worte zu schreiben.«

Wie nun aus Vorstehendem klar ist, daß seit drei Jahrhunderten sich immer eine gewisse Prosa-Poesie erhalten hat und Geschäfts- und Briefstil öffentlich und in Privatverhandlungen immer derselbige bleibt, so erfahren wir, daß in der neusten Zeit am persischen Hofe sich noch immer Dichter befinden, welche die Chronik des Tages und also alles was der Kaiser vornimmt und was sich ereignet, in Reime verfaßt und zierlich geschrieben, einem hiezu besonders bestellten Archivarius überliefern. Woraus denn erhellt, daß in dem unwandelbaren Orient seit Ahasverus' Zeiten, der

sich solche Chroniken bei schlaflosen Nächten vorlesen ließ,
sich keine weitere Veränderung zugetragen hat.

Wir bemerken hiebei, daß ein solches Vorlesen mit einer
gewissen Deklamation geschehe, welche mit Emphase, einem
Steigen und Fallen des Tons vorgetragen wird und mit der
Art, wie die französischen Trauerspiele deklamiert werden,
sehr viel Ähnlichkeit haben soll. Es läßt sich dies um so eher
denken, als die persischen Doppelverse einen ähnlichen Kon-
trast bilden wie die beiden Hälften des Alexandriners.

Und so mag denn auch diese Beharrlichkeit die Veranlassung sein, daß die Perser ihre Gedichte seit achthundert Jahren noch immer lieben, schätzen und verehren; wie wir denn
selbst Zeuge gewesen, daß ein Orientale ein vorzüglich ein-
gebundenes und erhaltenes Manuskript des Mesnewi mit
ebensoviel Ehrfurcht, als wenn es der Koran wäre, betrachtete
und behandelte.

ZWEIFEL

Die persische Dichtkunst aber und was ihr ähnlich ist, wird
von dem Westländer niemals ganz rein, mit vollem Behagen
aufgenommen werden; worüber wir aufgeklärt sein müssen,
wenn uns der Genuß daran nicht unversehens gestört werden
soll.

Es ist aber nicht die Religion, die uns von jener Dichtkunst
entfernt. Die Einheit Gottes, Ergebung in seinen Willen,
Vermittlung durch einen Propheten, alles stimmt mehr oder
weniger mit unserm Glauben, mit unserer Vorstellungsweise
überein. Unsere heiligen Bücher liegen auch dort, ob nur
gleich legendenweis, zum Grund.

In die Märchen jener Gegend, Fabeln, Parabeln, Anekdoten,
Witz- und Scherzreden sind wir längst eingeweiht. Auch ihre
Mystik sollte uns ansprechen, sie verdiente wenigstens, eines
tiefen und gründlichen Ernstes wegen, mit der unsrigen
verglichen zu werden, die in der neusten Zeit, genau betrachtet, doch eigentlich nur eine charakter- und talentlose Sehnsucht ausdrückt; wie sie sich denn schon selbst parodiert,
zeuge der Vers:

> *Mir will ewiger Durst nur frommen*
> *Nach dem Durste.*

Was aber dem Sinne der Westländer niemals eingehen kann, ist die geistige und körperliche Unterwürfigkeit unter seinen Herren und Oberen, die sich von uralten Zeiten herschreibt, indem Könige zuerst an die Stelle Gottes traten. Im Alten Testament lesen wir ohne sonderliches Befremden, wenn Mann und Weib vor Priester und Helden sich aufs Angesicht niederwirft und anbetet, denn dasselbe sind sie vor den Elohim zu tun gewohnt. Was zuerst aus natürlichem frommem Gefühl geschah, verwandelte sich später in umständliche Hofsitte. Der Ku-tu, das dreimalige Niederwerfen dreimal wiederholt, schreibt sich dort her. Wie viele westliche Gesandtschaften an östlichen Höfen sind an dieser Zeremonie gescheitert, und die persische Poesie kann im ganzen bei uns nicht gut aufgenommen werden, wenn wir uns hierüber nicht vollkommen deutlich machen.

Welcher Westländer kann erträglich finden, daß der Orientale nicht allein seinen Kopf neunmal auf die Erde stößt, sondern denselben sogar wegwirft irgend wohin zu Ziel und Zweck.

Das Maillespiel zu Pferde, wo Ballen und Schlegel die große Rolle zugeteilt ist, erneuert sich oft vor dem Auge des Herrschers und des Volkes, ja mit beiderseitiger persönlicher Teilnahme. Wenn aber der Dichter seinen Kopf als Ballen auf die Maillebahn des Schahs legt, damit der Fürst ihn gewahr werde und mit dem Schlegel der Gunst zum Glück weiter fortspediere, so können und mögen wir freilich weder mit der Einbildungskraft noch mit der Empfindung folgen; denn so heißt es:

> Wie lang wirst ohne Hand und Fuß
> Du noch des Schicksals Ballen sein!
> Und überspringst du hundert Bahnen,
> Dem Schlegel kannst du nicht entfliehn.
> Leg auf des Schahes Bahn den Kopf,
> Vielleicht daß er dich doch erblickt.

Ferner:

> Nur dasjenige Gesicht
> Ist des Glückes Spiegelwand,
> Das gerieben ward am Staub
> Von dem Hufe dieses Pferdes.

Nicht aber allein vor dem Sultan, sondern auch vor Geliebten erniedrigt man sich ebenso tief und noch häufiger:

> *Mein Gesicht lag auf dem Weg,*
> *Keinen Schritt hat er vorbeigetan.*

—

> *Beim Staube deines Wegs*
> *Mein Hoffnungszelt!*
> *Bei deiner Füße Staub*
> *Dem Wasser vorzuziehn.*

—

> *Denjenigen, der meine Scheitel*
> *Wie Staub zertritt mit Füßen,*
> *Will ich zum Kaiser machen,*
> *Wenn er zu mir zurückkommt.*

Man sieht deutlich hieraus, daß eins so wenig als das andere heißen will, erst bei würdiger Gelegenheit angewendet, zuletzt immer häufiger gebraucht und gemißbraucht. So sagt Hafis wirklich possenhaft:

> *Mein Kopf im Staub des Weges*
> *Des Wirtes sein wird.*

Ein tieferes Studium würde vielleicht die Vermutung bestätigen, daß frühere Dichter mit solchen Ausdrücken viel bescheidener verfahren und nur spätere, auf demselben Schauplatz in derselben Sprache sich ergehend, endlich auch solche Mißbräuche, nicht einmal recht im Ernst, sondern parodistisch beliebt, bis sich endlich die Tropen dergestalt vom Gegenstand weg verlieren, daß kein Verhältnis mehr weder gedacht noch empfunden werden kann.

Und so schließen wir denn mit den lieblichen Zeilen Enweris, welcher so anmutig als schicklich einen werten Dichter seiner Zeit verehrt:

> *Dem Vernünftgen sind Lockspeise Schedschaais Gedichte,*
> *Hundert Vögel wie ich fliegen begierig darauf.*
> *Geh, mein Gedicht, und küß vor dem Herrn die Erde und sag ihm:*
> *Du, die Tugend der Zeit, Tugendepoche bist du.*

Um uns nun über das Verhältnis der Despoten zu den Ihrigen, und wiefern es noch menschlich sei, einigermaßen aufzuklären, auch uns über das knechtische Verfahren der Dichter vielleicht zu beruhigen, möge eine und die andere Stelle hier eingeschaltet sein, welche Zeugnis gibt, wie Geschichts- und Weltkenner hierüber geurteilt. Ein bedächtiger Engländer drückt sich folgendermaßen aus:

»Unumschränkte Gewalt, welche in Europa durch Gewohnheiten und Umsicht einer gebildeten Zeit zu gemäßigten Regierungen gesänftigt wird, behält bei asiatischen Nationen immer einerlei Charakter und bewegt sich beinahe in demselben Verlauf. Denn die geringen Unterschiede, welche des Menschen Staatswert und Würde bezeichnen, sind bloß von des Despoten persönlicher Gemütsart abhängig und von dessen Macht, ja öfters mehr von dieser als jener. Kann doch kein Land zum Glück gedeihen, das fortwährend dem Krieg ausgesetzt ist, wie es von der frühsten Zeit an das Schicksal aller östlichen schwächeren Königreiche gewesen. Daraus folgt, daß die größte Glückseligkeit, deren die Masse unter unumschränkter Herrschaft genießen kann, sich aus der Gewalt und dem Ruf ihres Monarchen herschreibe, so wie das Wohlbehagen, worin sich dessen Untertanen einigermaßen erfreuen, wesentlich auf den Stolz begründet ist, zu dem ein solcher Fürst sie erhebt.

Wir dürfen daher nicht bloß an niedrige und verkäufliche Gesinnungen denken, wenn die Schmeichelei uns auffällt, welche sie dem Fürsten erzeigen. Fühllos gegen den Wert der Freiheit, unbekannt mit allen übrigen Regierungsformen rühmen sie ihren eigenen Zustand, worin es ihnen weder an Sicherheit ermangelt noch an Behagen, und sind nicht allein willig, sondern stolz, sich vor einem erhöhten Manne zu demütigen, wenn sie in der Größe seiner Macht Zuflucht finden und Schutz gegen größeres unterdrückendes Übel.«

Gleichfalls läßt sich ein deutscher Rezensent geist- und kenntnisreich also vernehmen:

»Der Verfasser, allerdings Bewunderer des hohen Schwungs der Panegyriker dieses Zeitraums, tadelt zugleich mit Recht die sich im Überschwung der Lobpreisungen vergeudende Kraft edler Gemüter und die Erniedrigung der Charakterwürde, welche dies gewöhnlich zur Folge hat. Allein es muß gleichwohl bemerkt werden, daß in dem in vielfachem Schmucke reicher Vollendung aufgeführten Kunstgebäude eines echt poetischen Volkes panegyrische Dichtung ebenso wesentlich ist als die satirische, mit welcher sie nur den Gegensatz bildet, dessen Auflösung sich sodann entweder in der moralischen Dichtung, der ruhigen Richterin menschlicher Vorzüge und Gebrechen, der Führerin zum Ziele innerer Beruhigung, oder im Epos findet, welches mit unparteiischer Kühnheit das Edelste menschlicher Trefflichkeit neben die nicht mehr getadelte, sondern als zum Ganzen wirkende Gewöhnlichkeit des Lebens hinstellt und beide Gegensätze auflöst und zu einem reinen Bilde des Daseins vereinigt. Wenn es nämlich der menschlichen Natur gemäß und ein Zeichen ihrer höheren Abkunft ist, daß sie das Edle menschlicher Handlungen und jede höhere Vollkommenheit mit Begeisterung erfaßt und sich an deren Erwägung gleichsam das innere Leben erneuert, so ist die Lobpreisung auch der Macht und Gewalt, wie sie in Fürsten sich offenbart, eine herrliche Erscheinung im Gebiete der Poesie und bei uns, mit vollestem Rechte zwar, nur darum in Verachtung gesunken, weil diejenigen, die sich derselben hingaben, meistens nicht Dichter, sondern nur feile Schmeichler gewesen. Wer aber, der Calderon seinen König preisen hört, mag hier, wo der kühnste Aufschwung der Phantasie ihn mit fortreißt, an Käuflichkeit des Lobes denken? oder wer hat sein Herz noch gegen Pindars Siegeshymnen verwahren wollen? Die despotische Natur der Herrscherwürde Persiens, wenn sie gleich in jener Zeit ihr Gegenbild in gemeiner Anbetung der Gewalt bei den meisten, welche Fürstenlob sangen, gefunden, hat dennoch durch die Idee verklärter Macht, die sie in edlen Gemütern erzeugte, auch manche der Bewunderung der Nachwelt werte Dichtungen hervorgerufen. Und wie die Dichter dieser Bewunderung noch heute wert sind, sind es auch diese Fürsten, bei welchen wir echte Anerkennung der Würde des Menschen und Begeisterung für die Kunst, welche ihr Andenken feiert, vorfinden. Enweri, Chakani, Sahir Farjabi und Achestegi sind die Dichter dieses Zeitraums im Fache der Panegyrik, deren Werke der Orient noch heute mit Entzücken liest und so auch ihren edlen Namen vor jeder Verunglimpfung sicherstellt. Ein Beweis, wie nahe das Streben des panegyrischen Dichters an die höchste Forderung, die an den Menschen gestellt werden kann, grenze, ist der plötzliche Übertritt eines dieser panegyrischen Dichter, Sanajis, zur religiösen Dichtung: aus dem Lobpreiser seines Fürsten ward er ein nur für Gott und die ewige Vollkommenheit begeisterter Sänger, nachdem er die Idee des Erhabenen, die er vorher im Leben aufzusuchen sich begnügte, nun jenseits dieses Daseins zu finden gelernt hatte.«

NACHTRAG

Diese Betrachtungen zweier ernsten, bedächtigen Männer werden das Urteil über persische Dichter und Enkomiasten zur Milde bewegen, indem zugleich unsere früheren Äußerungen hiedurch bestätigt sind: in gefährlicher Zeit nämlich komme beim Regiment alles darauf an, daß der Fürst nicht allein seine Untertanen beschützen, sondern sie auch persönlich gegen den Feind anführen könne. Zu dieser bis auf die neusten Tage sich bestätigenden Wahrheit lassen sich uralte Beispiele finden; wie wir denn das Reichsgrundgesetz anführen, welches Gott dem israelitischen Volke mit dessen allgemeiner Zustimmung in dem Augenblick erteilt, da es ein für allemal einen König wünscht. Wir setzen diese Konstitution, die uns freilich heutzutag etwas wunderlich scheinen möchte, wörtlich hieher.

»Und Samuel verkündigte dem Volk das Recht des Königes, den sie von dem Herrn forderten: das wird des Königes Recht sein, der über euch herrschen wird: Eure Söhne wird er nehmen zu seinen Wagen und Reitern, die vor seinem Wagen hertraben, und zu Hauptleuten über tausend und über funfzig, und zu Ackerleuten, die ihm seinen Acker bauen, und zu Schnittern in seiner Ernte, und daß sie seinen Harnisch und was zu seinem Wagen gehört, machen. Eure Töchter aber wird er nehmen, daß sie Apothekerinnen, Köchinnen und Bäckerinnen sein. Eure besten Äcker und Weinberge und Obstgärten wird er nehmen und seinen Knechten geben. Dazu von eurer Saat und Weinbergen wird er den Zehnten nehmen und seinen Kämmerern und Knechten geben. Und eure Knechte und Mägde und eure feinesten Jünglinge und eure Esel wird er nehmen und seine Geschäfte damit ausrichten. Von euren Herden wird er den Zehenten nehmen: und ihr müsset seine Knechte sein.«

Als nun Samuel dem Volk das Bedenkliche einer solchen Übereinkunft zu Gemüte führen und ihnen abraten will, ruft es einstimmig: »Mit nichten, sondern es soll ein König über uns sein; daß wir auch sein wie alle andere Heiden, daß uns unser König richte und vor uns her ausziehe, wenn wir unsere Kriege führen.«

In diesem Sinne spricht der Perser:

> *Mit Rat und Schwert umfaßt und schützet er das Land;*
> *Umfassende und Schirmer stehn in Gottes Hand.*

Überhaupt pflegt man bei Beurteilung der verschiedenen Regierungsformen nicht genug zu beachten, daß in allen, wie sie auch heißen, Freiheit und Knechtschaft zugleich polarisch existiere. Steht die Gewalt bei einem, so ist die Menge unterwürfig, ist die Gewalt bei der Menge, so steht der einzelne im Nachteil; dieses geht denn durch alle Stufen durch, bis sich vielleicht irgendwo ein Gleichgewicht, jedoch nur auf kurze Zeit, finden kann. Dem Geschichtsforscher ist es kein Geheimnis; in bewegten Augenblicken des Lebens jedoch kann man darüber nicht ins klare kommen. Wie man denn niemals mehr von Freiheit reden hört, als wenn eine Partei die andere unterjochen will und es auf weiter nichts angesehen ist, als daß Gewalt, Einfluß und Vermögen aus einer Hand in die andere gehen sollen. Freiheit ist die leise Parole heimlich Verschworner, das laute Feldgeschrei der öffentlich Umwälzenden, ja das Losungswort der Despotie selbst, wenn sie ihre unterjochte Masse gegen den Feind anführt und ihr von auswärtigem Druck Erlösung auf alle Zeiten verspricht.

GEGENWIRKUNG

Doch so verfänglich-allgemeiner Betrachtung wollen wir uns nicht hingeben, vielmehr in den Orient zurückwandern und schauen, wie die menschliche Natur, die immer unbezwinglich bleibt, sich dem äußersten Druck entgegensetzt, und da finden wir denn überall, daß der Frei- und Eigensinn der einzelnen sich gegen die Allgewalt des einen ins Gleichgewicht stellt; sie sind Sklaven, aber nicht unterworfen, sie erlauben sich Kühnheiten ohne gleichen. Bringen wir ein Beispiel aus ältern Zeiten, begeben wir uns zu einem Abendgelag in das Zelt Alexanders, dort treffen wir ihn mit den Seinigen in lebhaften, heftigen, ja wilden Wechselreden.

Klitus, Alexanders Milchbruder, Spiel- und Kriegsgefährte, verliert zwei Brüder im Felde, rettet dem König das Leben, zeigt sich als bedeutender General, treuer Statthalter wichtiger Provinzen. Die angemaßte Gottheit des Monarchen kann er nicht billigen; er hat ihn herankommen sehen, dienst- und hülfsbedürftig gekannt; einen innern hypochondrischen Widerwillen mag er nähren, seine Verdienste vielleicht zu hoch anschlagen.

Die Tischgespräche an Alexanders Tafel mögen immer von großer Bedeutung gewesen sein, alle Gäste waren tüchtige, gebildete Männer, alle zur Zeit des höchsten Rednerglanzes in Griechenland geboren. Gewöhnlich mochte man sich nüchternerweise bedeutende Probleme aufgeben, wählen oder zufällig ergreifen und solche sophistisch-rednerisch mit ziemlichem Bewußtsein gegeneinander behaupten. Wenn denn aber doch ein jeder die Partei verteidigte, der er zugetan war, Trunk und Leidenschaft sich wechselsweise steigerten, so mußte es zuletzt zu gewaltsamen Szenen hinauslaufen. Auf diesem Wege begegnen wir der Vermutung, daß der Brand von Persepolis nicht bloß aus einer rohen, absurden Völlerei entglommen sei, vielmehr aus einem solchen Tischgespräch aufgeflammt, wo die eine Partei behauptete, man müsse die Perser, da man sie einmal überwunden, auch nunmehr schonen, die andere aber, das schonungslose Verfahren der Asiaten in Zerstörung griechischer Tempel wieder vor die Seele der Gesellschaft führend, durch Steigerung des Wahnsinnes zu trunkener Wut, die alten königlichen Denkmale in Asche verwandelte. Daß Frauen mitgewirkt, welche immer die heftigsten, unversöhnlichsten Feinde der Feinde sind, macht unsere Vermutung noch wahrscheinlicher.

Sollte man jedoch hierüber noch einigermaßen zweifelhaft bleiben, so sind wir desto gewisser, was bei jenem Gelag, dessen wir zuerst erwähnten, tödlichen Zwiespalt veranlaßt habe; die Geschichte bewahrt es uns auf. Es war nämlich der immer sich wiederholende Streit zwischen dem Alter und der Jugend. Die Alten, auf deren Seite Klitus argumentierte, konnten sich auf eine folgerechte Reihe von Taten berufen, die sie, dem König, dem Vaterland, dem einmal vorgesteckten Ziele getreu, unablässig mit Kraft und Weisheit ausgeführt. Die Jugend hingegen nahm zwar als bekannt an, daß das alles geschehen,

daß viel getan worden und daß man wirklich an der Grenze
von Indien sei; aber sie gab zu bedenken, wie viel noch zu tun
übrig bliebe, erbot sich, das gleiche zu leisten, und, eine glänzende Zukunft versprechend, wußte sie den Glanz geleisteter
Taten zu verdunkeln. Daß der König sich auf diese Seite geschlagen, ist natürlich, denn bei ihm konnte vom Geschehenen
nicht mehr die Rede sein. Klitus kehrte dagegen seinen heimlichen Unwillen heraus und wiederholte in des Königs Gegenwart Mißreden, die dem Fürsten, als hinter seinem Rücken gesprochen, schon früher zu Ohren gekommen. Alexander hielt
sich bewundernswürdig zusammen, doch leider zu lange. Klitus
verging sich grenzenlos in widerwärtigen Reden, bis der König
aufsprang, den seine Nächsten zuerst festhielten und Klitus
beiseite brachten. Dieser aber kehrt rasend mit neuen Schmä-
hungen zurück und Alexander stößt ihn, den Spieß von der
Wache ergreifend, nieder.

Was darauf erfolgt, gehört nicht hierher; nur bemerken wir,
daß die bitterste Klage des verzweifelnden Königs die Betrachtung enthält, er werde künftig wie ein Tier im Walde einsam
leben, weil niemand in seiner Gegenwart ein freies Wort hervorzubringen wagen könne. Diese Rede, sie gehöre dem König
oder dem Geschichtsschreiber, bestätigt dasjenige, was wir
oben vermutet.

Noch im vorigen Jahrhunderte durfte man dem Kaiser von
Persien bei Gastmahlen unverschämt widersprechen, zuletzt
wurde denn freilich der überkühne Tischgenosse bei den Füßen
weg und am Fürsten nah vorbeigeschleppt, ob dieser ihn vielleicht begnadige? Geschah es nicht, hinaus mit ihm und zu-
sammengehauen.

Wie grenzenlos hartnäckig und widersetzlich Günstlinge sich
gegen den Kaiser betrugen, wird von glaubwürdigen Ge-
schichtsschreibern anekdotenweis überliefert. Der Monarch ist
wie das Schicksal, unerbittlich, aber man trotzt ihm. Heftige
Naturen verfallen darüber in eine Art Wahnsinn, wovon die
wunderlichsten Beispiele vorgelegt werden könnten.

Der obersten Gewalt jedoch, von der alles herfließt, Wohltat
und Pein, unterwerfen sich mäßige, feste, folgerechte Naturen,
um nach ihrer Weise zu leben und zu wirken. Der Dichter
aber hat am ersten Ursache, sich dem Höchsten, der sein Talent
schätzt, zu widmen. Am Hof, im Umgange mit Großen, eröffnet sich ihm eine Weltübersicht, deren er bedarf, um zum

Reichtum aller Stoffe zu gelangen. Hierin liegt nicht nur Entschuldigung, sondern Berechtigung zu schmeicheln, wie es dem Panegyristen zukommt, der sein Handwerk am besten ausübt, wenn er sich mit der Fülle des Stoffes bereichert, um Fürsten und Wesire, Mädchen und Knaben, Propheten und Heilige, ja zuletzt die Gottheit selbstmenschlicherweise überfüllt auszuschmücken.

Auch unsern westlichen Dichter loben wir, daß er eine Welt von Putz und Pracht zusammengehäuft, um das Bild seiner Geliebten zu verherrlichen.

EINGESCHALTETES

Die Besonnenheit des Dichters bezieht sich eigentlich auf die Form, den Stoff gibt ihm die Welt nur allzu freigebig, der Gehalt entspringt freiwillig aus der Fülle seines Innern; bewußtlos begegnen beide einander, und zuletzt weiß man nicht, wem eigentlich der Reichtum angehöre.

Aber die Form, ob sie schon vorzüglich im Genie liegt, will erkannt, will bedacht sein, und hier wird Besonnenheit gefordert, daß Form, Stoff und Gehalt sich zueinander schicken, sich ineinander fügen, sich einander durchdringen.

Der Dichter steht viel zu hoch, als daß er Partei machen sollte. Heiterkeit und Bewußtsein sind die schönen Gaben, für die er dem Schöpfer dankt: Bewußtsein, daß er vor dem Furchtbaren nicht erschrecke, Heiterkeit, daß er alles erfreulich darzustellen wisse.

ORIENTALISCHER POESIE UR-ELEMENTE

In der arabischen Sprache wird man wenig Stamm- und Wurzelworte finden, die, wo nicht unmittelbar, doch mittelst geringer An- und Umbildung sich nicht auf Kamel, Pferd und Schaf bezögen. Diesen allerersten Natur- und Lebensausdruck dürfen wir nicht einmal tropisch nennen. Alles, was der Mensch natürlich frei ausspricht, sind Lebensbezüge; nun ist der Araber mit Kamel und Pferd so innig verwandt als Leib mit Seele, ihm kann nichts begegnen, was nicht auch diese Geschöpfe zugleich ergriffe und ihr Wesen und Wirken mit dem seinigen lebendig verbände. Denkt man zu den obengenannten noch andere

Haus- und wilde Tiere hinzu, die dem frei umherziehenden
Beduinen oft genug vors Auge kommen, so wird man auch
diese in allen Lebensbeziehungen antreffen. Schreitet man nun
so fort und beachtet alles übrige Sichtbare: Berg und Wüste,
Felsen und Ebene, Bäume, Kräuter, Blumen, Fluß und Meer
und das vielgestirnte Firmament, so findet man, daß dem
Orientalen bei allem alles einfällt, so daß er, übers Kreuz das
Fernste zu verknüpfen gewohnt, durch die geringste Buch-
staben- und Silbenbiegung Widersprechendes auseinander her-
zuleiten kein Bedenken trägt. Hier sieht man, daß die Sprache
schon an und für sich produktiv ist, und zwar insofern sie dem
Gedanken entgegenkommt, rednerisch, insofern sie der Einbildungskraft zusagt, poetisch.

Wer nun also, von den ersten notwendigen Urtropen aus-
gehend, die freieren und kühneren bezeichnete, bis er endlich
zu den gewagtesten, willkürlichsten, ja zuletzt ungeschickten,
konventionellen und abgeschmackten gelangte, der hätte sich
von den Hauptmomenten der orientalischen Dichtkunst eine
freie Übersicht verschafft. Er würde aber dabei sich leicht überzeugen, daß von dem, was wir Geschmack nennen, von der
Sonderung nämlich des Schicklichen vom Unschicklichen, in
jener Literatur gar nicht die Rede sein könne. Ihre Tugenden
lassen sich nicht von ihren Fehlern trennen, beide beziehen sich
auf einander, entspringen aus einander, und man muß sie gelten
lassen ohne Mäkeln und Markten. Nichts ist unerträglicher, als
wenn Reiske und Michaelis jene Dichter bald in den Himmel
heben, bald wieder wie einfältige Schulknaben behandeln.

Dabei läßt sich jedoch auffallend bemerken, daß die ältesten
Dichter, die zunächst am Naturquell der Eindrücke lebten und
ihre Sprache dichtend bildeten, sehr große Vorzüge haben
müssen; diejenigen, die in eine schon durchgearbeitete Zeit,
in verwickelte Verhältnisse kommen, zeigen zwar immer dasselbe Bestreben, verlieren aber allmählich die Spur des Rechten
und Lobenswürdigen. Denn wenn sie nach entfernten und immer entfernteren Tropen haschen, so wird es barer Unsinn;
höchstens bleibt zuletzt nichts weiter als der allgemeinste Begriff, unter welchem die Gegenstände allenfalls möchten zu-
sammenzufassen sein, der Begriff, der alles Anschauen und somit die Poesie selbst aufhebt.

Weil nun alles Vorgesagte auch von den nahe verwandten Gleichnissen gilt, so wäre durch einige Beispiele unsere Behauptung zu bestätigen.

Man sieht den im freien Felde aufwachenden Jäger, der die aufgehende Sonne einem Falken vergleicht:

> *Tat und Leben mir die Brust durchdringen,*
> *Wieder auf den Füßen steh ich fest:*
> *Denn der goldne Falke, breiter Schwingen,*
> *Überschwebet sein azurnes Nest.*

Oder noch prächtiger einem Löwen:

> *Morgendämmrung wandte sich ins Helle,*
> *Herz und Geist auf einmal wurden froh,*
> *Als die Nacht, die schüchterne Gazelle,*
> *Vor dem Dräun des Morgenlöwens floh.*

Wie muß nicht Marco Polo, der all dieses und mehr geschaut, solche Gleichnisse bewundert haben!

Unaufhörlich finden wir den Dichter, wie er mit Locken spielt:

> *Es stecken mehr als funfzig Angeln*
> *In jeder Locke deiner Haare;*

ist höchst lieblich an ein schönes lockenreiches Haupt gerichtet, die Einbildungskraft hat nichts dawider, sich die Haarspitzen hakenartig zu denken. Wenn aber der Dichter sagt, daß er an den Haaren aufgehängt sei, so will es uns nicht recht gefallen. Wenn es nun aber gar vom Sultan heißt:

> *In deiner Locken Banden liegt*
> *Des Feindes Hals verstrickt;*

so gibt es der Einbildungskraft entweder ein widerlich Bild oder gar keins.

Daß wir von Wimpern gemordet werden, möchte wohl angehn, aber an Wimpern gespießt sein, kann uns nicht behagen; wenn ferner Wimpern, gar mit Besen verglichen, die Sterne vom Himmel herabkehren, so wird es uns doch zu bunt. Die Stirn der Schönen als Glättstein der Herzen; das Herz des Liebenden als Geschiebe von Tränenbächen fortgerollt und abgerundet; dergleichen mehr witzige als gefühlvolle Wagnisse nötigen uns ein freundliches Lächeln ab.

Höchst geistreich aber kann genannt werden, wenn der Dichter die Feinde des Schahs wie Zeltenbehör behandelt wissen will:

> *Seien sie stets wie Späne gespalten, wie Lappen zerrissen!*
> *Wie die Nägel geklopft! und wie die Pfähle gesteckt!*

Hier sieht man den Dichter im Hauptquartier; das immer wiederholte Ab- und Aufschlagen des Lagers schwebt ihm vor der Seele.

Aus diesen wenigen Beispielen, die man ins Unendliche vermehren könnte, erhellet, daß keine Grenze zwischen dem, was in unserm Sinne lobenswürdig und tadelhaft heißen möchte, gezogen werden könnte, weil ihre Tugenden ganz eigentlich die Blüten ihrer Fehler sind. Wollen wir an diesen Produktionen der herrlichsten Geister teilnehmen, so müssen wir uns orientalisieren, der Orient wird nicht zu uns herüberkommen. Und obgleich Übersetzungen höchst löblich sind, um uns anzulocken, einzuleiten, so ist doch aus allem vorigen ersichtlich, daß in dieser Literatur die Sprache als Sprache die erste Rolle spielt. Wer möchte sich nicht mit diesen Schätzen an der Quelle bekannt machen!

Bedenken wir nun, daß poetische Technik den größten Einfluß auf jede Dichtungsweise notwendig ausübe, so finden wir auch hier, daß die zweizeilig gereimten Verse der Orientalen einen Parallelismus fordern, welcher aber, statt den Geist zu sammeln, selben zerstreut, indem der Reim auf ganz fremdartige Gegenstände hinweist. Dadurch erhalten ihre Gesichte einen Anstrich von Quodlibet oder vorgeschriebenen Endreimen, in welcher Art etwas Vorzügliches zu leisten freilich die ersten Talente gefordert werden. Wie nun hierüber die Nation streng geurteilt hat, sieht man daran, daß sie in fünfhundert Jahren nur sieben Dichter als ihre obersten anerkennt.

WARNUNG

Auf alles, was wir bisher geäußert, können wir uns wohl berufen als Zeugnis besten Willens gegen orientalische Dichtkunst. Wir dürfen es daher wohl wagen, Männern, denen eigentlich nähere, ja unmittelbare Kenntnis dieser Regionen gegönnt ist, mit einer Warnung entgegenzugehen, welche den Zweck, allen möglichen Schaden von einer so guten Sache abzuwenden, nicht verleugnen wird.

Jedermann erleichtert sich durch Vergleichung das Urteil, aber man erschwert sich's auch: denn wenn ein Gleichnis, zu weit durchgeführt, hinkt, so wird ein vergleichendes Urteil immer unpassender, je genauer man es betrachtet. Wir wollen uns nicht zu weit verlieren, sondern im gegenwärtigen Falle nur so viel sagen: wenn der vortreffliche Jones die orientalischen Dichter mit Lateinern und Griechen vergleicht, so hat er seine Ursachen, das Verhältnis zu England und den dortigen Altkritikern nötigt ihn dazu. Er selbst, in der strengen klassischen Schule gebildet, begriff wohl das ausschließende Vorurteil, das nichts wollte gelten lassen als was von Rom und Athen her auf uns vererbt worden. Er kannte, schätzte, liebte seinen Orient und wünschte dessen Produktionen in Altengland einzuführen, einzuschwärzen, welches nicht anders als unter dem Stempel des Altertums zu bewirken war. Dieses alles ist gegenwärtig ganz unnötig, ja schädlich. Wir wissen die Dichtart der Orientalen zu schätzen, wir gestehen ihnen die größten Vorzüge zu, aber man vergleiche sie mit sich selbst, man ehre sie in ihrem eignen Kreise, und vergesse doch dabei, daß es Griechen und Römer gegeben.

Niemanden verarge man, welchem Horaz bei Hafis einfällt. Hierüber hat ein Kenner sich bewundrungswürdig erklärt, so daß dieses Verhältnis nunmehr ausgesprochen und für immer abgetan ist. Er sagt nämlich:

»Die Ähnlichkeit Hafisens mit Horaz in den Ansichten des Lebens ist auffallend und möchte einzig nur durch die Ähnlichkeit der Zeitalter, in welchen beide Dichter gelebt, wo bei Zerstörung aller Sicherheit des bürgerlichen Daseins der Mensch sich auf flüchtigen, gleichsam im Vorübergehen gehaschten Genuß des Lebens beschränkt, zu erklären sein.«

Was wir aber inständig bitten, ist, daß man Ferdusi nicht mit Homer vergleiche, weil er in jedem Sinne, dem Stoff, der Form, der Behandlung nach, verlieren muß. Wer sich hiervon überzeugen will, vergleiche die furchtbare Monotonie der sieben Abenteuer des Isfendiar mit dem dreiundzwanzigsten Gesang der »Ilias«, wo zur Totenfeier Patroklos' die mannigfaltigsten Preise von den verschiedenartigsten Helden auf die verschiedenste Art gewonnen werden. Haben wir Deutsche nicht unsern herrlichen »Nibelungen« durch solche Vergleichung den größten Schaden getan? So höchst erfreulich sie sind, wenn man sich in ihren Kreis recht einbürgert und alles vertraulich

und dankbar aufnimmt, so wunderlich erscheinen sie, wenn
man sie nach einem Maßstabe mißt, den man niemals bei ihnen
anschlagen sollte.

Es gilt ja schon dasselbe von dem Werke eines einzigen
Autors, der viel, mannigfaltig und lange geschrieben. Überlasse
man doch der gemeinen, unbehülflichen Menge, vergleichend
zu loben, zu wählen und zu verwerfen. Aber die Lehrer des
Volks müssen auf einen Standpunkt treten, wo eine allgemeine
deutliche Übersicht reinem, unbewundenem Urteil zustatten
kommt.

VERGLEICHUNG

Da wir nun soeben bei dem Urteil über Schriftsteller alle
Vergleichung abgelehnt, so möchte man sich wundern, wenn
wir unmittelbar darauf von einem Falle sprechen, in welchem
wir sie zulässig finden. Wir hoffen jedoch, daß man uns diese
Ausnahme darum erlauben werde, weil der Gedanke nicht uns,
vielmehr einem Dritten angehört.

Ein Mann, der des Orients Breite, Höhen und Tiefen durchdrungen, findet, daß kein deutscher Schriftsteller sich den östlichen Poeten und sonstigen Verfassern mehr als Jean Paul
Richter genähert habe; dieser Ausspruch schien zu bedeutend,
als daß wir ihm nicht gehörige Aufmerksamkeit hätten widmen
sollen; auch können wir uns unsere Bemerkungen darüber um
so leichter mitteilen, als wir uns nur auf das oben weitläufig
Durchgeführte beziehen dürfen.

Allerdings zeugen, um von der Persönlichkeit anzufangen,
die Werke des genannten Freundes von einem verständigen,
umschauenden, einsichtigen, unterrichteten, ausgebildeten und
dabei wohlwollenden, frommen Sinne. Ein so begabter Geist
blickt, nach eigentlichst orientalischer Weise, munter und kühn
in seiner Welt umher, erschafft die seltsamsten Bezüge, verknüpft das Unverträgliche, jedoch dergestalt, daß ein geheimer
ethischer Faden sich mitschlinge, wodurch das Ganze zu einer
gewissen Einheit geleitet wird.

Wenn wir nun vor kurzem die Naturelemente, woraus die
älteren und vorzüglichsten Dichter des Orients ihre Werke bildeten, angedeutet und bezeichnet, so werden wir uns deutlich
erklären, indem wir sagen: daß, wenn jene in einer frischen,
einfachen Region gewirkt, dieser Freund hingegen in einer ausgebildeten, überbildeten, verbildeten, vertrackten Welt leben

und wirken und eben daher sich anschicken muß, die seltsamsten Elemente zu beherrschen. Um nun den Gegensatz zwischen der Umgebung eines Beduinen und unseres Autors mit wenigem anschaulich zu machen, ziehen wir aus einigen Blättern die bedeutendsten Ausdrücke:

Barrierentraktat, Extrablätter, Kardinäle, Nebenrezeß, Billard, Bierkrüge, Reichsbänke, Sessionsstühle, Prinzipalkommissarius, Enthusiasmus, Szepter-Queue, Bruststücke, Eichhornbauer, Agioteur, Schmutzfink, Inkognito, Colloquia, kanonischer Billardsack, Gipsabdruck, Avancement, Hüttenjunge, Naturalisationsakte, Pfingstprogramm, maurerisch, Manualpantomime, amputiert, Supranumerar, Bijouteriebude, Sabbaterweg usf.

Wenn nun diese sämtlichen Ausdrücke einem gebildeten deutschen Leser bekannt sind, oder durch das Konversationslexikon bekannt werden können, gerade wie dem Orientalen die Außenwelt durch Handels- und Wallfahrtskarawanen, so dürfen wir kühnlich einen ähnlichen Geist für berechtigt halten, dieselbe Verfahrensart auf einer völlig verschiedenen Unterlage walten zu lassen.

Gestehen wir also unserm so geschätzten als fruchtbaren Schriftsteller zu, daß er, in späteren Tagen lebend, um in seiner Epoche geistreich zu sein, auf einen durch Kunst, Wissenschaft, Technik, Politik, Kriegs- und Friedensverkehr und Verderb so unendlich verklausulierten, zersplitterten Zustand mannigfaltigst anspielen müsse, so glauben wir ihm die zugesprochene Orientalität genugsam bestätigt zu haben.

Einen Unterschied jedoch, den eines poetischen und prosaischen Verfahrens, heben wir hervor. Dem Poeten, welchem Takt, Parallelstellung, Silbenfall, Reim die größten Hindernisse in den Weg zu legen scheinen, gereicht alles zum entschiedensten Vorteil, wenn er die Rätselknoten glücklich löst, die ihm aufgegeben sind oder die er sich selbst aufgibt; die kühnste Metapher verzeihen wir wegen eines unerwarteten Reims und freuen uns der Besonnenheit des Dichters, die er in einer so notgedrungenen Stellung behauptet.

Der Prosaist hingegen hat die Ellebogen gänzlich frei und ist für jede Verwegenheit verantwortlich, die er sich erlaubt; alles, was den Geschmack verletzen könnte, kommt auf seine Rechnung. Da nun aber, wie wir umständlich nachgewiesen, in einer solchen Dicht- und Schreibart das Schickliche vom

Unschicklichen abzusondern unmöglich ist, so kommt hier alles
auf das Individuum an, das ein solches Wagstück unternimmt.
Ist es ein Mann wie Jean Paul, als Talent von Wert, als Mensch
von Würde, so befreundet sich der angezogene Leser sogleich;
alles ist erlaubt und willkommen. Man fühlt sich in der Nähe
des wohldenkenden Mannes behaglich, sein Gefühl teilt sich
uns mit. Unsere Einbildungskraft erregt er, schmeichelt unseren Schwächen und festiget unsere Stärken.

Man übt seinen eigenen Witz, indem man die wunderlich
aufgegebenen Rätsel zu lösen sucht, und freut sich, in und hinter einer buntverschränkten Welt, wie hinter einer andern Scha-
rade, Unterhaltung, Erregung, Rührung, ja Erbauung zu
finden.

Dies ist ungefähr, was wir vorzubringen wußten, um jene
Vergleichung zu rechtfertigen; Übereinstimmung und Diffe-
renz trachteten wir so kurz als möglich auszudrücken; ein solcher Text könnte zu einer grenzenlosen Auslegung verführen.

VERWAHRUNG

Wenn jemand Wort und Ausdruck als heilige Zeugnisse betrachtet und sie nicht etwa, wie Scheidemünzen oder Papier-
geld, nur zu schnellem, augenblicklichem Verkehr bringen,
sondern im geistigen Handel und Wandel als wahres Äqui-
valent ausgetauscht wissen will, so kann man ihm nicht ver-
übeln, daß er aufmerksam macht, wie herkömmliche Ausdrücke,
woran niemand mehr Arges hat, doch einen schädlichen Einfluß verüben, Ansichten verdüstern, den Begriff entstellen und
ganzen Fächern eine falsche Richtung geben.

Von der Art möchte wohl der eingeführte Gebrauch sein,
daß man den Titel Schöne Redekünste als allgemeine Rubrik
behandelt, unter welcher man Poesie und Prosa begreifen und
eine neben der andern, ihren verschiedenen Teilen nach, aufstellen will.

Poesie ist, rein und echt betrachtet, weder Rede noch Kunst;
keine Rede, weil sie zu ihrer Vollendung Takt, Gesang, Kör-
perbewegung und Mimik bedarf; sie ist keine Kunst, weil alles
auf dem Naturell beruht, welches zwar geregelt, aber nicht
künstlerisch geängstigt werden darf; auch bleibt sie immer
wahrhafter Ausdruck eines aufgeregten erhöhten Geistes, ohne
Ziel und Zweck.

Die Redekunst aber im eigentlichen Sinne ist eine Rede und eine Kunst; sie beruht auf einer deutlichen, mäßig leidenschaftlichen Rede und ist Kunst in jedem Sinne. Sie verfolgt ihre Zwecke und ist Verstellung vom Anfang bis zu Ende. Durch jene von uns gerügte Rubrik ist nun die Poesie entwürdigt, indem sie der Redekunst bei-, wo nicht untergeordnet wird, Namen und Ehre von ihr ableitet.

Diese Benennung und Einteilung hat freilich Beifall und Platz gewonnen, weil höchst schätzenswerte Bücher sie an der Stirne tragen, und schwer möchte man sich derselben so bald entwöhnen. Ein solches Verfahren kommt aber daher, weil man bei Klassifikation der Künste den Künstler nicht zu Rate zieht. Dem Literator kommen die poetischen Werke zuerst als Buchstaben in die Hand, sie liegen als Bücher vor ihm, die er aufzustellen und zu ordnen berufen ist.

DICHTARTEN

Allegorie, Ballade, Kantate, Drama, Elegie, Epigramm, Epistel, Epopöe, Erzählung, Fabel, Heroide, Idylle, Lehrgedicht, Ode, Parodie, Roman, Romanze, Satire.

Wenn man vorgemeldete Dichtarten, die wir alphabetisch zusammengestellt, und noch mehrere dergleichen methodisch zu ordnen versuchen wollte, so würde man auf große, nicht leicht zu beseitigende Schwierigkeiten stoßen. Betrachtet man obige Rubriken genauer, so findet man, daß sie bald nach äußeren Kennzeichen, bald nach dem Inhalt, wenige aber einer wesentlichen Form nach benamst sind. Man bemerkt schnell, daß einige sich nebeneinanderstellen, andere sich andern unterordnen lassen. Zu Vergnügen und Genuß möchte wohl jede für sich bestehen und wirken, wenn man aber zu didaktischen oder historischen Zwecken einer rationelleren Anordnung bedürfte, so ist es wohl der Mühe wert, sich nach einer solchen umzusehen. Wir bringen daher folgendes der Prüfung dar.

NATURFORMEN DER DICHTUNG

Es gibt nur drei echte Naturformen der Poesie: die klar erzählende, die enthusiastisch aufgeregte und die persönlich handelnde: Epos, Lyrik und Drama. Diese drei Dichtweisen können zusammen oder abgesondert wirken. In dem kleinsten Gedicht findet man sie oft beisammen, und sie bringen eben durch diese Vereinigung im engsten Raume das herrlichste Gebild hervor, wie wir an den schätzenswertesten Balladen aller Völker deutlich gewahr werden. Im älteren griechischen Trauerspiel sehen wir sie gleichfalls alle drei verbunden, und erst in einer gewissen Zeitfolge sondern sie sich. Solange der Chor die Hauptperson spielt, zeigt sich Lyrik obenan; wie der Chor mehr Zuschauer wird, treten die andern hervor, und zuletzt, wo die Handlung sich persönlich und häuslich zusammenzieht, findet man den Chor unbequem und lästig. Im französischen Trauerspiel ist die Exposition episch, die Mitte dramatisch, und den fünften Akt, der leidenschaftlich und enthusiastisch ausläuft, kann man lyrisch nennen.

Das Homerische Heldengedicht ist rein episch; der Rhapsode waltet immer vor, was sich ereignet erzählt er; niemand darf den Mund auftun, dem er nicht vorher das Wort verliehen, dessen Rede und Antwort er nicht angekündigt. Abgebrochene Wechselreden, die schönste Zierde des Dramas, sind nicht zulässig.

Höre man aber nun den modernen Improvisator auf öffentlichem Markte, der einen geschichtlichen Gegenstand behandelt; er wird, um deutlich zu sein, erst erzählen, dann, um Interesse zu erregen, als handelnde Person sprechen, zuletzt enthusiastisch auflodern und die Gemüter hinreißen. So wunderlich sind diese Elemente zu verschlingen, die Dichtarten bis ins Unendliche mannigfalt, und deshalb auch so schwer eine Ordnung zu finden, wornach man sie neben oder nach einander aufstellen könnte. Man wird sich aber einigermaßen dadurch helfen, daß man die drei Hauptelemente in einem Kreis gegen einander über stellt und sich Musterstücke sucht, wo jedes Element einzeln obwaltet. Alsdann sammle man Beispiele, die sich nach der einen oder nach der andern Seite hinneigen, bis endlich die Vereinigung von allen dreien erscheint und somit der ganze Kreis in sich geschlossen ist.

Auf diesem Wege gelangt man zu schönen Ansichten sowohl der Dichtarten als des Charakters der Nationen und ihres Geschmacks in einer Zeitfolge. Und obgleich diese Verfahrungsart mehr zu eigener Belehrung, Unterhaltung und Maßregel als zum Unterricht anderer geeignet sein mag, so wäre doch vielleicht ein Schema aufzustellen, welches zugleich die äußeren zufälligen Formen und diese inneren notwendigen Uranfänge in faßlicher Ordnung darbrächte. Der Versuch jedoch wird immer so schwierig sein, als in der Naturkunde das Bestreben, den Bezug auszufinden der äußeren Kennzeichen von Mineralien und Pflanzen zu ihren inneren Bestandteilen, um eine naturgemäße Ordnung dem Geiste darzustellen.

NACHTRAG

Höchst merkwürdig ist, daß die persische Poesie kein Drama hat. Hätte ein dramatischer Dichter aufstehen können, ihre ganze Literatur müßte ein anderes Ansehn gewonnen haben. Die Nation ist zur Ruhe geneigt, sie läßt sich gern etwas vorerzählen, daher die Unzahl Märchen und die grenzenlosen Gedichte. So ist auch sonst das orientalische Leben an sich selbst nicht gesprächig; der Despotismus befördert keine Wechselreden, und wir finden, daß eine jede Einwendung gegen Willen und Befehl des Herrschers allenfalls nur in Zitaten des Korans und bekannter Dichterstellen hervortritt, welches aber zugleich einen geistreichen Zustand, Breite, Tiefe und Konsequenz der Bildung voraussetzt. Daß jedoch der Orientale die Gesprächsform so wenig als ein anderes Volk entbehren mag, sieht man an der Hochschätzung der Fabeln des Bidpai, der Wiederholung, Nachahmung und Fortsetzung derselben. Die »Vögelgespräche« des Ferideddin Attar geben hievon gleichfalls das schönste Beispiel.

BUCH-ORAKEL

Der in jedem Tag düster befangene, nach einer aufgehellten Zukunft sich umschauende Mensch greift begierig nach Zufälligkeiten, um irgend eine weissagende Andeutung aufzuhaschen. Der Unentschlossene findet nur sein Heil im Entschluß, dem Ausspruch des Loses sich zu unterwerfen. Solcher Art ist die überall herkömmliche Orakelfrage an irgend ein bedeutendes Buch, zwischen dessen Blätter man eine Nadel versenkt und die dadurch bezeichnete Stelle beim Aufschlagen gläubig beachtet. Wir waren früher mit Personen genau verbunden, welche sich auf diese Weise bei der Bibel, dem »Schatzkästlein« und ähnlichen Erbauungswerken zutraulich Rat erholten und mehrmals in den größten Nöten Trost, ja Bestärkung fürs ganze Leben gewannen.

Im Orient finden wir diese Sitte gleichfalls in Übung; sie wird Fal genannt, und die Ehre derselben begegnete Hafisen gleich nach seinem Tode. Denn als die Strenggläubigen ihn nicht feierlich beerdigen wollten, befragte man seine Gedichte, und als die bezeichnete Stelle seines Grabes erwähnt, das die Wanderer dereinst verehren würden, so folgerte man daraus, daß er auch müsse ehrenvoll begraben werden. Der westliche Dichter spielt ebenfalls auf diese Gewohnheit an und wünscht, daß seinem Büchlein gleiche Ehre widerfahren möge.

BLUMEN- UND ZEICHENWECHSEL

Um nicht zu viel Gutes von der sogenannten Blumensprache zu denken oder etwas Zartgefühltes davon zu erwarten, müssen wir uns durch Kenner belehren lassen. Man hat nicht etwa einzelnen Blumen Bedeutung gegeben, um sie im Strauß als Geheimschrift zu überreichen, und es sind nicht Blumen allein, die bei einer solchen stummen Unterhaltung Wort und Buchstaben bilden, sondern alles Sichtbare, Transportable wird mit gleichem Rechte angewendet.

Doch wie das geschehe, um eine Mitteilung, einen Gefühl- und Gedankenwechsel hervorzubringen, dieses können wir uns nur vorstellen, wenn wir die Haupteigenschaften orientalischer Poesie vor Augen haben: den weit umgreifenden Blick über alle Weltgegenstände, die Leichtigkeit zu reimen, sodann aber eine gewisse Lust und Richtung der Nation, Rätsel aufzugeben, wodurch sich zugleich die Fähigkeit ausbildet, Rätsel aufzulösen, welches denjenigen deutlich sein wird, deren Talent sich dahin neigt, Scharaden, Logogriphen und dergleichen zu behandeln.

Hiebei ist nun zu bemerken: wenn ein Liebendes dem Geliebten irgend einen Gegenstand zusendet, so muß der Empfangende sich das Wort aussprechen und suchen, was sich darauf reimt, sodann aber ausspähen, welcher unter den vielen möglichen Reimen für den gegenwärtigen Zustand passen möchte. Daß hiebei eine leidenschaftliche Divination obwalten müsse, fällt sogleich in die Augen. Ein Beispiel kann die Sache deutlich machen, und so sei folgender kleine Roman in einer solchen Korrespondenz durchgeführt.

Die Wächter sind gebändiget
Durch süße Liebestaten;

Doch wie wir uns verständiget,
Das wollen wir verraten;
Denn, Liebchen, was uns Glück gebracht
Das muß auch andern nutzen,
So wollen wir der Liebesnacht
Die düstern Lampen putzen.
Und wer sodann mit uns erreicht
Das Ohr recht abzufeimen,
Und liebt wie wir, dem wird es leicht
Den rechten Sinn zu reimen.
Ich schickte dir, du schicktest mir,
Es war sogleich verstanden.

Amarante	*Ich sah und brannte.*
Raute	*Wer schaute?*
Haar vom Tiger	*Ein kühner Krieger.*
Haar der Gazelle	*An welcher Stelle?*
Büschel von Haaren	*Du sollst's erfahren.*
Kreide	*Meide.*
Stroh	*Ich brenne lichterloh.*
Trauben	*Will's erlauben.*
Korallen	*Kannst mir gefallen.*
Mandelkern	*Sehr gern.*
Rüben	*Willst mich betrüben.*
Karotten	*Willst meiner spotten.*
Zwiebeln	*Was willst du grübeln?*
Trauben, die weißen	*Was soll das heißen?*
Trauben, die blauen	*Soll ich vertrauen?*
Quecken	*Du willst mich necken.*
Nelken	*Soll ich verwelken?*
Narzissen	*Du mußt es wissen.*
Veilchen	*Wart ein Weilchen.*
Kirschen	*Willst mich zerknirschen.*
Feder vom Raben	*Ich muß dich haben.*
Vom Papageien	*Mußt mich befreien.*
Maronen	*Wo wollen wir wohnen?*
Blei	*Ich bin dabei.*
Rosenfarb	*Die Freude starb.*
Seide	*Ich leide.*
Bohnen	*Will dich schonen.*
Majoran	*Geht mich nichts an.*

Blau	*Nimm's nicht genau.*
Traube	*Ich glaube.*
Beeren	*Will's verwehren.*
Feigen	*Kannst du schweigen?*
Gold	*Ich bin dir hold.*
Leder	*Gebrauch die Feder.*
Papier	*So bin ich dir.*
Maßlieben	*Schreib nach Belieben.*
Nachtviolen	*Ich laß es holen.*
Ein Faden	*Bist eingeladen.*
Ein Zweig	*Mach keinen Streich.*
Strauß	*Ich bin zu Haus.*
Winden	*Wirst mich finden.*
Myrten	*Will dich bewirten.*
Jasmin	*Nimm mich hin.*
Melissen	*. . . auf einem Kissen.*
Zypressen	*Will's vergessen.*
Bohnenblüte	*Du falsch Gemüte.*
Kalk	*Bist ein Schalk.*
Kohlen	*Mag der . . . dich holen.*

Und hätte mit Boteinah so
Nicht Dschemil sich verstanden,
Wie wäre denn so frisch und froh
Ihr Name noch vorhanden?

Vorstehende seltsame Mitteilungsart wird sehr bald unter lebhaften, einander gewogenen Personen auszuüben sein. Sobald der Geist eine solche Richtung nimmt, tut er Wunder. Zum Beleg aus manchen Geschichten nur eine.

Zwei liebende Paare machen eine Lustfahrt von einigen Meilen, bringen einen frohen Tag miteinander zu; auf der Rückkehr unterhalten sie sich, Scharaden aufzugeben. Gar bald wird nicht nur eine jede, wie sie vom Munde kommt, sogleich erraten, sondern zuletzt sogar das Wort, das der andere denkt und eben zum Worträtsel umbilden will, durch die unmittelbarste Divination erkannt und ausgesprochen.

Indem man dergleichen zu unsern Zeiten erzählt und beteuert, darf man nicht fürchten, lächerlich zu werden, da solche psychische Erscheinungen noch lange nicht an dasjenige reichen, was der organische Magnetismus zutage gebracht hat.

Eine andere Art aber, sich zu verständigen, ist geistreich und herzlich! Wenn bei der vorigen Ohr und Witz im Spiel war, so ist es hier ein zartliebender, ästhetischer Sinn, der sich der höchsten Dichtung gleichstellt.

Im Orient lernte man den Koran auswendig, und so gaben die Suren und Verse, durch die mindeste Anspielung, ein leichtes Verständnis unter den Geübten. Das gleiche haben wir in Deutschland erlebt, wo vor funfzig Jahren die Erziehung dahin gerichtet war, die sämtlichen Heranwachsenden bibelfest zu machen; man lernte nicht allein bedeutende Sprüche auswendig, sondern erlangte zugleich von dem übrigen genugsame Kenntnis. Nun gab es mehrere Menschen, die eine große Fertigkeit hatten, auf alles, was vorkam, biblische Sprüche anzuwenden und die Heilige Schrift in der Konversation zu verbrauchen. Nicht zu leugnen ist, daß hieraus die witzigsten, anmutigsten Erwiderungen entstanden, wie denn noch heutiges Tags gewisse ewig anwendbare Hauptstellen hie und da im Gespäch vorkommen.

Gleicherweise bedient man sich klassischer Worte, wodurch wir Gefühl und Ereignis als ewig wiederkehrend bezeichnen und aussprechen.

Auch wir vor funfzig Jahren als Jünglinge, die einheimischen Dichter verehrend, belebten das Gedächtnis durch ihre Schriften und erzeigten ihnen den schönsten Beifall, indem wir unsere Gedanken durch ihre gewählten und gebildeten Worte ausdrückten und dadurch eingestanden, daß sie besser als wir unser Innerstes zu entfalten gewußt.

Um aber zu unserm eigentlichen Zweck zu gelangen, erinnern wir an eine zwar wohlbekannte, aber doch immer geheimnisvolle Weise, sich in Chiffern mitzuteilen; wenn nämlich zwei Personen, die ein Buch verabreden und, indem sie Seiten- und Zeilenzahl zu einem Briefe verbinden, gewiß sind, daß der Empfänger mit geringem Bemühen den Sinn zusammenfinden werde.

Das Lied, welches wir mit der Rubrik »Chiffer« bezeichnet, will auf eine solche Verabredung hindeuten. Liebende werden einig, Hafisens Gedichte zum Werkzeug ihres Gefühlwechsels zu legen; sie bezeichnen Seite und Zeile, die ihren gegenwärtigen Zustand ausdrückt, und so entstehen

zusammengeschriebene Lieder vom schönsten Ausdruck; herr-
liche zerstreute Stellen des unschätzbaren Dichters werden
durch Leidenschaft und Gefühl verbunden, Neigung und
Wahl verleihen dem Ganzen ein inneres Leben, und die
Entfernten finden ein tröstliches Ergeben, indem sie ihre
Trauer mit Perlen seiner Worte schmücken.

> *Dir zu eröffnen*
> *Mein Herz verlangt mich;*
> *Hört ich von deinem,*
> *Darnach verlangt mich;*
> *Wie blickt so traurig*
> *Die Welt mich an.*
>
> *In meinem Sinne*
> *Wohnet mein Freund nur,*
> *Und sonsten keiner*
> *Und keine Feindspur.*
> *Wie Sonnenaufgang*
> *Ward mir ein Vorsatz!*
>
> *Mein Leben will ich*
> *Nur zum Geschäfte*
> *Von seiner Liebe*
> *Von heut an machen.*
> *Ich denke seiner,*
> *Mir blutet's Herz.*
>
> *Kraft hab ich keine*
> *Als ihn zu lieben,*
> *So recht im stillen.*
> *Was soll das werden!*
> *Will ihn umarmen*
> *Und kann es nicht.*

KÜNFTIGER DIVAN

Man hat in Deutschland zu einer gewissen Zeit manche
Druckschriften verteilt als Manuskript für Freunde. Wem
dieses befremdlich sein könnte, der bedenke, daß doch am
Ende jedes Buch nur für Teilnehmer, für Freunde, für Liebhaber des Verfassers geschrieben sei. Meinen »Divan« besonders möcht ich also bezeichnen, dessen gegenwärtige

Ausgabe nur als unvollkommen betrachtet werden kann. In jüngeren Jahren würd ich ihn länger zurückgehalten haben, nun aber find ich es vorteilhafter, ihn selbst zusammenzustellen, als ein solches Geschäft wie Hafis den Nachkommen zu hinterlassen. Denn eben daß dieses Büchlein so dasteht, wie ich es jetzt mitteilen konnte, erregt meinen Wunsch, ihm die gebührende Vollständigkeit nach und nach zu verleihen. Was davon allenfalls zu hoffen sein möchte, will ich Buch für Buch der Reihe nach andeuten.

—

BUCH DES DICHTERS. Hierin, wie es vorliegt, werden lebhafte Eindrücke mancher Gegenstände und Erscheinungen auf Sinnlichkeit und Gemüt enthusiastisch ausgedrückt und die näheren Bezüge des Dichters zum Orient angedeutet. Fährt er auf diese Weise fort, so kann der heitere Garten aufs anmutigste verziert werden; aber höchst erfreulich wird sich die Anlage erweitern, wenn der Dichter nicht von sich und aus sich allein handeln wollte, vielmehr auch seinen Dank Gönnern und Freunden zu Ehren ausspräche, um die Lebenden mit freundlichem Wort festzuhalten, die Abgeschiedenen ehrenvoll wieder zurückzurufen.

Hiebei ist jedoch zu bedenken, daß der orientalische Flug und Schwung, jene reich und übermäßig lobende Dichtart, dem Gefühl des Westländers vielleicht nicht zusagen möchte. Wir ergehen uns hoch und frei, ohne zu Hyperbeln unsre Zuflucht zu nehmen: denn wirklich nur eine reine, wohlgefühlte Poesie vermag allenfalls die eigentlichsten Vorzüge trefflicher Männer auszusprechen, deren Vollkommenheiten man erst recht empfindet, wenn sie dahingegangen sind, wenn ihre Eigenheiten uns nicht mehr stören und das Eingreifende ihrer Wirkungen uns noch täglich und stündlich vor Augen tritt. Einen Teil dieser Schuld hatte der Dichter vor kurzem, bei einem herrlichen Feste in Allerhöchster Gegenwart, das Glück nach seiner Weise gemütlich abzutragen.

—

DAS BUCH HAFIS. Wenn alle diejenigen, welche sich der arabischen und verwandter Sprachen bedienen, schon als Poeten geboren und erzogen werden, so kann man sich denken, daß unter einer solchen Nation vorzügliche Geister ohne

Zahl hervorgehen. Wenn nun aber ein solches Volk in fünfhundert Jahren nur sieben Dichtern den ersten Rang zuge-
steht, so müssen wir einen solchen Ausspruch zwar mit Ehrfurcht annehmen, allein es wird uns zugleich vergönnt sein
nachzuforschen, worin ein solcher Vorzug eigentlich begründet sein könne.

Diese Aufgabe, insofern es möglich ist, zu lösen, möchte
wohl auch dem künftigen »Divan« vorbehalten sein. Denn,
um nur von Hafis zu reden, wächst Bewunderung und Neigung gegen ihn, je mehr man ihn kennen lernt. Das glücklichste Naturell, große Bildung, freie Fazilität und die reine
Überzeugung, daß man den Menschen nur alsdann behagt,
wenn man ihnen vorsingt, was sie gern, leicht und bequem
hören, wobei man ihnen denn auch etwas Schweres, Schwie-
riges, Unwillkommenes gelegentlich mit unterschieben darf.
Wenn Kenner im nachstehenden Liede Hafisens Bild einigermaßen erblicken wollen, so würde den Westländer dieser
Versuch ganz besonders erfreuen.

An Hafis

Was alle wollen weißt du schon
Und hast es wohl verstanden:
Denn Sehnsucht hält, von Staub zu Thron,
Uns all in strengen Banden.

Es tut so weh, so wohl hernach,
Wer sträubte sich dagegen?
Und wenn den Hals der eine brach,
Der andre bleibt verwegen.

Verzeihe, Meister, wie du weißt
Daß ich mich oft vermesse,
Wenn sie das Auge nach sich reißt
Die wandelnde Zypresse.

Wie Wurzelfasern schleicht ihr Fuß
Und buhlet mit dem Boden;
Wie leicht Gewölk verschmilzt ihr Gruß,
Wie Ost-Gekos ihr Oden.

Das alles drängt uns ahndevoll,
Wo Lock an Locke kräuselt,
In brauner Fülle ringelnd schwoll,
Sodann im Winde säuselt.

Nun öffnet sich die Stirne klar,
Dein Herz damit zu glätten,
Vernimmst ein Lied so froh und wahr,
Den Geist darin zu betten.

Und wenn die Lippen sich dabei
Aufs niedlichste bewegen:
Sie machen dich auf einmal frei
In Fesseln dich zu legen.

Der Atem will nicht mehr zurück,
Die Seel zur Seele fliehend,
Gerüche winden sich durchs Glück
Unsichtbar wolkig ziehend.

Doch wenn es allgewaltig brennt,
Dann greifst du nach der Schale:
Der Schenke läuft, der Schenke kömmt
Zum erst- und zweitenmale.

Sein Auge blitzt, sein Herz erbebt,
Er hofft auf deine Lehren,
Dich, wenn der Wein den Geist erhebt,
Im höchsten Sinn zu hören.

Ihm öffnet sich der Welten Raum,
Im Innern Heil und Orden,
Es schwillt die Brust, es bräunt der Flaum,
Er ist ein Jüngling worden.

Und wenn dir kein Geheimnis blieb
Was Herz und Welt enthalte,
Dem Denker winkst du treu und lieb,
Daß sich der Sinn entfalte.

Auch daß vom Throne Fürstenhort
Sich nicht für uns verliere,
Gibst du dem Schah ein gutes Wort
Und gibst es dem Vesire.

Das alles kennst und singst du heut
Und singst es morgen eben:
So trägt uns freundlich dein Geleit
Durchs rauhe milde Leben.

BUCH DER LIEBE würde sehr anschwellen, wenn sechs Liebespaare in ihren Freuden und Leiden entschiedener aufträten und noch andere neben ihnen aus der düsteren Vergangenheit mehr oder weniger klar hervorgingen. Wamik und Asra zum Beispiel, von denen sich außer den Namen keine weitere Nachricht findet, könnten folgendermaßen eingeführt werden.

Noch ein Paar

Ja, Lieben ist ein groß Verdienst!
Wer findet schöneren Gewinst? —
Du wirst nicht mächtig, wirst nicht reich,
Jedoch den größten Helden gleich.
Man wird, so gut wie vom Propheten,
Von Wamik und von Asra reden. —
Nicht reden wird man, wird sie nennen:
Die Namen müssen alle kennen.
Was sie getan, was sie geübt,
Das weiß kein Mensch! Daß sie geliebt,
Das wissen wir. Genug gesagt,
Wenn man nach Wamik und Asra fragt.

Nicht weniger ist dieses Buch geeignet zu symbolischer Abschweifung, deren man sich in den Feldern des Orients kaum enthalten kann. Der geistreiche Mensch, nicht zufrieden mit dem, was man ihm darstellt, betrachtet alles, was sich den Sinnen darbietet, als eine Vermummung, wohinter ein höheres geistiges Lebens sich schalkhaft-eigensinnig versteckt, um uns anzuziehen und in edlere Regionen aufzulocken. Verfährt hier der Dichter mit Bewußtsein und Maß, so kann man es gelten lassen, sich daran freuen und zu entschiedenerem Auffluge die Fittiche versuchen.

BUCH DER BETRACHTUNGEN erweitert sich jeden Tag demjenigen, der im Orient hauset; denn alles ist dort Betrachtung, die zwischen dem Sinnlichen und Übersinnlichen hin und her wogt, ohne sich für eins oder das andere zu entscheiden. Dieses Nachdenken, wozu man aufgefordert wird, ist von ganz eigner Art; es widmet sich nicht allein der Klugheit, obgleich diese die stärksten Forderungen macht, sondern es wird zugleich auf jene Punkte geführt, wo die seltsamsten Probleme des Erdelebens stark und unerbittlich vor uns stehen und uns nötigen, dem Zufall, einer Vorsehung und ihren unerforschlichen Ratschlüssen die Kniee zu beugen und unbedingte Ergebung als höchstes politisch-sittlich-religioses Gesetz auszusprechen.

BUCH DES UNMUTS. Wenn die übrigen Bücher anwachsen, so erlaubt man auch wohl diesem das gleiche Recht. Erst müssen sich anmutige, liebevolle, verständige Zutaten versammeln, eh die Ausbrüche des Unmuts erträglich sein können. Allgemein menschliches Wohlwollen, nachsichtiges, hülfreiches Gefühl verbindet den Himmel mit der Erde und bereitet ein den Menschen gegönntes Paradies. Dagegen ist der Unmut stets egoistisch, er besteht auf Forderungen, deren Gewährung ihm außen blieb; er ist anmaßlich, abstoßend und erfreut niemand, selbst diejenigen kaum, die von gleichem Gefühl ergriffen sind. Dessenungeachtet aber kann der Mensch solche Explosionen nicht immer zurückhalten, ja er tut wohl, wenn er seinem Verdruß, besonders über verhinderte, gestörte Tätigkeit, auf diese Weise Luft zu machen trachtet. Schon jetzt hätte dies Buch viel stärker und reicher sein sollen; doch haben wir manches, um alle Mißstimmung zu verhüten, beiseite gelegt. Wie wir denn hierbei bemerken, daß dergleichen Äußerungen, welche für den Augenblick bedenklich scheinen, in der Folge aber als unverfänglich mit Heiterkeit und Wohlwollen aufgenommen werden, unter der Rubrik Paralipomena künftigen Jahren aufgespart worden.

Dagegen ergreifen wir diese Gelegenheit, von der Anmaßung zu reden, und zwar vorerst, wie sie im Orient zur Erscheinung kommt. Der Herrscher selbst ist der erste Anmaßliche, der die übrigen alle auszuschließen scheint. Ihm stehen alle zu Dienst, er ist Gebieter sein selbst, niemand gebietet ihm, und sein eigner Wille erschafft die übrige Welt, so daß er sich mit der Sonne, ja mit dem Weltall vergleichen kann. Auffallend ist es jedoch, daß er eben dadurch genötigt ist, sich einen Mitregenten zu erwählen, der ihm in diesem unbegrenzten Felde beistehe, ja ihn ganz eigentlich auf dem Weltenthrone erhalte. Es ist der Dichter, der mit und neben ihm wirkt und ihn über alle Sterbliche erhöht. Sammeln sich nun an seinem Hofe viele dergleichen Talente, so gibt er ihnen einen Dichterkönig und zeigt dadurch, daß er das höchste Talent für seinesgleichen anerkenne. Hierdurch wird der

Dichter aber aufgefordert, ja verleitet, ebenso hoch von sich
zu denken als von dem Fürsten, und sich im Mitbesitz der
größten Vorzüge und Glückseligkeiten zu fühlen. Hierin wird
er bestärkt durch die grenzenlosen Geschenke, die er erhält,
durch den Reichtum, den er sammelt, durch die Einwirkung,
die er ausübt. Auch setzt er sich in dieser Denkart so fest,
daß ihn irgend ein Mißlingen seiner Hoffnungen bis zum
Wahnsinn treibt. Ferdusi erwartet für sein »Schah Nameh«,
nach einer früheren Äußerung des Kaisers, sechzigtausend
Goldstücke; da er aber dagegen nur sechzigtausend Silber-
stücke erhält, eben da er sich im Bade befindet, teilt er die
Summe in drei Teile, schenkt einen dem Boten, einen dem
Bademeister und den dritten dem Sorbetschenken und vernichtet sogleich mit wenigen ehrenrührigen Schmähzeilen
alles Lob, was er seit so vielen Jahren dem Schah gespendet.
Er entflieht, verbirgt sich, widerruft nicht, sondern trägt
seinen Haß auf die Seinigen über, so daß seine Schwester ein
ansehnliches Geschenk, vom begütigten Sultan abgesendet,
aber leider erst nach des Bruders Tode ankommend, gleichfalls
verschmäht und abweist.

Wollten wir nun das alles weiter entwickeln, so würden wir
sagen, daß vom Thron, durch alle Stufen hinab, bis zum
Derwisch an der Straßenecke, alles voller Anmaßung zu finden
sei, voll weltlichen und geistlichen Hochmuts, der auf die
geringste Veranlassung sogleich gewaltsam hervorspringt.

Mit diesem sittlichen Gebrechen, wenn man's dafür halten
will, sieht es im Westlande gar wunderlich aus. Bescheidenheit ist eigentlich eine gesellige Tugend, sie deutet auf große
Ausbildung; sie ist eine Selbstverleugnung nach außen, welche,
auf einem großen innern Werte ruhend, als die höchste
Eigenschaft des Menschen angesehen wird. Und so hören wir,
daß die Menge immer zuerst an den vorzüglichsten Menschen die Bescheidenheit preist, ohne sich auf ihre übrigen
Qualitäten sonderlich einzulassen. Bescheidenheit aber ist
immer mit Verstellung verknüpft und eine Art Schmeichelei,
die um desto wirksamer ist, als sie ohne Zudringlichkeit dem
andern wohltut, indem sie ihn in seinem behaglichen Selbst-
gefühle nicht irre macht. Alles aber was man gute Gesellschaft nennt, besteht in einer immer wachsenden Verneinung
sein selbst, so daß die Sozietät zuletzt ganz Null wird; es
müßte denn das Talent sich ausbilden, daß wir, indem wir

unsere Eitelkeit befriedigen, der Eitelkeit des andern zu schmeicheln wissen.

Mit den Anmaßungen unsers westlichen Dichters aber möchten wir die Landsleute gern versöhnen. Eine gewisse Aufschneiderei durfte dem »Divan« nicht fehlen, wenn der orientalische Charakter einigermaßen ausgedrückt werden sollte.

In die unerfreuliche Anmaßung gegen die höheren Stände konnte der Dichter nicht verfallen. Seine glückliche Lage überhob ihn jedes Kampfes mit Despotismus. In das Lob, das er seinen fürstlichen Gebietern zollen könnte, stimmt ja die Welt mit ein. Die hohen Personen, mit denen er sonst in Verhältnis gestanden, pries und preist man noch immer. Ja man kann dem Dichter vorwerfen, daß der enkomiastische Teil seines »Divans« nicht reich genug sei.

Was aber das »Buch des Unmuts« betrifft, so möchte man wohl einiges daran zu tadeln finden. Jeder Unmutige drückt zu deutlich aus, daß seine persönliche Erwartung nicht erfüllt, sein Verdienst nicht anerkannt sei. So auch er! Von oben herein ist er nicht beengt, aber von unten und von der Seite leidet er. Eine zudringliche, oft platte, oft tückische Menge mit ihren Chorführern lähmt seine Tätigkeit; erst waffnet er sich mit Stolz und Verdruß, dann aber, zu scharf gereizt und gepreßt, fühlte er Stärke genug, sich durch sie durchzuschlagen.

Sodann aber werden wir ihm zugestehen, daß er mancherlei Anmaßungen dadurch zu mildern weiß, daß er sie, gefühlvoll und kunstreich, zuletzt auf die Geliebte bezieht, sich vor ihr demütigt, ja vernichtet. Herz und Geist des Lesers wird ihm dieses zugute schreiben.

BUCH DER SPRÜCHE sollte vor andern anschwellen; es ist mit den Büchern der Betrachtung und des Unmuts ganz nahe verwandt. Orientalische Sprüche jedoch behalten den eigentümlichen Charakter der ganzen Dichtkunst, daß sie sich sehr oft auf sinnliche, sichtbare Gegenstände beziehen; und es finden sich viele darunter, die man mit Recht lakonische Parabeln nennen könnte. Diese Art bleibt dem Westländer die schwerste, weil unsere Umgebung zu trocken, geregelt und prosaisch erscheint. Alte deutsche Sprichwörter jedoch, wo sich der Sinn zum Gleichnis umbildet, können hier gleichfalls unser Muster sein.

BUCH DES TIMUR. Sollte eigentlich erst gegründet werden, und vielleicht müßten ein paar Jahre hingehen, damit uns die allzunah liegende Deutung ein erhöhtes Anschaun ungeheurer Weltereignisse nicht mehr verkümmerte. Erheitert könnte diese Tragödie werden, wenn man des fürchterlichen Weltverwüsters launigen Zug- und Zeltgefährten Nussreddin Chodscha von Zeit zu Zeit auftreten zu lassen sich entschlösse. Gute Stunden, freier Sinn werden hiezu die beste Fördernis verleihen. Ein Musterstück der Geschichtchen, die zu uns herübergekommen, fügen wir bei.

* * *

Timur war ein häßlicher Mann; er hatte ein blindes Auge und einen lahmen Fuß. Indem nun eines Tags Chodscha um ihn war, kratzte sich Timur den Kopf, denn die Zeit des Barbierens war gekommen, und befahl, der Barbier solle gerufen werden. Nachdem der Kopf geschoren war, gab der Barbier wie gewöhnlich Timur den Spiegel in die Hand. Timur sah sich im Spiegel und fand sein Ansehn gar zu häßlich. Darüber fing er an zu weinen, auch der Chodscha hub an zu weinen, und so weinten sie ein paar Stunden. Hierauf trösteten einige Gesellschafter den Timur und unterhielten ihn mit sonderbaren Erzählungen, um ihn alles vergessen zu machen. Timur hörte auf zu weinen, der Chodscha aber hörte nicht auf, sondern fing erst recht an, stärker zu weinen. Endlich sprach Timur zum Chodscha: »Höre! ich habe in den Spiegel geschaut und habe mich sehr häßlich gesehen; darüber betrübte ich mich, weil ich nicht allein Kaiser bin, sondern auch viel Vermögen und Sklavinnen habe, daneben aber so häßlich bin; darum habe ich geweint. Und warum weinst du noch ohne Aufhören?« Der Chodscha antwortete: »Wenn du nur einmal in den Spiegel gesehen und bei Beschauung deines Gesichts es gar nicht hast aushalten können, dich anzusehen, sondern darüber geweint hast, was sollen wir denn tun, die wir Nacht und Tag dein Gesicht anzusehen haben? Wenn wir nicht weinen, wer soll denn weinen! deshalb habe ich geweint.« – Timur kam vor Lachen außer sich.

BUCH SULEIKA. Dieses, ohnehin das stärkste der ganzen Sammlung, möchte wohl für abgeschlossen anzusehen sein. Der Hauch und Geist einer Leidenschaft, der durch das

Ganze weht, kehrt nicht leicht wieder zurück, wenigstens ist dessen Rückkehr wie die eines guten Weinjahres in Hoffnung und Demut zu erwarten.

Über das Betragen des westlichen Dichters aber in diesem Buche dürfen wir einige Betrachtungen anstellen. Nach dem Beispiele mancher östlichen Vorgänger hält er sich entfernt vom Sultan. Als genügsamer Derwisch darf er sich sogar dem Fürsten vergleichen; denn der gründliche Bettler soll eine Art von König sein. Armut gibt Verwegenheit. Irdische Güter und ihren Wert nicht anzuerkennen, nichts oder wenig davon zu verlangen, ist sein Entschluß, der das sorgloseste Behagen erzeugt. Statt einen angstvollen Besitz zu suchen, verschenkt er in Gedanken Länder und Schätze und spottet über den, der sie wirklich besaß und verlor. Eigentlich aber hat sich unser Dichter zu einer freiwilligen Armut bekannt, um desto stolzer aufzutreten, daß es ein Mädchen gebe, die ihm deswegen doch hold und gewärtig ist.

Aber noch eines größern Mangels rühmt er sich: ihm entwich die Jugend; sein Alter, seine grauen Haare schmückt er mit der Liebe Suleikas, nicht geckenhaft zudringlich, nein! ihrer Gegenliebe gewiß. Sie, die Geistreiche, weiß den Geist zu schätzen, der die Jugend früh zeitigt und das Alter verjüngt.

DAS SCHENKENBUCH. Weder die unmäßige Neigung zu dem halbverbotenen Weine, noch das Zartgefühl für die Schönheit eines heranwachsenden Knaben durfte im »Divan« vermißt werden; letzteres wollte jedoch unseren Sitten gemäß in aller Reinheit behandelt sein.

Die Wechselneigung des früheren und späteren Alters deutet eigentlich auf ein echt pädagogisches Verhältnis. Eine leidenschaftliche Neigung des Kindes zum Greise ist keineswegs eine seltene, aber selten benutzte Erscheinung. Hier gewahre man den Bezug des Enkels zum Großvater, des spätgebornen Erben zum überraschten zärtlichen Vater. In diesem Verhältnis entwickelt sich eigentlich der Klugsinn der Kinder; sie sind aufmerksam auf Würde, Erfahrung, Gewalt des Älteren; rein geborne Seelen empfinden dabei das Bedürfnis einer ehrfurchtsvollen Neigung; das Alter wird hievon ergriffen und festgehalten. Empfindet und benutzt die Jugend ihr Übergewicht, um kindliche Zwecke zu erreichen, kindische Bedürfnisse zu befriedigen, so versöhnt

uns die Anmut mit frühzeitiger Schalkheit. Höchst rührend
aber bleibt das heranstrebende Gefühl des Knaben, der, von
dem hohen Geiste des Alters erregt, in sich selbst ein Staunen
fühlt, das ihm weissagt, auch dergleichen könne sich in ihm
entwickeln. Wir versuchten so schöne Verhältnisse im »Schen-
kenbuche« anzudeuten und gegenwärtig weiter auszulegen.
Saadi hat jedoch uns einige Beispiele erhalten, deren Zartheit,
gewiß allgemein anerkannt, das vollkommenste Verständnis
eröffnet.

Folgendes nämlich erzählt er in seinem »Rosengarten«: »Als
Mahmud, der König zu Chuaresm, mit dem König von Chattaj Friede machte, bin ich zu Kaschker (einer Stadt der Us-
beken oder Tartern) in die Kirche gekommen, woselbst, wie
ihr wißt, auch Schule gehalten wird, und habe allda einen
Knaben gesehen, wunderschön von Gestalt und Angesicht.
Dieser hatte eine Grammatik in der Hand, um die Sprache
rein und gründlich zu lernen; er las laut und zwar ein Exempel von einer Regel: Saraba Seidon Amran. Seidon hat Amran geschlagen oder bekriegt. Amran ist der Akkusativus.
(Diese beiden Namen stehen aber hier zu allgemeiner Andeutung von Gegnern, wie die Deutschen sagen: Hinz oder
Kunz.) Als er nun diese Worte einigemal wiederholt hatte,
um sie dem Gedächtnis einzuprägen, sagte ich: ›Es haben
ja Chuaresm und Chattaj endlich Friede gemacht, sollen
denn Seidon und Amran stets Krieg gegeneinander führen?‹
Der Knabe lachte allerliebst und fragte, was ich für ein Landsmann sei? und als ich antwortete: ›Von Schiras‹, fragte er:
ob ich nicht etwas von Saadis Schriften auswendig könnte,
da ihm die persische Sprache sehr wohl gefalle?

Ich antwortete: ›Gleichwie dein Gemüt aus Liebe gegen die
reine Sprache sich der Grammatik ergeben hat, also ist auch
mein Herz der Liebe zu dir völlig ergeben, so daß deiner Natur
Bildnis das Bildnis meines Verstandes entraubet.‹ Er betrachtete mich mit Aufmerksamkeit, als wollt er forschen,
ob das, was ich sagte, Worte des Dichters oder meine eignen
Gefühle seien; ich aber fuhr fort: ›Du hast das Herz eines
Liebhabers in dein Netz gefangen wie Seidon. Wir gingen
gerne mit dir um, aber du bist gegen uns, wie Seidon gegen
Amran, abgeneigt und feindlich.‹ Er aber antwortete mir
mit einiger bescheidenen Verlegenheit in Versen aus meinen
eignen Gedichten, und ich hatte den Vorteil, ihm auf eben

die Weise das Allerschönste sagen zu können, und so lebten wir einige Tage in anmutigen Unterhaltungen. Als aber der Hof sich wieder zur Reise beschickt und wir willens waren, den Morgen früh aufzubrechen, sagte einer von unsern Gefährten zu ihm: ›Das ist Saadi selbst, nach dem du gefragt hast.‹

Der Knabe kam eilend gelaufen, stellte sich mit aller Ehrerbietung gar freundlich gegen mir an und wünschte, daß er mich doch eher gekannt hätte, und sprach: ›Warum hast du diese Tage her mir nicht offenbaren und sagen wollen, ich bin Saadi, damit ich dir gebührende Ehre nach meinem Vermögen antun und meine Dienste vor deinen Füßen demütigen können.‹ Aber ich antwortete: ›Indem ich dich ansah, konnte ich das Wort ich bin's nicht aus mir bringen, mein Herz brach auf gegen dir als eine Rose, die zu blühen beginnt.‹ Er sprach ferner, ob es denn nicht möglich wäre, daß ich noch etliche Tage daselbst verharrte, damit er etwas von mir in Kunst und Wissenschaft lernen könnte; aber ich antwortete: ›Es kann nicht sein: denn ich sehe hier vortreffliche Leute zwischen großen Bergen sitzen, mir aber gefällt, mich vergnügt, nur eine Höhle in der Welt zu haben und daselbst zu verweilen.‹ Und als er mir darauf etwas betrübt vorkam, sprach ich, warum er sich nicht in die Stadt begebe, woselbst er sein Herz vom Bande der Traurigkeit befreien und fröhlicher leben könnte. Er antwortete: ›Da sind zwar viel schöne und anmutige Bilder, es ist aber auch kotig und schlüpfrig in der Stadt, daß auch wohl Elefanten gleiten und fallen könnten; und so würd auch ich bei Anschauung böser Exempel nicht auf festem Fuße bleiben.‹ Als wir so gesprochen, küßten wir uns darauf Kopf und Angesicht und nahmen unsern Abschied. Da wurde denn wahr, was der Dichter sagt: ›Liebende sind im Scheiden dem schönen Apfel gleich; Wange, die sich an Wange drückt, wird vor Lust und Leben rot; die andere hingegen ist bleich wie Kummer und Krankheit.‹«

An einem andern Orte erzählt derselbige Dichter:

»In meinen jungen Jahren pflog ich mit einem Jüngling meinesgleichen aufrichtige, beständige Freundschaft. Sein Antlitz war meinen Augen die Himmelsregion, wohin wir uns im Beten als zu einem Magnet wenden. Seine Gesellschaft war von meines ganzen Lebens Wandel und Handel der beste

Gewinn. Ich halte dafür, daß keiner unter den Menschen
(unter den Engeln möchte es allenfalls sein) auf der Welt
gewesen, der sich ihm hätte vergleichen können an Gestalt,
Aufrichtigkeit und Ehre. Nachdem ich solcher Freundschaft
genossen, hab ich es verredet, und es deucht mir unbillig zu
sein, nach seinem Tode meine Liebe einem andern zuzuwen-
den. Ohngefähr geriet sein Fuß in die Schlinge seines Ver-
hängnisses, daß er schleunigst ins Grab mußte. Ich habe eine
gute Zeit auf seinem Grabe als ein Wächter gesessen und gelegen und gar viele Trauerlieder über seinen Tod und unser
Scheiden ausgesprochen, welche mir und andern noch immer
rührend bleiben.«

BUCH DER PARABELN. Obgleich die westlichen Nationen
vom Reichtum des Orients sich vieles zugeeignet, so wird
sich doch hier noch manches einzuernten finden, welches
näher zu bezeichnen wir folgendes eröffnen.

Die Parabeln sowohl als andere Dichtarten des Orients, die
sich auf Sittlichkeit beziehen, kann man in drei verschiedene
Rubriken nicht ungeschickt einteilen: in ethische, moralische
und asketische. Die ersten enthalten Ereignisse und Andeu-
tungen, die sich auf den Menschen überhaupt und seine Zustände beziehen, ohne daß dabei ausgesprochen werde, was
gut oder bös sei. Dieses aber wird durch die zweiten vorzüglich herausgesetzt und dem Hörer eine vernünftige Wahl
vorbereitet. Die dritte hingegen fügt noch eine entschiedene
Nötigung hinzu: die sittliche Anregung wird Gebot und
Gesetz. Diesen läßt sich eine vierte anfügen: sie stellen die
wunderbaren Führungen und Fügungen dar, die aus unerforschlichen, unbegreiflichen Ratschlüssen Gottes hervorgehen; lehren und bestätigen den eigentlichen Islam, die unbedingte Ergebung in den Willen Gottes, die Überzeugung,
daß niemand seinem einmal bestimmten Lose ausweichen
könne. Will man noch eine fünfte hinzutun, welche man die
mystische nennen müßte: sie treibt den Menschen aus dem
vorhergehenden Zustand, der noch immer ängstlich und
drückend bleibt, zur Vereinigung mit Gott schon in diesem
Leben und zur vorläufigen Entsagung derjenigen Güter, deren
allenfallsiger Verlust uns schmerzen könnte. Sondert man die
verschiedenen Zwecke bei allen bildlichen Darstellungen des
Orients, so hat man schon viel gewonnen, indem man sich

sonst in Vermischung derselben immer gehindert fühlt, bald
eine Nutzanwendung sucht, wo keine ist, dann aber eine
tiefer liegende Bedeutung übersieht. Auffallende Beispiele
sämtlicher Arten zu geben, müßte das »Buch der Parabeln«
interessant und lehrreich machen. Wohin die von uns diesmal vorgetragenen zu ordnen sein möchten, wird dem einsichtigen Leser überlassen.

BUCH DES PARSEN. Nur vielfache Ableitungen haben den
Dichter verhindert, die so abstrakt scheinende und doch so
praktisch eingreifende Sonn- und Feuerverehrung in ihrem
ganzen Umfange dichterisch darzustellen, wozu der herrlichste Stoff sich anbietet. Möge ihm gegönnt sein, das Versäumte glücklich nachzuholen.

BUCH DES PARADIESES. Auch diese Region des mahometanischen Glaubens hat noch viele wunderschöne Plätze, Paradiese im Paradiese, daß man sich daselbst gern ergehen,
gern ansiedeln möchte. Scherz und Ernst verschlingen sich
hier so lieblich ineinander, und ein verklärtes Alltägliche
verleiht uns Flügel, zum Höheren und Höchsten zu gelangen.
Und was sollte den Dichter hindern, Mahomets Wunderpferd zu besteigen und sich durch alle Himmel zu schwingen?
Warum sollte er nicht ehrfurchtsvoll jene heilige Nacht feiern,
wo der Koran vollständig dem Propheten von obenher gebracht ward? Hier ist noch gar manches zu gewinnen.

ALT-TESTAMENTLICHES

Nachdem ich mir nun mit der süßen Hoffnung geschmeichelt, sowohl für den »Divan« als für die beigefügten Erklärungen in der Folge noch manches wirken zu können, durch-
laufe ich die Vorarbeiten, die ungenutzt und unausgeführt
in zahllosen Blättern vor mir liegen; und da find ich denn
einen Aufsatz, vor fünfundzwanzig Jahren geschrieben, auf
noch ältere Papiere und Studien sich beziehend.

Aus meinen biographischen Versuchen werden sich Freunde
wohl erinnern, daß ich dem ersten Buch Mosis viel Zeit und
Aufmerksamkeit gewidmet und manchen jugendlichen Tag
entlang in den Paradiesen des Orients mich ergangen. Aber
auch den folgenden historischen Schriften war Neigung und
Fleiß zugewendet. Die vier letzten Bücher Mosis nötigten

zu pünktlichen Bemühungen, und nachstehender Aufsatz
enthält die wunderlichen Resultate derselben. Mag ihm nun
an dieser Stelle ein Platz gegönnt sein. Denn wie alle unsere
Wanderungen im Orient durch die heiligen Schriften veranlaßt worden, so kehren wir immer zu denselben zurück, als
den erquicklichsten, obgleich hie und da getrübten, in die
Erde sich verbergenden, sodann aber rein und frisch wieder
hervorspringenden Quellwassern.

ISRAEL IN DER WÜSTE

»Da kam ein neuer König auf in Ägypten, der wußte nichts
von Joseph.« Wie dem Herrscher so auch dem Volke war
das Andenken seines Wohltäters verschwunden, den Israeliten selbst scheinen die Namen ihrer Urväter nur wie alt-
herkömmliche Klänge von weitem zu tönen. Seit vierhundert
Jahren hatte sich die kleine Familie unglaublich vermehrt.
Das Versprechen, ihrem großen Ahnherren von Gott unter so
vielen Unwahrscheinlichkeiten getan, ist erfüllt; allein was
hilft es ihnen! Gerade diese große Zahl macht sie den Haupt-
einwohnern des Landes verdächtig. Man sucht sie zu quälen,
zu ängstigen, zu belästigen, zu vertilgen, und so sehr sich auch
ihre hartnäckige Natur dagegen wehrt, so sehen sie doch ihr
gänzliches Verderben wohl voraus, als man sie, ein bisheriges
freies Hirtenvolk, nötiget, in und an ihren Grenzen mit eignen
Händen feste Städte zu bauen, welche offenbar zu Zwing- und
Kerkerplätzen für sie bestimmt sind.

Hier fragen wir nun, ehe wir weiter gehen und uns durch
sonderbar, ja unglücklich redigierte Bücher mühsam durcharbeiten: was wird uns denn als Grund, als Urstoff von den
vier letzten Büchern Mosis übrigbleiben, da wir manches dabei
zu erinnern, manches daraus zu entfernen für nötig finden?

Das eigentliche, einzige und tiefste Thema der Welt- und
Menschengeschichte, dem alle übrigen untergeordnet sind,
bleibt der Konflikt des Unglaubens und Glaubens. Alle
Epochen, in welchen der Glaube herrscht, unter welcher Gestalt er auch wolle, sind glänzend, herzerhebend und fruchtbar
für Mitwelt und Nachwelt. Alle Epochen dagegen, in welchen
der Unglaube, in welcher Form es sei, einen kümmerlichen
Sieg behauptet, und wenn sie auch einen Augenblick mit einem
Scheinglanze prahlen sollten, verschwinden vor der Nachwelt,

weil sich niemand gern mit Erkenntnis des Unfruchtbaren abquälen mag.

Die vier letzten Bücher Mosis haben, wenn uns das erste den Triumph des Glaubens darstellte, den Unglauben zum Thema, der auf die kleinlichste Weise den Glauben, der sich aber freilich auch nicht in seiner ganzen Fülle zeigt, zwar nicht bestreitet und bekämpft, jedoch sich ihm von Schritt zu Schritt in den Weg schiebt und oft durch Wohltaten, öfter aber noch durch greuliche Strafen nicht geheilt, nicht ausgerottet, sondern nur augenblicklich beschwichtigt wird und deshalb seinen schleichenden Gang dergestalt immer fortsetzt, daß ein großes, edles, auf die herrlichsten Verheißungen eines zuverlässigen Nationalgottes unternommenes Geschäft gleich in seinem Anfange zu scheitern droht und auch niemals in seiner ganzen Fülle vollendet werden kann.

Wenn uns das Ungemütliche dieses Inhalts, der, wenigstens für den ersten Anblick, verworrene, durch das Ganze laufende Grundfaden unlustig und verdrießlich macht, so werden diese Bücher durch eine höchst traurige, unbegreifliche Redaktion ganz ungenießbar. Den Gang der Geschichte sehen wir überall gehemmt durch eingeschaltete zahllose Gesetze, von deren größtem Teil man die eigentliche Ursache und Absicht nicht einsehen kann, wenigstens nicht, warum sie in dem Augenblick gegeben worden, oder, wenn sie späteren Ursprungs sind, warum sie hier angeführt und eingeschaltet werden. Man sieht nicht ein, warum bei einem so ungeheuern Feldzuge, dem ohnehin so viel im Wege stand, man sich recht absichtlich und kleinlich bemüht, das religiose Zeremoniengepäck zu vervielfältigen, wodurch jedes Vorwärtskommen unendlich erschwert werden muß. Man begreift nicht, warum Gesetze für die Zukunft, die noch völlig im Ungewissen schwebt, zu einer Zeit ausgesprochen werden, wo es jeden Tag, jede Stunde an Rat und Tat gebricht und der Heerführer, der auf seinen Füßen stehen sollte, sich wiederholt aufs Angesicht wirft, um Gnaden und Strafen von oben zu erflehen, die beide nur verzettelt gereicht werden, so daß man mit dem verirrten Volke den Hauptzweck völlig aus den Augen verliert.

Um mich nun in diesem Labyrinthe zu finden, gab ich mir die Mühe, sorgfältig zu sondern, was eigentliche Erzählung ist, es mochte nun für Historie, für Fabel oder für beides zusammen, für Poesie, gelten. Ich sonderte dieses von dem, was gelehret und geboten wird. Unter dem ersten verstehe ich das, was allen Ländern, allen sittlichen Menschen gemäß sein würde, und unter dem zweiten, was das Volk Israels besonders angeht und verbindet. Inwiefern mir das gelungen, wage ich selbst kaum zu beurteilen, indem ich gegenwärtig nicht in der Lage bin, jene Studien nochmals vorzunehmen, sondern was ich hieraus aufzustellen gedenke, aus früheren und späteren Papieren, wie es der Augenblick erlaubt, zusammentrage. Zwei Dinge sind es daher, auf die ich die Aufmerksamkeit meiner Leser zu richten wünschte. Erstlich auf die Entwicklung der ganzen Begebenheit dieses wunderlichen Zugs aus dem Charakter des Feldherrn, der anfangs nicht in dem günstigsten Lichte erscheint, und zweitens auf die Vermutung, daß der Zug keine vierzig, sondern kaum zwei Jahre gedauert; wodurch denn eben der Feldherr, dessen Betragen wir zuerst tadeln mußten, wieder gerechtfertigt und zu Ehren gebracht, zugleich aber auch die Ehre des Nationalgottes gegen den Unglimpf einer Härte, die noch unerfreulicher ist als die Halsstarrigkeit eines Volks, gerettet und beinah in seiner früheren Reinheit wieder hergestellt wird.

Erinnern wir uns nun zuerst des israelitischen Volkes in Ägypten, an dessen bedrängter Lage die späteste Nachwelt aufgerufen ist teilzunehmen. Unter diesem Geschlecht, aus dem gewaltsamen Stamme Levi, tritt ein gewaltsamer Mann hervor; lebhaftes Gefühl von Recht und Unrecht bezeichnen denselben. Würdig seiner grimmigen Ahnherren erscheint er, von denen der Stammvater ausruft: »Die Brüder Simeon und Levi! ihre Schwerter sind mörderische Waffen, meine Seele komme nicht in ihren Rat und meine Ehre sei nicht in ihrer Versammlung! denn in ihrem Zorn haben sie den Mann erwürgt, und in ihrem Mutwillen haben sie den Ochsen verderbt! Verflucht sei ihr Zorn, daß er so heftig ist, und ihr Grimm, daß er so störrig ist! Ich will sie zerstreuen in Jakob und zerstreuen in Israel.«

Völlig nun in solchem Sinne kündigt sich Moses an. Den Ägypter, der einen Israeliten mißhandelt, erschlägt er heimlich. Sein patriotischer Meuchelmord wird entdeckt, und er muß entfliehen. Wer, eine solche Handlung begehend, sich als bloßen Naturmenschen darstellt, nach dessen Erziehung hat man nicht Ursache zu fragen. Er sei von einer Fürstin als Knabe begünstigt, er sei am Hofe erzogen worden: nichts hat auf ihn gewirkt; er ist ein trefflicher, starker Mann geworden, aber unter allen Verhältnissen roh geblieben. Und als einen solchen kräftigen, kurz gebundenen, verschlossenen, der Mitteilung unfähigen finden wir ihn auch in der Verbannung wieder. Seine kühne Faust erwirbt ihm die Neigung eines midianitischen Fürstenpriesters, der ihn sogleich mit seiner Familie verbindet. Nun lernt er die Wüste kennen, wo er künftig in dem beschwerlichen Amte eines Heerführers auftreten soll.

Und nun lasset uns vor allen Dingen einen Blick auf die Midianiter werfen, unter welchen sich Moses gegenwärtig befindet. Wir haben sie als ein großes Volk anzuerkennen, das, wie alle nomadischen und handelnden Völker, durch mannigfaltige Beschäftigung seiner Stämme, durch eine bewegliche Ausbreitung noch größer erscheint, als es ist. Wir finden die Midianiter am Berge Horeb, an der westlichen Seite des kleinen Meerbusens und sodann bis gegen Moab und den Arnon. Schon zeitig fanden wir sie als Handelsleute, die selbst durch Kanaan karawanenweis nach Ägypten ziehn.

Unter einem solchen gebildeten Volke lebt nunmehr Moses, aber auch als ein abgesonderter, verschlossener Hirte. In dem traurigsten Zustande, in welchem ein trefflicher Mann sich nur befinden mag, der, nicht zum Denken und Überlegen geboren, bloß nach Tat strebt, sehen wir ihn einsam in der Wüste, stets im Geiste beschäftigt mit den Schicksalen seines Volkes, immer zu dem Gott seiner Ahnherren gewendet, ängstlich die Verbannung fühlend, aus einem Lande, das, ohne der Väter Land zu sein, doch gegenwärtig das Vaterland seines Volks ist; zu schwach, durch seine Faust in diesem großen Anliegen zu wirken, unfähig, einen Plan zu entwerfen, und, wenn er ihn entwürfe, ungeschickt zu jeder Unterhandlung, zu einem die Persönlichkeit begünstigenden, zusammenhängenden mündlichen Vortrag. Kein Wunder wär es, wenn in solchem Zustande eine so starke Natur sich selbst verzehrte.

Einigen Trost kann ihm in dieser Lage die Verbindung geben, die ihm durch hin- und widerziehende Karawanen mit den Seinigen erhalten wird. Nach manchem Zweifel und Zögern entschließt er sich, zurückzukehren und des Volkes Retter zu werden. Aaron, sein Bruder, kommt ihm entgegen, und nun erfährt er, daß die Gärung im Volke aufs höchste gestiegen sei. Jetzt dürfen es beide Brüder wagen, sich als Repräsentanten vor den König zu stellen. Allein dieser zeigt sich nichts weniger als geneigt, eine große Anzahl Menschen, die sich seit Jahrhunderten in seinem Lande aus einem Hirtenvolk zum Ackerbau, zu Handwerken und Künsten gebildet, sich mit seinen Untertanen vermischt haben und deren ungeschlachte Masse wenigstens bei Errichtung ungeheurer Monumente, bei Erbauung neuer Städte und Festen fronweis wohl zu gebrauchen ist, nunmehr so leicht wieder von sich und in ihre alte Selbständigkeit zurückzulassen.

Das Gesuch wird also abgewiesen und bei einbrechenden Landplagen immer dringender wiederholt, immer hartnäckiger versagt. Aber das aufgeregte hebräische Volk, in Aussicht auf ein Erbland, das ihm eine uralte Überlieferung verhieß, in Hoffnung der Unabhängigkeit und Selbstbeherrschung, erkennt keine weiteren Pflichten. Unter dem Schein eines allgemeinen Festes lockt man Gold- und Silbergeschirre den Nachbarn ab, und in dem Augenblick, da der Ägypter den Israeliten mit harmlosen Gastmahlen beschäftigt glaubt, wird eine umgekehrte »Sizilianische Vesper« unternommen; der Fremde ermordet den Einheimischen, der Gast den Wirt, und, geleitet durch eine grausame Politik, erschlägt man nur den Erstgebornen, um in einem Lande, wo die Erstgeburt so viele Rechte genießt, den Eigennutz der Nachgebornen zu beschäftigen und der augenblicklichen Rache durch eine eilige Flucht entgehen zu können. Der Kunstgriff gelingt, man stößt die Mörder aus, anstatt sie zu bestrafen. Nur spät versammelt der König sein Heer, aber die den Fußvölkern sonst so fürchterlichen Reiter und Sichelwagen streiten auf einem sumpfigen Boden einen ungleichen Kampf mit dem leichten und leicht bewaffneten Nachtrab; wahrscheinlich mit demselben entschlossenen, kühnen Haufen, der sich bei dem Wagestück des allgemeinen Mordes schon vorgeübt und den wir in der Folge an seinen grausamen Taten wieder zu erkennen und zu bezeichnen nicht verfehlen dürfen.

Ein so zu Angriff und Verteidigung wohlausgerüsteter Heeres- und Volkszug konnte mehr als einen Weg in das Land der Verheißung wählen; der erste am Meere her, über Gaza, war kein Karawanenweg und mochte wegen der wohlgerüsteten, kriegerischen Einwohner gefährlich werden; der zweite, obgleich weiter, schien mehr Sicherheit und mehr Vorteile anzubieten. Er ging an dem Roten Meere hin bis zum Sinai, von hier an konnte man wieder zweierlei Richtung nehmen. Die erste, die zunächst zum Ziel führte, zog sich am kleinen Meerbusen hin durch das Land der Midianiter und der Moabiter zum Jordan; die zweite, quer durch die Wüste, wies auf Kades; in jenem Falle blieb das Land Edom links, hier rechts. Jenen ersten Weg hatte sich Moses wahrscheinlich vorgenommen, den zweiten hingegen einzulenken scheint er durch die klugen Midianiter verleitet zu sein, wie wir zunächst wahrscheinlich zu machen gedenken, wenn wir vorher von der düsteren Stimmung gesprochen haben, in die uns die Darstellung der diesen Zug begleitenden äußeren Umstände versetzt.

Der heitere Nachthimmel, von unendlichen Sternen glühend, auf welchen Abraham von seinem Gott hingewiesen worden, breitet nicht mehr sein goldenes Gezelt über uns aus; anstatt jenen heiteren Himmelslichtern zu gleichen, bewegt sich ein unzählbares Volk mißmutig in einer traurigen Wüste. Alle fröhlichen Phänomene sind verschwunden, nur Feuerflammen erscheinen an allen Ecken und Enden. Der Herr, der aus einem brennenden Busche Mosen berufen hatte, zieht nun vor der Masse her in einem trüben Glutqualm, den man tags für eine Wolkensäule, nachts als ein Feuermeteor ansprechen kann. Aus dem umwölkten Gipfel Sinais schrecken Blitz und Donner, und bei gering scheinenden Vergehen brechen Flammen aus dem Boden und verzehren die Enden des Lagers. Speise und Trank ermangeln immer aufs neue, und der unmutige Volkswunsch nach Rückkehr wird nur bänglicher, je weniger ihr Führer sich gründlich zu helfen weiß.

Schon zeitig, ehe noch der Heereszug an den Sinai gelangt, kommt Jethro seinem Schwiegersohn entgegen, bringt ihm Tochter und Enkel, die zur Zeit der Not im Vaterzelte verwahrt gewesen, und beweist sich als einen klugen Mann. Ein Volk wie die Midianiter, das frei seiner Bestimmung nachgeht und seine Kräfte in Übung zu setzen Gelegenheit findet, muß gebildeter sein als ein solches, das unter fremdem Joche in ewigem Widerstreit mit sich selbst und den Umständen lebt; und wie viel höherer Ansichten mußte ein Führer jenes Volkes fähig sein als ein trübsinniger, in sich selbst verschlossener, rechtschaffener Mann, der sich zwar zum Tun und Herrschen geboren fühlt, dem aber die Natur zu solchem gefährlichen Handwerke die Werkzeuge versagt hat.

Moses konnte sich zu dem Begriff nicht erheben, daß ein Herrscher nicht überall gegenwärtig sein, nicht alles selbst tun müsse; im Gegenteil machte er sich durch persönliches Wirken seine Amtsführung höchst sauer und beschwerlich. Jethro gibt ihm erst darüber Licht und hilft ihm das Volk organisieren und Unterobrigkeiten bestellen; worauf er freilich selbst hätte fallen sollen.

Allein nicht bloß das Beste seines Schwähers und der Israeliten mag Jethro bedacht, sondern auch sein eigenes und der Midianiter Wohl erwägt haben. Ihm kommt Moses, den er ehemals als Flüchtling aufgenommen, den er unter seine Diener, unter seine Knechte noch vor kurzem gezählt, nun entgegen an der Spitze einer großen Volksmasse, die, ihren alten Sitz verlassend, neuen Boden aufsucht und überall, wo sie sich hinlenkt, Furcht und Schrecken verbreitet.

Nun konnte dem einsichtigen Manne nicht verborgen bleiben, daß der nächste Weg der Kinder Israel durch die Besitzungen der Midianiter gehe, daß dieser Zug überall den Herden seines Volkes begegnen, dessen Ansiedelungen berühren, ja auf dessen schon wohleingerichtete Städte treffen würde. Die Grundsätze eines dergestalt auswandernden Volks sind kein Geheimnis, sie ruhen auf dem Eroberungsrechte. Es zieht nicht ohne Widerstand, und in jedem Widerstand sieht es Unrecht; wer das Seinige verteidigt, ist ein Feind, den man ohne Schonung vertilgen kann.

Es brauchte keinen außerordentlichen Blick, um das Schicksal zu übersehen, dem die Völker ausgesetzt sein würden, über die sich eine solche Heuschreckenwolke herabwälzte. Hieraus geht nun die Vermutung zunächst hervor, daß Jethro seinem Schwiegersohn den geraden und besten Weg verleidet und ihn dagegen zu dem Wege quer durch die Wüste beredet; welche Ansicht dadurch mehr bestärkt wird, daß Hobab nicht von der Seite seines Schwagers weicht, bis er ihn den angeratenen Weg einschlagen sieht, ja ihn sogar noch weiter begleitet, um den ganzen Zug von den Wohnorten der Midianiter desto sicherer abzulenken.

Vom Ausgange aus Ägypten an gerechnet erst im vierzehnten Monat geschah der Aufbruch, von dem wir sprechen. Das Volk bezeichnete unterwegs einen Ort, wo es wegen Lüsternheit große Plage erlitten, durch den Namen Gelüstgräber, dann zogen sie gen Hazeroth und lagerten sich ferner in der Wüste Paran. Dieser zurückgelegte Weg bleibt unbezweifelt. Sie waren nun schon nah an dem Ziel ihrer Reise, nur stand ihnen das Gebirg entgegen, wodurch das Land Kanaan von der Wüste getrennt wird. Man beschloß, Kundschafter auszuschicken, und rückte indessen weiter vor bis Kades. Hierhin kehrten die Botschafter zurück, brachten Nachrichten von der Vortrefflichkeit des Landes, aber leider auch von der Furchtbarkeit der Einwohner. Hier entstand nun abermals ein trauriger Zwiespalt, und der Wettstreit von Glauben und Unglauben begann aufs neue.

Unglücklicherweise hatte Moses noch weniger Feldherren- als Regententalente. Schon während des Streites gegen die Amalekiter begab er sich auf den Berg, um zu beten, mittlerweile Josua an der Spitze des Heers den lange hin- und widerschwankenden Sieg endlich dem Feinde abgewann. Nun zu Kades befand man sich wieder in einer zweideutigen Lage. Josua und Kaleb, die beherztesten unter den zwölf Abgesandten, raten zum Angriff, rufen auf, getrauen sich, das Land zu gewinnen. Indessen wird durch übertriebene Beschreibung von bewaffneten Riesengeschlechtern allenthalben Furcht und Schrecken erregt; das verschüchterte Heer weigert sich hinaufzurücken. Moses weiß sich wieder nicht zu helfen, erst fordert er sie auf, dann scheint auch ihm ein Angriff von dieser Seite gefährlich. Er schlägt vor, nach Osten zu ziehen. Hier mochte nun einem biedern Teil des Heeres gar zu unwürdig scheinen, solch einen ernstlichen, mühsam verfolgten Plan auf diesem ersehnten Punkt aufzugeben. Sie rotten sich zusammen und ziehen wirklich das Gebirg hinauf. Moses aber bleibt zurück, das Heiligtum setzt sich nicht in Bewegung, daher ziemt es weder Josua noch Kaleb, sich an die Spitze der Kühneren zu stellen. Genug! der nicht unterstützte eigenmächtige Vortrab wird geschlagen, Ungeduld vermehrt sich. Der so oft schon ausgebrochene Unmut des Volkes, die mehreren Meutereien, an denen sogar Aaron und Miriam teilgenommen, brechen aufs neue desto lebhafter aus und geben abermals ein Zeugnis, wie wenig Moses seinem großen Berufe gewachsen war. Es ist schon an sich keine Frage, wird aber durch das Zeugnis Kalebs unwiderruflich bestätigt, daß an dieser Stelle möglich, ja unerläßlich gewesen, ins Land Kanaan einzudringen, Hebron, den Hain Mamre in Besitz zu nehmen, das heilige Grab Abrahams zu erobern und sich dadurch einen Ziel-, Stütz- und Mittelpunkt für das ganze Unternehmen zu verschaffen. Welcher Nachteil mußte dagegen dem unglücklichen Volk entspringen, wenn man den bisher befolgten, von Jethro zwar nicht ganz uneigennützig, aber doch nicht ganz verräterisch vorgeschlagenen Plan auf einmal so freventlich aufzugeben beschloß!

Das zweite Jahr, von dem Auszuge aus Ägypten an gerechnet, war noch nicht vorüber, und man hätte sich vor Ende desselben, obgleich noch immer spät genug, im Besitz des schönsten Teils des erwünschten Landes gesehen; allein die Bewohner, aufmerksam, hatten den Riegel vorgeschoben, und wohin nun sich wenden? Man war nordwärts weit genug vorgerückt, und nun sollte man wieder weiter ostwärts ziehen, um jenen Weg endlich einzuschlagen, den man gleich anfangs hätte nehmen sollen. Allein gerade hier im Osten lag das von Gebirgen umgebene Land Edom vor; man wollte sich einen Durchzug erbitten, die klügeren Edomiter schlugen ihn rund ab. Sich durchzufechten, war nicht rätlich, man mußte sich also zu einem Umweg, bei dem man die edomitischen Gebirge links ließ, bequemen, und hier ging die Reise im ganzen ohne Schwierigkeit vonstatten, denn es bedurfte nur wenige Stationen, Oboth, Jiim, um an den Bach Sared, den ersten, der seine Wasser ins Tote Meer gießt, und ferner an den Arnon zu gelangen. Indessen war Miriam verschieden, Aaron verschwunden, kurz nachdem sie sich gegen Mosen aufgelehnt hatten.

Vom Bache Arnon an ging alles noch glücklicher wie bisher. Das Volk sah sich zum zweiten Male nah am Ziele seiner Wünsche, in einer Gegend, die wenig Hindernisse entgegensetzte; hier konnte man in Masse vordringen und die Völker, welche den Durchzug verweigerten, überwinden, verderben und vertreiben. Man schritt weiter vor, und so wurden Midianiter, Moabiter, Amoriter in ihren schönsten Besitzungen angegriffen, ja die ersten sogar, was Jethro vorsichtig abzuwenden gedachte, vertilgt, das linke Ufer des Jordans wurde genommen und einigen ungeduldigen Stämmen Ansiedelung erlaubt, unterdessen man abermals auf hergebrachte Weise Gesetze gab, Anordnungen machte und den Jordan zu überschreiten zögerte. Unter diesen Verhandlungen verschwand Moses selbst, wie Aaron verschwunden war, und wir müßten uns sehr irren, wenn nicht Josua und Kaleb die seit einigen Jahren ertragene Regentschaft eines beschränkten Mannes zu endigen und ihn so vielen Unglücklichen, die er vorausgeschickt, nachzusenden für gut gefunden hätten, um der Sache ein Ende zu machen und mit Ernst sich in den Besitz des ganzen rechten Jordanufers und des darin gelegenen Landes zu setzen.

Man wird der Darstellung, wie sie hier gegeben ist, wohl gerne zugestehen, daß sie uns den Fortschritt eines wichtigen Unternehmens so rasch als konsequent vor die Seele bringt; aber man wird ihr nicht zugleich Zutrauen und Beifall schenken, weil sie jenen Heereszug, den der ausdrückliche Buchstabe der Heiligen Schrift auf sehr viele Jahre hinausdehnt, in kurzer Zeit vollbringen läßt. Wir müssen daher unsere Gründe angeben, wodurch wir uns zu einer so großen Abweichung berechtigt glauben, und dies kann nicht besser geschehen, als wenn wir über die Erdfläche, welche jene Volksmasse zu durchziehen hatte, und über die Zeit, welche jede Karawane zu einem solchen Zuge bedürfen würde, unsere Betrachtungen anstellen und zugleich, was uns in diesem besonderen Falle überliefert ist, gegen einander halten und erwägen.

Wir übergehen den Zug vom Roten Meer bis an den Sinai, wir lassen ferner alles, was in der Gegend des Berges vorgegangen, auf sich beruhen und bemerken nur, daß die große Volksmasse am zwanzigsten Tage des zweiten Monats, im zweiten Jahr der Auswanderung aus Ägypten, vom Fuße des Sinai aufgebrochen. Von da bis zur Wüste Paran hatten sie keine vierzig Meilen, die eine beladene Karawane in fünf Tagen bequem zurücklegt. Man gebe der ganzen Kolonne Zeit, um jedesmal heranzukommen, genugsame Rasttage, man setze anderen Aufenthalt, genug, sie konnten auf alle Fälle in der Gegend ihrer Bestimmung in zwölf Tagen ankommen, welches denn auch mit der Bibel und der gewöhnlichen Meinung übereintrifft. Hier werden die Botschafter ausgeschickt, die ganze Volksmasse rückt nur um weniges weiter vor bis Kades, wohin die Abgesandten nach vierzig Tagen zurückkehren, worauf denn sogleich, nach schlecht ausgefallenem Kriegsversuch, die Unterhandlung mit den Edomitern unternommen wird. Man gebe dieser Negotiation so viel Zeit als man will, so wird man sie nicht wohl über dreißig Tage ausdehnen dürfen. Die Edomiter schlagen den Durchzug rein ab, und für Israel war es keineswegs rätlich, in einer so gefährlichen Lage lange zu verweilen: denn wenn die Kanaaniter mit den Edomitern einverstanden, jene von Norden, diese von Osten aus ihren Gebirgen hervorgebrochen wären, so hätte Israel einen schlimmen Stand gehabt.

Auch macht hier die Geschichtserzählung keine Pause, sondern der Entschluß wird gleich gefaßt, um das Gebirge Edom herumzuziehen. Nun beträgt der Zug um das Gebirge Edom, erst nach Süden, dann nach Norden gerichtet, bis an den Fluß Arnon abermals keine vierzig Meilen, welche also in fünf Tagen zurückzulegen gewesen wären. Summiert man nun auch jene vierzig Tage, in welchen sie den Tod Aarons betrauert, hinzu, so behalten wir immer noch sechs Monate des zweiten Jahrs für jede Art von Retardation und Zaudern und zu den Zügen übrig, welche die Kinder Israel glücklich bis an den Jordan bringen sollen. Wo kommen aber denn die übrigen achtunddreißig Jahre hin?

Diese haben den Auslegern viel Mühe gemacht, so wie die einundvierzig Stationen, unter denen funfzehn sind, von welchen die Geschichtserzählung nichts meldet, die aber, in dem Verzeichnisse eingeschaltet, den Geographen viel Pein verursacht haben. Nun stehen die eingeschobenen Stationen mit den überschüssigen Jahren in glücklich fabelhaftem Verhältnis; denn sechzehn Orte, von denen man nichts weiß, und achtunddreißig Jahre, von denen man nichts erfährt, geben die beste Gelegenheit, sich mit den Kindern Israel in der Wüste zu verirren.

Wir setzen die Stationen der Geschichtserzählung, welche durch Begebenheiten merkwürdig geworden, den Stationen des Verzeichnisses entgegen, wo man dann die leeren Ortsnamen sehr wohl von denen unterscheiden wird, welchen ein historischer Gehalt innewohnt.

Stationen der Kinder Israel in der Wüste

Geschichtserzählung nach dem II., III., IV., V. Buch Mose	Stationen-Verzeichnis nach dem IV. Buch Mose, 33. Kapitel
	Raemses
	Suchoth
	Etham
Hahiroth	⎰Hahiroth
	⎱Migdol
	durchs Meer
Mara, Wüste Sur	Mara, Wüste Etham
Elim	Elim, 12 Brunnen

	Am Meer

Wüste Sin	Wüste Sin
	Daphka
	Alus
Raphidim	Raphidim
Wüste Sinai	Wüste Sinai
Lustgräber	Lustgräber
Hazeroth	Hazeroth
	Rithma
Kades in Paran	Rimmon Parez
	Libna
	Rissa
	Kehelata
	Gebirg Sapher
	Harada
	Makeheloth
	Tahath
	Tharah
	Mithka
	Hasmona
	Moseroth
	Bnejaekon
	Horgidgad
	Jathbatha
	Abrona
	Ezeon-Gaber
Kades, Wüste Zin	Kades, Wüste Zin
Berg Hor, Grenze Edom	Berg Hor, Grenze Edom
	Zalmona
	Phunon
Oboth	Oboth
	Jiim
	Dibon Gad
	Almon Diblathaim
Gebirg Abarim	Gebirg Abarim, Nebo
Bach Sared	
Arnon diesseits	
Mathana	
Nahaliel	
Bamoth	
Berg Pisga	

Jahzah
Hesbon
Sihon
Basan
Gefild der Moabiter   Gefild der Moabiter
    am Jordan   am Jordan

Worauf wir nun aber vor allen Dingen merken müssen, ist, daß uns die Geschichte gleich von Hazeroth nach Kades führt, das Verzeichnis aber hinter Hazeroth das Kades ausläßt und es erst nach der eingeschobenen Namenreihe hinter Ezeon-Gaber aufführt und dadurch die Wüste Zin mit dem kleinen Arm des Arabischen Meerbusens in Berührung bringt. Hieran sind die Ausleger höchst irre geworden, indem einige zwei Kades, andere hingegen, und zwar die meisten, nur eines annehmen, welche letztere Meinung wohl keinen Zweifel zuläßt.

Die Geschichtserzählung, wie wir sie sorgfältig von allen Einschiebseln getrennt haben, spricht von einem Kades in der Wüste Paran und gleich darauf von einem Kades in der Wüste Zin; von dem ersten werden die Botschafter weggeschickt, und von dem zweiten zieht die ganze Masse weg, nachdem die Edomiter den Durchzug durch ihr Land verweigern. Hieraus geht von selbst hervor, daß es ein und eben derselbe Ort ist; denn der vorgehabte Zug durch Edom war eine Folge des fehlgeschlagenen Versuchs, von dieser Seite in das Land Kanaan einzudringen, und so viel ist noch aus anderen Stellen deutlich, daß die beiden öfters genannten Wüsten an einander stoßen, Zin nördlicher, Paran südlicher lag, und Kades in einer Oase als Rastplatz zwischen beiden Wüsten gelegen war.

Niemals wäre man auch auf den Gedanken gekommen, sich zwei Kades einzubilden, wenn man nicht in der Verlegenheit gewesen wäre, die Kinder Israel lange genug in der Wüste herumzuführen. Diejenigen jedoch, welche nur ein Kades annehmen und dabei von dem vierzigjährigen Zug und den eingeschalteten Stationen Rechenschaft geben wollen, sind noch übler dran, besonders wissen sie, wenn sie den Zug auf der Karte darstellen wollen, sich nicht wunderlich genug zu gebärden, um das Unmögliche anschaulich zu machen. Denn freilich ist das Auge ein besserer Richter des Unschicklichen als der innere Sinn. Sanson schiebt die vierzehn unechten Stationen zwischen den Sinai und Kades. Hier kann er nicht genug

Zickzacks auf seine Karte zeichnen, und doch beträgt jede Station nur zwei Meilen, eine Strecke, die nicht einmal hinreicht, daß sich ein solcher ungeheurer Heerwurm in Bewegung setzen könnte.

Wie bevölkert und bebaut muß nicht diese Wüste sein, wo man alle zwei Meilen, wo nicht Städte und Ortschaften, doch mit Namen bezeichnete Ruheplätze findet! Welcher Vorteil für den Heerführer und sein Volk! Dieser Reichtum der inneren Wüste aber wird dem Geographen bald verderblich. Er findet von Kades nur fünf Stationen bis Ezeon-Gaber, und auf dem Rückwege nach Kades, wohin er sie doch bringen muß, unglücklicherweise gar keine; er legt daher einige seltsame und selbst in jener Liste nicht genannte Städte dem reisenden Volk in den Weg, so wie man ehemals die geographische Leerheit mit Elefanten zudeckte. Kalmet sucht sich aus der Not durch wunderliche Kreuz- und Querzüge zu helfen, setzt einen Teil der überflüssigen Orte gegen das Mittelländische Meer zu, macht Hazeroth und Moseroth zu einem Orte und bringt durch die seltsamsten Irrsprünge seine Leute endlich an den Arnon. Well, der zwei Kades annimmt, verzerrt die Lage des Landes über die Maßen. Bei Nolin tanzt die Karawane eine Polonäse, wodurch sie wieder ans Rote Meer gelangt und den Sinai nordwärts im Rücken hat. Es ist nicht möglich, weniger Einbildungskraft, Anschauen, Genauigkeit und Urteil zu zeigen als diese frommen, wohldenkenden Männer.

Die Sache aber aufs genaueste betrachtet, wird es höchst wahrscheinlich, daß das überflüssige Stationenverzeichnis zu Rettung der problematischen vierzig Jahre eingeschoben worden. Denn in dem Texte, welchem wir bei unserer Erzählung genau folgen, steht: daß das Volk, da es von den Kanaanitern geschlagen und ihm der Durchzug durchs Land Edom versagt worden, auf dem Wege zum Schilfmeer gegen Ezeon-Gaber der Edomiter Land umzogen. Daraus ist der Irrtum entstanden, daß sie wirklich ans Schilfmeer nach Ezeon-Gaber, das wahrscheinlich damals noch nicht existierte, gekommen, obgleich der Text von dem Umziehen des Gebirges Seir auf genannter Straße spricht, so wie man sagt: der Fuhrmann fährt die Leipziger Straße, ohne daß er deshalb notwendig nach Leipzig fahren müsse. Haben wir nun die überflüssigen Stationen beiseite gebracht, so möchte es uns ja wohl auch mit den überflüssigen Jahren gelingen. Wir wissen, daß die alttestamentliche

Chronologie künstlich ist, daß sich die ganze Zeitrechnung in bestimmte Kreise von neunundvierzig Jahren auflösen läßt und daß also, diese mystischen Epochen herauszubringen, manche historische Zahlen müssen verändert worden sein. Und wo ließen sich sechs- bis achtunddreißig Jahre, die etwa in einem Zyklus fehlten, bequemer einschieben, als in jene Epoche, die so sehr im Dunkeln lag und die auf einem wüsten, unbekannten Flecke sollte zugebracht worden sein.

Ohne daher an die Chronologie, das schwierigste aller Studien, nur irgend zu rühren, so wollen wir den poetischen Teil derselben hier zugunsten unserer Hypothese kürzlich in Betracht ziehen.

Mehrere runde, heilig, symbolisch, poetisch zu nennende Zahlen kommen in der Bibel so wie in anderen altertümlichen Schriften vor. Die Zahl Sieben scheint dem Schaffen, Wirken und Tun, die Zahl Vierzig hingegen dem Beschauen, Erwarten, vorzüglich aber der Absonderung gewidmet zu sein. Die Sündflut, welche Noah und die Seinen von aller übrigen Welt abtrennen sollte, nimmt vierzig Tage zu; nachdem die Gewässer genugsam gestanden, verlaufen sie während vierzig Tagen, und so lange noch hält Noah den Schalter der Arche verschlossen. Gleiche Zeit verweilt Moses zweimal auf Sinai, abgesondert von dem Volke; die Kundschafter bleiben eben so lange in Kanaan, und so soll denn auch das ganze Volk, durch so viel mühselige Jahre abgesondert von allen Völkern, gleichen Zeitraum bestätigt und geheiligt haben. Ja ins Neue Testament geht die Bedeutung dieser Zahl in ihrem vollen Wert hinüber: Christus bleibt vierzig Tage in der Wüste, um den Versucher abzuwarten.

Wäre uns nun gelungen, die Wanderung der Kinder Israel vom Sinai bis an den Jordan in einer kürzeren Zeit zu vollbringen, ob wir gleich hiebei schon viel zu viel auf ein schwankendes, unwahrscheinliches Retardieren Rücksicht genommen; hätten wir uns so vieler fruchtlosen Jahre, so vieler unfruchtbaren Stationen entledigt, so würde sogleich der große Heerführer, gegen das, was wir an ihm zu erinnern gehabt, in seinem ganzen Werte wiederhergestellt. Auch würde die Art, wie in diesen Büchern Gott erscheint, uns nicht mehr so drückend sein als bisher, wo er sich durchaus grauenvoll und schrecklich erzeigt; da schon im Buch Josua und der Richter, sogar auch weiterhin ein reineres patriarchalisches Wesen wieder hervortritt

und der Gott Abrahams nach wie vor den Seinen freundlich erscheint, wenn uns der Gott Mosis eine Zeitlang mit
Grauen und Abscheu erfüllt hat. Uns hierüber aufzuklären,
sprechen wir aus: wie der Mann, so auch sein Gott! Daher also
von dem Charakter Mosis noch einige Schlußworte!

»Ihr habt«, könnte man uns zurufen, »in dem Vorhergehenden mit allzu großer Verwegenheit einem außerordentlichen
Manne diejenigen Eigenschaften abgesprochen, die bisher höchlich an ihm bewundert wurden, die Eigenschaften des Regenten und Heerführers. Was aber zeichnet ihn denn aus? Wodurch legitimiert er sich zu einem so wichtigen Beruf? Was
gibt ihm die Kühnheit, sich trotz innerer und äußerer Ungunst
zu einem solchen Geschäfte hinzudrängen, wenn ihm jene
Haupterfordernisse, jene unerläßlichen Talente fehlen, die ihr
ihm mit unerhörter Frechheit absprecht?« Hierauf lasse man
uns antworten: »Nicht die Talente, nicht das Geschick zu diesem oder jenem machen eigentlich den Mann der Tat, die Persönlichkeit ist's, von der in solchen Fällen alles abhängt. Der
Charakter ruht auf der Persönlichkeit, nicht auf den Talenten.
Talente können sich zum Charakter gesellen, er gesellt sich
nicht zu ihnen: denn ihm ist alles entbehrlich außer er selbst.
Und so gestehen wir gern, daß uns die Persönlichkeit Mosis,
von dem ersten Meuchelmord an durch alle Grausamkeiten
durch bis zum Verschwinden, ein höchst bedeutendes und
würdiges Bild gibt von einem Manne, der durch seine Natur
zum Größten getrieben ist. Aber freilich wird ein solches Bild
ganz entstellt, wenn wir einen kräftigen, kurz gebundenen raschen Tatmann vierzig Jahre ohne Sinn und Not mit einer ungeheuern Volksmasse auf einem so kleinen Raum im Angesicht
seines großen Zieles herumtaumeln sehen. Bloß durch die Ver-
kürzung des Wegs und der Zeit, die er darauf zugebracht,
haben wir alles Böse, was wir von ihm zu sagen gewagt, wieder
ausgeglichen und ihn an seine rechte Stelle gehoben.«

Und so bleibt uns nichts mehr übrig, als dasjenige zu wiederholen, womit wir unsere Betrachtungen begonnen haben. Kein
Schade geschieht den heiligen Schriften, so wenig als jeder
anderen Überlieferung, wenn wir sie mit kritischem Sinne behandeln, wenn wir aufdecken, worin sie sich widerspricht und
wie oft das Ursprüngliche, Bessere, durch nachherige Zusätze,
Einschaltungen und Akkommodationen verdeckt, ja entstellt
worden. Der innerliche, eigentliche Ur- und Grundwert geht

nur desto lebhafter und reiner hervor, und dieser ist es auch, nach welchem jedermann bewußt oder bewußtlos hinblickt, hingreift, sich daran erbaut und alles übrige wo nicht wegwirft, doch fallen oder auf sich beruhen läßt.

Summarische Wiederholung
Zweites Jahr des Zugs

Verweilt am Sinai	Monat 1	Tage 20
Reise bis Kades	Monat –	Tage 5
Rasttage	Monat –	Tage 5
Aufenthalt wegen Miriams Krankheit	Monat –	Tage 7
Außenbleiben der Kundschafter	Monat –	Tage 40
Unterhandlung mit den Edomitern	Monat –	Tage 30
Reise an den Arnon	Monat –	Tage 5
Rasttage	Monat –	Tage 5
Trauer um Aaron	Monat –	Tage 40
		Tage 157

Zusammen also sechs Monate. Woraus deutlich erhellt, daß der Zug, man rechne auf Zaudern und Stockungen, Widerstand so viel man will, vor Ende des zweiten Jahrs gar wohl an den Jordan gelangen konnte.

NÄHERE HÜLFSMITTEL

Wenn uns die heiligen Schriften uranfängliche Zustände und die allmähliche Entwickelung einer bedeutenden Nation vergegenwärtigen, Männer aber, wie Michaelis, Eichhorn, Paulus, Heeren, noch mehr Natur und Unmittelbarkeit in jenen Überlieferungen aufweisen, als wir selbst hätten entdecken können, so ziehen wir, was die neuere und neuste Zeit angeht, die größten Vorteile aus Reisebeschreibungen und andern dergleichen Dokumenten, die uns mehrere nach Osten vordringende Westländer nicht ohne Mühseligkeit, Genuß und Gefahr nach Hause gebracht und zu herrlicher Belehrung mitgeteilt haben. Hievon berühren wir nur einige Männer, durch deren Augen wir jene weit entfernten, höchst fremdartigen Gegenstände zu betrachten seit vielen Jahren beschäftigt gewesen.

Deren zahllose Beschreibungen belehren zwar auch in ihrer Art; doch verwirren sie über den eigentlichsten Zustand des Orients mehr unsere Einbildungskraft, als daß sie ihr zur Hülfe kämen. Die Einseitigkeit der christlich-feindlichen Ansicht beschränkt uns durch ihre Beschränkung, die sich in der neuern Zeit nur einigermaßen erweitert, als wir nunmehr jene Kriegsereignisse durch orientalische Schriftsteller nach und nach kennen lernen. Indessen bleiben wir allen aufgeregten Wall- und Kreuzfahrern zu Dank verpflichtet, da wir ihrem religiosen Enthusiasmus, ihrem kräftigen, unermüdlichen Widerstreit gegen östliches Zudringen doch eigentlich Beschützung und Erhaltung der gebildeten europäischen Zustände schuldig geworden.

MARCO POLO

Dieser vorzügliche Mann steht allerdings obenan. Seine Reise fällt in die zweite Hälfte des dreizehnten Jahrhunderts; er gelangt bis in den fernsten Osten, führt uns in die fremdartigsten Verhältnisse, worüber wir, da sie beinahe fabelhaft aussehen, in Verwunderung, in Erstaunen geraten. Gelangen wir aber auch nicht sogleich über das Einzelne zur Deutlichkeit, so ist doch der gedrängte Vortrag dieses weitausgreifenden Wanderers höchst geschickt, das Gefühl des Unendlichen, Ungeheuren in uns aufzuregen. Wir befinden uns an dem Hof des Kublai Chan, der als Nachfolger von Dschengis grenzenlose Landstrecken beherrschte. Denn was soll man von einem Reiche und dessen Ausdehnung halten, wo es unter andern heißt: »Persien ist eine große Provinz, die aus neun Königreichen besteht«; und nach einem solchen Maßstab wird alles übrige gemessen. So die Residenz im Norden von China, unübersehbar; das Schloß des Chans, eine Stadt in der Stadt; daselbst aufgehäufte Schätze und Waffen; Beamte, Soldaten und Hofleute unzählbar; zu wiederholten Festmahlen jeder mit seiner Gattin berufen. Eben so ein Landaufenthalt. Einrichtung zu allem Vergnügen, besonders ein Heer von Jägern und eine Jagdlust in der größten Ausbreitung. Gezähmte Leoparden, abgerichtete Falken, die tätigsten Gehilfen der Jagenden, zahllose Beute gehäuft. Dabei das ganze Jahr Geschenke ausgespendet und empfangen. Gold und Silber; Juwelen, Perlen, alle

Arten von Kostbarkeiten im Besitz des Fürsten und seiner Be-
günstigten; indessen sich die übrigen Millionen von Untertanen wechselseitig mit einer Scheinmünze abzufinden haben.

Begeben wir uns aus der Hauptstadt auf die Reise, so wissen
wir vor lauter Vorstädten nicht, wo die Stadt aufhört. Wir finden sofort Wohnung an Wohnungen, Dorf an Dörfern und
den herrlichen Fluß hinab eine Reihe von Lustorten. Alles nach
Tagereisen gerechnet und nicht wenigen.

Nun zieht, vom Kaiser beauftragt, der Reisende nach andern
Gegenden; er führt uns durch unübersehbare Wüsten, dann
zu herdenreichen Gauen, Bergreihen hinan, zu Menschen von
wunderbaren Gestalten und Sitten, und läßt uns zuletzt über
Eis und Schnee nach der ewigen Nacht des Poles hinschauen.
Dann auf einmal trägt er uns wie auf einem Zaubermantel über
die Halbinsel Indiens hinab. Wir sehen Ceylon unter uns liegen,
Madagaskar, Java; unser Blick irrt auf wunderlich benamste
Inseln, und doch läßt er uns überall von Menschengestalten
und Sitten, von Landschaft, Bäumen, Pflanzen und Tieren so
manche Besonderheit erkennen, die für die Wahrheit seiner
Anschauung bürgt, wenngleich vieles märchenhaft erscheinen
möchte. Nur der wohlunterrichtete Geograph könnte dies alles
ordnen und bewähren. Wir mußten uns mit dem allgemeinen
Eindruck begnügen; denn unsern ersten Studien kamen keine
Noten und Bemerkungen zu Hülfe.

JOHANNES VON MONTEVILLA

Dessen Reise beginnt im Jahre 1320, und ist uns die Beschreibung derselben als Volksbuch, aber leider sehr umgestaltet,
zugekommen. Man gesteht dem Verfasser zu, daß er große
Reisen gemacht, vieles gesehen und gut gesehen, auch richtig
beschrieben. Nun beliebt es ihm aber nicht nur, mit fremdem
Kalbe zu pflügen, sondern auch alte und neue Fabeln einzuschalten, wodurch denn das Wahre selbst seine Glaubwürdig-
keit verliert. Aus der lateinischen Ursprache erst ins Nieder-
deutsche, sodann ins Oberdeutsche gebracht, erleidet das Büchlein neue Verfälschung der Namen. Auch der Übersetzer erlaubt sich auszulassen und einzuschalten, wie unser Görres in
seiner verdienstlichen Schrift über die deutschen Volksbücher
anzeigt, auf welche Weise Genuß und Nutzen an diesem bedeutenden Werke verkümmert worden.

PIETRO DELLA VALLE

Aus einem uralten römischen Geschlechte, das seinen Stammbaum bis auf die edlen Familien der Republik zurückführen durfte, ward Pietro della Valle geboren im Jahre 1586, zu einer Zeit, da die sämtlichen Reiche Europens sich einer hohen geistigen Bildung erfreuten. In Italien lebte Tasso noch, obgleich in traurigem Zustande; doch wirkten seine Gedichte auf alle vorzügliche Geister. Die Verskunst hatte sich so weit verbreitet, daß schon Improvisatoren hervortraten und kein junger Mann von freiern Gesinnungen des Talents entbehren durfte, sich reimweis auszudrücken. Sprachstudium, Grammatik, Red- und Stilkunst wurden gründlich behandelt, und so wuchs in allen diesen Vorzügen unser Jüngling sorgfältig gebildet heran.

Waffenübungen zu Fuß und zu Roß, die edle Fecht- und Reitkunst dienten ihm zu täglicher Entwickelung körperlicher Kräfte und der damit innig verbundenen Charakterstärke. Das wüste Treiben früherer Kreuzzüge hatte sich nun zur Kriegskunst und zu ritterlichem Wesen herangebildet, auch die Galanterie in sich aufgenommen. Wir sehen den Jüngling, wie er mehreren Schönen, besonders in Gedichten, den Hof macht, zuletzt aber höchst unglücklich wird, als ihn die eine, die er sich anzueignen, mit der er sich ernstlich zu verbinden gedenkt, hintansetzt und einem Unwürdigen sich hingibt. Sein Schmerz ist grenzenlos, und um sich Luft zu machen beschließt er, im Pilgerkleide nach dem Heiligen Lande zu wallen.

Im Jahre 1614 gelangt er nach Konstantinopel, wo sein adeliges, einnehmendes Wesen die beste Aufnahme gewinnt. Nach Art seiner früheren Studien wirft er sich gleich auf die orientalischen Sprachen, verschafft sich zuerst eine Übersicht der türkischen Literatur, Landesart und Sitten und begibt sich sodann, nicht ohne Bedauern seiner neuerworbenen Freunde, nach Ägypten. Seinen dortigen Aufenthalt nutzt er ebenfalls, um die altertümliche Welt und ihre Spuren in der neueren auf das ernstlichste zu suchen und zu verfolgen; von Kairo zieht er auf den Berg Sinai, das Grab der heiligen Katharina zu verehren, und kehrt wie von einer Lustreise zur Hauptstadt Ägyptens zurück; gelangt, von da zum zweiten Male abreisend, in sechzehn Tagen nach Jerusalem, wodurch das wahre Maß der Entfernung beider Städte sich unserer Einbildungskraft aufdrängt. Dort, das Heilige Grab verehrend, erbittet er sich vom Erlöser,

wie früher schon von der heiligen Katharina, Befreiung von
seiner Leidenschaft; und wie Schuppen fällt es ihm von den
Augen, daß er ein Tor gewesen, die bisher Angebetete für die
einzige zu halten, die eine solche Huldigung verdiene; seine
Abneigung gegen das übrige weibliche Geschlecht ist verschwunden, er sieht sich nach einer Gemahlin um und schreibt
seinen Freunden, zu denen er bald zurückzukehren hofft, ihm
eine würdige auszusuchen.

Nachdem er nun alle heiligen Orte betreten und bebetet, wozu ihm die Empfehlung seiner Freunde von Konstantinopel,
am meisten aber ein ihm zur Begleitung mitgegebener Capighi,
die besten Dienste tun, reist er mit dem vollständigsten Begriff
dieser Zustände weiter, erreicht Damaskus, sodann Aleppo,
woselbst er sich in syrische Kleidung hüllt und seinen Bart
wachsen läßt. Hier nun begegnet ihm ein bedeutendes, schick-
sal-bestimmendes Abenteuer. Ein Reisender gesellt sich zu ihm,
der von der Schönheit und Liebenswürdigkeit einer jungen
georgischen Christin, die sich mit den Ihrigen zu Bagdad aufhält, nicht genug zu erzählen weiß, und Valle verliebt sich,
nach echt orientalischer Weise, in ein Wortbild, dem er begierig entgegenreist. Ihre Gegenwart vermehrt Neigung und Verlangen, er weiß die Mutter zu gewinnen, der Vater wird beredet, doch geben beide seiner ungestümen Leidenschaft nur
ungerne nach; ihre geliebte, anmutige Tochter von sich zu lassen, scheint ein allzu großes Opfer. Endlich wird sie seine
Gattin, und er gewinnt dadurch für Leben und Reise den größten Schatz. Denn ob er gleich mit adeligem Wissen und Kenntnis mancher Art ausgestattet die Wallfahrt angetreten und in
Beobachtung dessen, was sich unmittelbar auf den Menschen
bezieht, so aufmerksam als glücklich und im Betragen gegen
jedermann in allen Fällen musterhaft gewesen, so fehlt es ihm
doch an Kenntnis der Natur, deren Wissenschaft sich damals
nur noch in dem engen Kreise ernster und bedächtiger Forscher
bewegte. Daher kann er die Aufträge seiner Freunde, die von
Pflanzen und Hölzern, von Gewürzen und Arzneien Nachricht
verlangen, nur unvollkommen befriedigen; die schöne Maani
aber als ein liebenswürdiger Hausarzt weiß von Wurzeln, Kräu-
tern und Blumen, wie sie wachsen, von Harzen, Balsamen, Ölen,
Samen und Hölzern, wie sie der Handel bringt, genugsame
Rechenschaft zu geben und ihres Gatten Beobachtung, der
Landesart gemäß, zu bereichern.

Wichtiger aber ist diese Verbindung für Lebens- und Reisetätigkeit. Maani, zwar vollkommen weiblich, zeigt sich von resolutem, allen Ereignissen gewachsenem Charakter; sie fürchtet keine Gefahr, ja sie sucht sie eher auf und beträgt sich überall edel und ruhig; sie besteigt auf Mannsweise das Pferd, weiß es zu bezähmen und anzutreiben, und so bleibt sie eine muntere, aufregende Gefährtin. Ebenso wichtig ist es, daß sie unterwegs mit den sämtlichen Frauen in Berührung kommt und ihr Gatte daher von den Männern gut aufgenommen, bewirtet und unterhalten wird, indem sie sich auf Frauenweise mit den Gattinnen zu betun und zu beschäftigen weiß.

Nun genießt aber erst das junge Paar eines bei den bisherigen Wanderungen im türkischen Reiche unbekannten Glücks. Sie betreten Persien im dreißigsten Jahre der Regierung Abbas' des Zweiten, der sich, wie Peter und Friedrich, den Namen des Großen verdiente. Nach einer gefahrvollen, bänglichen Jugend wird er sogleich beim Antritt seiner Regierung aufs deutlichste gewahr, wie er, um sein Reich zu beschützen, die Grenzen erweitern müsse, und was für Mittel es gebe, auch innerliche Herrschaft zu sichern; zugleich geht Sinnen und Trachten dahin, das entvölkerte Reich durch Fremdlinge wiederherzustellen und den Verkehr der Seinigen durch öffentliche Wege und Gastanstalten zu beleben und zu erleichtern. Die größten Einkünfte und Begünstigungen verwendet er zu grenzenlosen Bauten. Ispahan, zur Hauptstadt gewürdigt, mit Pälasten und Gärten, Karawansereien und Häusern für königliche Gäste übersät; eine Vorstadt für die Armenier erbaut, die sich dankbar zu beweisen ununterbrochen Gelegenheit finden, indem sie, für eigene und für königliche Rechnung handelnd, Profit und Tribut dem Fürsten zu gleicher Zeit abzutragen klug genug sind. Eine Vorstadt für Georgier, eine andere für Nachfahren der Feueranbeter erweitern abermals die Stadt, die zuletzt so grenzenlos als einer unserer neuen Reichsmittelpunkte sich erstreckt. Römisch-katholische Geistliche, besonders Karmeliten, sind wohl aufgenommen und beschützt; weniger die griechische Religion, die, unter dem Schutz der Türken stehend, dem allgemeinen Feinde Europens und Asiens anzugehören scheint.

Über ein Jahr hatte sich della Valle in Ispahan aufgehalten und seine Zeit ununterbrochen tätig benutzt, um von allen Zuständen und Verhältnissen genau Nachricht einzuziehen.

Wie lebendig sind daher seine Darstellungen! wie genau seine
Nachrichten! Endlich, nachdem er alles ausgekostet, fehlt
ihm noch der Gipfel des ganzen Zustandes, die persönliche
Bekanntschaft des von ihm so hoch bewunderten Kaisers,
der Begriff, wie es bei Hof, im Gefecht, bei der Armee zugehe.

In dem Lande Mazenderan, der südlichen Küste des Kaspischen Meers, in einer freilich sumpfigen, ungesunden Gegend, legte sich der tätige, unruhige Fürst abermals eine
große Stadt an, Ferhabad benannt, und bevölkerte sie mit be-
orderten Bürgern; sogleich in der Nähe erbaut er sich manchen Bergsitz auf den Höhen des amphitheatralischen Kessels,
nicht allzuweit von seinen Gegnern, den Russen und Türken,
in einer durch Bergrücken geschützten Lage. Dort residiert
er gewöhnlich, und della Valle sucht ihn auf. Mit Maani
kommt er an, wird wohl empfangen, nach einem orientalisch
klugen, vorsichtigen Zaudern dem Könige vorgestellt, gewinnt dessen Gunst und wird zur Tafel und Trinkgelagen
zugelassen, wo er vorzüglich von europäischer Verfassung,
Sitte, Religion dem schon wohlunterrichteten, wissensbe-
gierigen Fürsten Rechenschaft zu geben hat.

Im Orient überhaupt, besonders aber in Persien, findet sich
eine gewisse Naivetät und Unschuld des Betragens durch alle
Stände bis zur Nähe des Throns. Zwar zeigt sich auf der
obern Stufe eine entschiedene Förmlichkeit bei Audienzen,
Tafeln und sonst; bald aber entsteht in des Kaisers Umgebung eine Art von Karnevalsfreiheit, die sich höchst scherz-
haft ausnimmt. Erlustigt sich der Kaiser in Gärten und Kiosken, so darf niemand in Stiefeln auf die Teppiche treten, worauf der Hof sich befindet. Ein tatarischer Fürst kömmt an,
man zieht ihm den Stiefel aus; aber er, nicht geübt, auf einem
Beine zu stehen, fängt an zu wanken; der Kaiser selbst tritt
nun hinzu und hält ihn, bis die Operation vorüber ist. Ge-
gegen Abend steht der Kaiser in einem Hofzirkel, in welchem
goldene, weingefüllte Schalen herumkreisen; mehrere von
mäßigem Gewicht, einige aber durch einen verstärkten Boden
so schwer, daß der ununterrichtete Gast den Wein ver-
schüttet, wo nicht gar den Becher, zu höchster Belustigung
des Herrn und der Eingeweihten, fallen läßt. Und so trinkt
man im Kreise herum, bis einer, unfähig, länger sich auf den
Füßen zu halten, weggeführt wird oder zur rechten Zeit
hinwegschleicht. Beim Abschied wird dem Kaiser keine

Ehrerbietung erzeigt, einer verliert sich nach dem andern, bis zuletzt der Herrscher alleinbleibt, einer melancholischen Musik noch eine Zeitlang zuhört und sich endlich auch zur Ruhe begibt. Noch seltsamere Geschichten werden aus dem Harem erzählt, wo die Frauen ihren Beherrscher kitzeln, sich mit ihm balgen, ihn auf den Teppich zu bringen suchen, wobei er sich unter großem Gelächter nur mit Schimpfreden zu helfen und zu rächen sucht.

Indem wir nun dergleichen lustige Dinge von den innern Unterhaltungen des kaiserlichen Harems vernehmen, so dürfen wir nicht denken, daß der Fürst und sein Staatsdivan müßig oder nachlässig geblieben. Nicht der tätig-unruhige Geist Abbas' des Großen allein war es, der ihn antrieb, eine zweite Hauptstadt am Kaspischen Meer zu erbauen; Ferhabad lag zwar höchst günstig zu Jagd- und Hoflust, aber auch, von einer Bergkette geschützt, nahe genug an der Grenze, daß der Kaiser jede Bewegung der Russen und Türken, seiner Erbfeinde, zeitig vernehmen und Gegenanstalten treffen konnte. Von den Russen war gegenwärtig nichts zu fürchten, das innere Reich, durch Usurpatoren und Trugfürsten zerrüttet, genügte sich selbst nicht; die Türken hingegen hatte der Kaiser schon vor zwölf Jahren in der glücklichsten Feldschlacht dergestalt überwunden, daß er in der Folge von dorther nichts mehr zu befahren hatte, vielmehr noch große Landstrecken ihnen abgewann. Eigentlicher Friede jedoch konnte zwischen solchen Nachbarn sich nimmer befestigen, einzelne Neckereien, öffentliche Demonstrationen weckten beide Parteien zu fortwährender Aufmerksamkeit.

Gegenwärtig aber sieht sich Abbas zu ernsteren Kriegesrüstungen genötigt. Völlig im urältesten Stil ruft er sein ganzes Heeresvolk in die Flächen von Aderbijan zusammen, es drängt sich in allen seinen Abteilungen, zu Roß und Fuß, mit den mannigfaltigsten Waffen herbei; zugleich ein unendlicher Troß. Denn jeder nimmt wie bei einer Auswanderung Weiber, Kinder und Gepäcke mit. Auch della Valle führt seine schöne Maani und ihre Frauen zu Pferd und Sänfte dem Heer und Hofe nach, weshalb ihn der Kaiser belobt, weil er sich hiedurch als einen angesehenen Mann beweist.

Einer solchen ganzen Nation, die sich massenhaft in Bewegung setzt, darf es nun auch an gar nichts fehlen, was sie zu Hause allenfalls bedürfen könnte; weshalb denn Kauf- und

Handelsleute aller Art mitziehen, überall einen flüchtigen
Bazar aufschlagen, eines guten Absatzes gewärtig. Man vergleicht daher das Lager des Kaisers jederzeit einer Stadt,
worin denn auch so gute Polizei und Ordnung gehandhabt
wird, daß niemand bei grausamer Strafe weder furagieren
noch requirieren, viel weniger aber plündern darf, sondern
von Großen und Kleinen alles bar bezahlt werden muß;
weshalb denn nicht allein alle auf dem Wege liegenden Städte
sich mit Vorräten reichlich versehen, sondern auch aus benachbarten und entfernteren Provinzen Lebensmittel und
Bedürfnisse unversiegbar zufließen.

Was aber lassen sich für strategische, was für taktische Ope-
rationen von einer solchen organisierten Unordnung erwarten? besonders wenn man erfährt, daß alle Volks-, Stamm-
und Waffenabteilungen sich im Gefecht vermischen und ohne
bestimmten Vorder-, Neben- und Hintermann, wie es der
Zufall gibt, durcheinanderkämpfen; daher denn ein glücklich errungener Sieg so leicht umschlagen und eine einzige
verlorne Schlacht auf viele Jahre hinaus das Schicksal eines
Reiches bestimmen kann.

Diesmal aber kommt es zu keinem solchen furchtbaren
Faust- und Waffengemenge. Zwar dringt man mit undenk-
barer Beschwernis durchs Gebirge; aber man zaudert, weicht
zurück, macht sogar Anstalten, die eigenen Städte zu zerstören, damit der Feind in verwüsteten Landstrecken um-
komme. Panischer Alarm, leere Siegesbotschaften schwanken
durcheinander; freventlich abgelehnte, stolz verweigerte Frie-
densbedingungen, verstellte Kampflust, hinterlistiges Zögern
verspäten erst und begünstigen zuletzt den Frieden. Da zieht
nun ein jeder auf des Kaisers Befehl und Strafgebot ohne
weitere Not und Gefahr, als was er von Weg und Gedränge
gelitten, ungesäumt wieder nach Hause.

Auch della Valle finden wir zu Kasbin in der Nähe des Hofes
wieder, unzufrieden, daß der Feldzug gegen die Türken ein
so baldiges Ende genommen. Denn wir haben ihn nicht bloß
als einen neugierigen Reisenden, als einen vom Zufall hin
und wider getriebenen Abenteurer zu betrachten; er hegt
vielmehr seine Zwecke, die er unausgesetzt verfolgt. Persien
war damals eigentlich ein Land für Fremde; Abbas' viel-
jährige Liberalität zog manchen muntern Geist herbei; noch
war es nicht die Zeit förmlicher Gesandtschaften; kühne,

gewandte Reisende machen sich geltend. Schon hatte Sherley, ein Engländer, früher sich selbst beauftragt und spielte den Vermittler zwischen Osten und Westen; so auch della Valle, unabhängig, wohlhabend, vornehm, gebildet, empfohlen, findet Eingang bei Hofe und sucht gegen die Türken zu reizen. Ihn treibt eben dasselbe christliche Mitgefühl, das die ersten Kreuzfahrer aufregte; er hatte die Mißhandlungen frommer Pilger am Heiligen Grabe gesehen, zum Teil mit erduldet, und allen westlichen Nationen war daran gelegen, daß Konstantinopel von Osten her beunruhigt werde: aber Abbas vertraut nicht den Christen, die, auf eignen Vorteil bedacht, ihm zur rechten Zeit niemals von ihrer Seite beigestanden. Nun hat er sich mit den Türken verglichen; della Valle läßt aber nicht nach und sucht eine Verbindung Persiens mit den Kosaken am Schwarzen Meer anzuknüpfen. Nun kehrt er nach Ispahan zurück, mit Absicht, sich anzusiedeln und die römisch-katholische Religion zu fördern. Erst die Verwandten seiner Frau, dann noch mehr Christen aus Georgien zieht er an sich, eine georgianische Waise nimmt er an Kindesstatt an, hält sich mit den Karmeliten und führt nichts weniger im Sinne, als vom Kaiser eine Landstrecke zu Gründung eines neuen Roms zu erhalten.

Nun erscheint der Kaiser selbst wieder in Ispahan, Gesandte von allen Weltgegenden strömen herbei. Der Herrscher zu Pferd, auf dem größten Platze, in Gegenwart seiner Soldaten, der angesehensten Dienerschaft, bedeutender Fremden, deren vornehmste auch alle zu Pferd mit Gefolge sich einfinden, erteilt er launige Audienzen; Geschenke werden gebracht, großer Prunk damit getrieben, und doch werden sie bald hochfahrend verschmäht, bald darum jüdisch gemarktet, und so schwankt die Majestät immer zwischen dem Höchsten und Tiefsten. Sodann, bald geheimnisvoll verschlossen im Harem, bald vor aller Augen handelnd, sich in alles Öffentliche einmischend, zeigt sich der Kaiser in unermüdlicher, eigenwilliger Tätigkeit.

Durchaus auch bemerkt man einen besondern Freisinn in Religionssachen. Nur keinen Mahometaner darf man zum Christentum bekehren; an Bekehrungen zum Islam, die er früher begünstigt, hat er selbst keine Freude mehr. Übrigens mag man glauben und vornehmen, was man will. So feiern z. B. die Armenier gerade das Fest der Kreuzestaufe, die sie

in ihrer prächtigen Vorstadt, durch welche der Fluß Senderud läuft, feierlichst begehen. Dieser Funktion will der Kaiser
nicht allein mit großem Gefolge beiwohnen, auch hier kann
er das Befehlen, das Anordnen nicht lassen. Erst bespricht
er sich mit den Pfaffen, was sie eigentlich vorhaben, dann
sprengt er auf und ab, reitet hin und her und gebietet dem
Zug Ordnung und Ruhe, mit Genauigkeit, wie er seine
Krieger behandelt hätte. Nach geendigter Feier sammelt er
die Geistlichen und andere bedeutende Männer um sich her,
bespricht sich mit ihnen über mancherlei Religionsmeinungen
und Gebräuche. Doch diese Freiheit der Gesinnung gegen
andere Glaubensgenossen ist nicht bloß dem Kaiser persönlich, sie findet bei den Schiiten überhaupt statt. Diese, dem
Ali anhängend, der, erst vom Kalifate verdrängt und, als er
endlich dazu gelangte, bald ermordet wurde, können in
manchem Sinne als die unterdrückte mahometanische Re-
ligionspartei angesehen werden; ihr Haß wendet sich daher
hauptsächlich gegen die Sunniten, welche die zwischen Mahomet und Ali eingeschobenen Kalifen mitzählen und verehren. Die Türken sind diesem Glauben zugetan, und eine
sowohl politische als religiöse Spaltung trennt die beiden
Völker; indem nun die Schiiten ihre eigenen verschieden
denkenden Glaubensgenossen aufs äußerste hassen, sind sie
gleichgültig gegen andere Bekenner und gewähren ihnen weit
eher als ihren eigentlichen Gegnern eine geneigte Aufnahme.

Aber auch, schlimm genug! diese Liberalität leidet unter
den Einflüssen kaiserlicher Willkür! Ein Reich zu bevölkern
oder zu entvölkern, ist dem despotischen Willen gleich gemäß.
Abbas, verkleidet auf dem Lande herumschleichend, ver-
nimmt die Mißreden einiger armenischen Frauen und fühlt
sich dergestalt beleidigt, daß er die grausamsten Strafen über
die sämtlichen männlichen Einwohner des Dorfes verhängt.
Schrecken und Bekümmernis verbreiten sich an den Ufern
des Senderuds, und die Vorstadt Chalfa, erst durch die Teilnahme des Kaisers an ihrem Feste beglückt, versinkt in die
tiefste Trauer.

Und so teilen wir immer die Gefühle großer, durch den
Despotismus wechselweise erhöhter und erniedrigter Völker.
Nun bewundern wir, auf welchen hohen Grad von Sicherheit
und Wohlstand Abbas als Selbst- und Alleinherrscher das
Reich erhoben und zugleich diesem Zustand eine solche

Dauer verliehen, daß seiner Nachfahren Schwäche, Torheit, folgeloses Betragen erst nach neunzig Jahren das Reich völlig zugrunde richten konnten; dann aber müssen wir freilich die Kehrseite dieses imposanten Bildes hervorwenden.

Da eine jede Alleinherrschaft allen Einfluß ablehnet und die Persönlichkeit des Regenten in größter Sicherheit zu bewahren hat, so folgt hieraus, daß der Despot immerfort Verrat argwöhnen, überall Gefahr ahnen, auch Gewalt von allen Seiten befürchten müsse, weil er ja selbst nur durch Gewalt seinen erhabenen Posten behauptet. Eifersüchtig ist er daher auf jeden, der außer ihm Ansehn und Vertrauen erweckt, glänzende Fertigkeiten zeigt, Schätze sammelt und an Tätigkeit mit ihm zu wetteifern scheint. Nun muß aber in jedem Sinn der Nachfolger am meisten Verdacht erregen. Schon zeugt es von einem großen Geist des königlichen Vaters, wenn er seinen Sohn ohne Neid betrachtet, dem die Natur in kurzem alle bisherigen Besitztümer und Erwerbnisse ohne die Zustimmung des mächtig Wollenden unwiderruflich übertragen wird. Anderseits wird vom Sohne verlangt, daß er edelmütig, gebildet und geschmackvoll seine Hoffnungen mäßige, seinen Wunsch verberge und dem väterlichen Schicksal auch nicht dem Scheine nach vorgreife. Und doch! wo ist die menschliche Natur so rein und groß, so gelassen abwartend, so unter notwendigen Bedingungen mit Freude tätig, daß in einer solchen Lage sich der Vater nicht über den Sohn, der Sohn nicht über den Vater beklage? Und wären sie beide engelrein, so werden sich Ohrenbläser zwischen sie stellen, die Unvorsichtigkeit wird zum Verbrechen, der Schein zum Beweis. Wie viele Beispiele liefert uns die Geschichte! wovon wir nur des jammervollen Familienlabyrinths gedenken, in welchem wir den König Herodes befangen sehen. Nicht allein die Seinigen halten ihn immer in schwebender Gefahr, auch ein durch Weissagung merkwürdiges Kind erregt seine Sorgen und veranlaßt eine allgemein verbreitete Grausamkeit unmittelbar vor seinem Tode.

Also erging es auch Abbas dem Großen; Söhne und Enkel machte man verdächtig, und sie gaben Verdacht; einer ward unschuldig ermordet, der andere halb schuldig geblendet. Dieser sprach: »Mich hast du nicht des Lichts beraubt, aber das Reich.«

Zu diesen unglücklichen Gebrechen der Despotie fügt sich unvermeidlich ein anderes, wobei noch zufälliger und

unvorgesehener sich Gewalttaten und Verbrechen entwickeln.
Ein jeder Mensch wird von seinen Gewohnheiten regiert,
nur wird er, durch äußere Bedingungen eingeschränkt, sich
mäßig verhalten, und Mäßigung wird ihm zur Gewohnheit.
Gerade das Entgegengesetzte findet sich bei dem Despoten;
ein uneingeschränkter Wille steigert sich selbst und muß,
von außen nicht gewarnt, nach dem völlig Grenzenlosen
streben. Wir finden hiedurch das Rätsel gelöst, wie aus einem
löblichen jungen Fürsten, dessen erste Regierungsjahre ge-
segnet wurden, sich nach und nach ein Tyrann entwickelt,
der Welt zum Fluch und zum Untergang der Seinen; die
auch deshalb öfters dieser Qual eine gewaltsame Heilung zu
verschaffen genötigt sind.

Unglücklicherweise nun wird jenes dem Menschen einge-
borne, alle Tugenden befördernde Streben ins Unbedingte
seiner Wirkung nach schrecklicher, wenn physische Reize
sich dazu gesellen. Hieraus entsteht die höchste Steigerung,
welche glücklicherweise zuletzt in völlige Betäubung sich
auflöst. Wir meinen den übermäßigen Gebrauch des Weins,
welcher die geringe Grenze einer besonnenen Gerechtigkeit
und Billigkeit, die selbst der Tyrann als Mensch nicht ganz
verneinen kann, augenblicklich durchbricht und ein gren-
zenloses Unheil anrichtet. Wende man das Gesagte auf Abbas den Großen an, der durch seine funfzigjährige Regierung
sich zum einzigen unbedingt Wollenden seines ausgebreiteten,
bevölkerten Reichs erhoben hatte; denke man sich ihn frei-
mütiger Natur, gesellig und guter Laune, dann aber durch
Verdacht, Verdruß und, was am schlimmsten ist, durch übel
verstandene Gerechtigkeitsliebe irregeführt, durch heftiges
Trinken aufgeregt und, daß wir das letzte sagen, durch ein
schnödes, unheilbares körperliches Übel gepeinigt und zur
Verzweiflung gebracht: so wird man gestehen, daß diejenigen
Verzeihung, wo nicht Lob verdienen, welche einer so schreck-
lichen Erscheinung auf Erden eine Ende machten. Selig preisen
wir daher gebildete Völker, deren Monarch sich selbst durch
ein edles sittliches Bewußtsein regiert; glücklich die gemäßigten, bedingten Regierungen, die ein Herrscher selbst
zu lieben und zu fördern Ursache hat, weil sie ihn mancher
Verantwortung überheben, ihm gar manche Reue ersparen.

Aber nicht allein der Fürst, sondern ein jeder, der durch Vertrauen, Gunst oder Anmaßung Teil an der höchsten Macht

gewinnt, kommt in Gefahr, den Kreis zu überschreiten, welchen Gesetz und Sitte, Menschengefühl, Gewissen, Religion und Herkommen zu Glück und Beruhigung um das Menschengeschlecht gezogen haben. Und so mögen Minister und Günstlinge, Volksvertreter und Volk auf ihrer Hut sein, daß nicht auch sie, in den Strudel unbedingten Wollens hingerissen, sich und andere unwiederbringlich ins Verderben hinabziehen.

Kehren wir nun zu unserm Reisenden zurück, so finden wir ihn in einer unbequemen Lage. Bei aller seiner Vorliebe für den Orient muß della Valle doch endlich fühlen, daß er in einem Lande wohnt, wo an keine Folge zu denken ist und wo mit dem reinsten Willen und größter Tätigkeit kein neues Rom zu erbauen wäre. Die Verwandten seiner Frau lassen sich nicht einmal durch Familienbande halten; nachdem sie eine Zeitlang zu Ispahan in dem vertraulichsten Kreise gelebt, finden sie es doch geratener, zurück an den Euphrat zu ziehen und ihre gewohnte Lebensweise dort fortzusetzen. Die übrigen Georgier zeigen wenig Eifer, ja die Karmeliten, denen das große Vorhaben vorzüglich am ·Herzen liegen mußte, können von Rom her weder Anteil noch Beistand erfahren.

Della Valles Eifer ermüdet, und er entschließt sich, nach Europa zurückzukehren, leider gerade zur ungünstigsten Zeit. Durch die Wüste zu ziehen, scheint ihm unleidlich, er beschließt, über Indien zu gehen; aber jetzt eben entspinnen sich Kriegshändel zwischen Portugiesen, Spaniern und Engländern wegen Ormus, dem bedeutendsten Handelsplatz, und Abbas findet seinem Vorteil gemäß, teil daran zu nehmen. Der Kaiser beschließt, die unbequemen portugiesischen Nachbarn zu bekämpfen, zu entfernen und die hülfreichen Engländer zuletzt, vielleicht durch List und Verzögerung, um ihre Absichten zu bringen und alle Vorteile sich zuzueignen.

In solchen bedenklichen Zeitläuften überrascht nun unsern Reisenden das wunderbare Gefühl eigner Art, das den Menschen mit sich selbst in den größten Zwiespalt setzt, das Gefühl der weiten Entfernung vom Vaterlande, im Augenblick, wo wir, unbehaglich in der Fremde, nach Hause zurückzuwandern, ja schon dort angelangt zu sein wünschten. Fast unmöglich ist es in solchem Fall, sich der Ungeduld zu erwehren; auch unser Freund wird davon ergriffen, sein lebhafter

Charakter, sein edles, tüchtiges Selbstvertrauen täuschen ihn über die Schwierigkeiten, die im Wege stehen. Seiner zu Wagnissen aufgelegten Kühnheit ist es bisher gelungen, alle Hindernisse zu besiegen, alle Plane durchzusetzen, er schmeichelt sich fernerhin mit gleichem Glück und entschließt sich, da eine Rückkehr ihm durch die Wüste unerträglich scheint, zu dem Weg über Indien, in Gesellschaft seiner schönen Maani und ihrer Pflegetochter Mariuccia.

Manches unangenehme Ereignis tritt ein als Vorbedeutung künftiger Gefahr; doch zieht er über Persepolis und Schiras, wie immer aufmerkend, Gegenstände, Sitten und Landesart genau bezeichnend und aufzeichnend. So gelangt er an den Persischen Meerbusen, dort aber findet er, wie vorauszusehen gewesen, die sämtlichen Häfen geschlossen, alle Schiffe nach Kriegsgebrauch in Beschlag genommen. Dort am Ufer, in einer höchst ungesunden Gegend, trifft er Engländer gelagert, deren Karawane gleichfalls aufgehalten, einen günstigen Augenblick erpassen möchte. Freundlich aufgenommen, schließt er sich an sie an, errichtet seine Gezelte nächst den ihrigen und eine Palmhütte zu besserer Bequemlichkeit. Hier scheint ihm ein freundlicher Stern zu leuchten! Seine Ehe war bisher kinderlos und zu größter Freude beider Gatten erklärt sich Maani guter Hoffnung; aber ihn ergreift eine Krankheit, schlechte Kost und böse Luft zeigen den schlimmsten Einfluß auf ihn und leider auch auf Maani, sie kommt zu früh nieder, und das Fieber verläßt sie nicht. Ihr standhafter Charakter, auch ohne ärztliche Hülfe, erhält sie noch eine Zeitlang, sodann aber fühlt sie ihr Ende herannahen, ergibt sich in frommer Gelassenheit, verlangt aus der Palmenhütte unter die Zelte gebracht zu sein, woselbst sie, indem Mariuccia die geweihte Kerze hält und della Valle die herkömmlichen Gebete verrichtet, in seinen Armen verscheidet. Sie hatte das dreiundzwanzigste Jahr erreicht.

Einem solchen ungeheuren Verluste zu schmeicheln, beschließt er fest und unwiderruflich, den Leichnam in sein Erbbegräbnis mit nach Rom zu nehmen. An Harzen, Balsamen und kostbaren Spezereien fehlt es ihm, glücklicherweise findet er eine Ladung des besten Kampfers, welcher, kunstreich durch erfahrne Personen angewendet, den Körper erhalten soll.

Hiedurch aber übernimmt er die größte Beschwerde, indem er so fortan den Aberglauben der Kameltreiber, die habsüchtigen

Vorurteile der Beamten, die Aufmerksamkeit der Zollbedien-
ten auf der ganzen künftigen Reise zu beschwichtigen oder
zu bestechen hat.

Nun begleiten wir ihn nach Lar, der Hauptstadt des Lari-
stan, wo er bessere Luft, gute Aufnahme findet und die Er-
oberung von Ormus durch die Perser abwartet. Aber auch
ihre Triumphe dienen ihm zu keiner Fördernis. Er sieht sich
wieder nach Schiras zurückgedrängt, bis er denn doch endlich mit einem englischen Schiffe nach Indien geht. Hier finden
wir sein Betragen dem bisherigen gleich; sein standhafter
Mut, seine Kenntnisse, seine adligen Eigenschaften verdienen
ihm überall leichten Eintritt und ehrenvolles Verweilen,
endlich aber wird er doch nach dem Persischen Meerbusen
zurück und zur Heimfahrt durch die Wüste genötigt.

Hier erduldet er alle gefürchteten Unbilden. Von Stamm-
häuptern dezimiert, taxiert von Zollbeamten, beraubt von
Arabern und selbst in der Christenheit überall vexiert und
verspätet, bringt er doch endlich Kuriositäten und Kostbarkeiten genug, das Seltsamste und Kostbarste aber, den Körper seiner geliebten Maani, nach Rom. Dort, auf Ara Coeli,
begeht er ein herrliches Leichenfest und als er in die Grube
hinabsteigt, ihr die letzte Ehre zu erweisen, finden wir zwei
Jungfräulein neben ihm, Silvia, eine während seiner Abwesen-
heit anmutig herangewachsene Tochter, und Tinatin di Ziba,
die wir bisher unter dem Namen Mariuccia gekannt, beide
ungefähr funfzehnjährig. Letztere, die seit dem Tode seiner
Gemahlin eine treue Reisegefährtin und einziger Trost gewesen, nunmehr zu heiraten, entschließt er sich gegen den
Willen seiner Verwandten, ja des Papstes, die ihm vornehmere
und reichere Verbindungen zudenken. Nun betätigt er, noch
mehrere Jahre glanzreich, einen heftig-kühnen und mutigen
Charakter, nicht ohne Händel, Verdruß und Gefahr, und
hinterläßt bei seinem Tode, der im sechsundsechzigsten Jahre
erfolgt, eine zahlreiche Nachkommenschaft.

ENTSCHULDIGUNG

Es läßt sich bemerken, daß ein jeder den Weg, auf welchem
er zu irgend einer Kenntnis und Einsicht gelangt, allen übrigen vorziehen und seine Nachfolger gern auf denselben ein-
leiten und einweihen möchte. In diesem Sinne hab ich Peter

della Valle umständlich dargestellt, weil er derjenige Reisende war, durch den mir die Eigentümlichkeiten des Orients am ersten und klarsten aufgegangen, und meinem Vorurteil will scheinen, daß ich durch diese Darstellung erst meinem »Divan« einen eigentümlichen Grund und Boden gewonnen habe. Möge dies andern zur Aufmunterung gereichen, in dieser Zeit, die so reich an Blättern und einzelnen Heften ist, einen Folianten durchzulesen, durch den sie entschieden in eine bedeutende Welt gelangen, die ihnen in den neusten Reisebeschreibungen zwar oberflächlich umgeändert, im Grund aber als dieselbe erscheinen wird, welche sie dem vorzüglichen Manne zu seiner Zeit erschien.

> *Wer den Dichter will verstehen*
> *Muß in Dichters Lande gehen;*
> *Er im Orient sich freue,*
> *Daß das Alte sei das Neue.*

OLEARIUS

Die Bogenzahl unserer bis hierher abgedruckten Arbeiten erinnert uns, vorsichtiger und weniger abschweifend von nun an fortzufahren. Deswegen sprechen wir von dem genannten trefflichen Manne nur im Vorübergehen. Sehr merkwürdig ist es, verschiedene Nationen als Reisende zu betrachten. Wir finden Engländer, unter welchen wir Sherley und Herbert ungern vorbeigingen; sodann aber Italiener; zuletzt Franzosen. Hier trete nun ein Deutscher hervor in seiner Kraft und Würde. Leider war er auf seiner Reise nach dem persischen Hof an einen Mann gebunden, der mehr als Abenteurer denn als Gesandter erscheint; in beidem Sinne aber sich eigenwillig, ungeschickt, ja unsinnig benimmt. Der Geradsinn des trefflichen Olearius läßt sich dadurch nicht irre machen; er gibt uns höchst erfreuliche und belehrende Reiseberichte, die um so schätzbarer sind, als er nur wenige Jahre nach della Valle und kurz nach dem Tode Abbas' des Großen nach Persien kam und bei seiner Rückkehr die Deutschen mit Saadi, dem Trefflichen, durch eine tüchtige und erfreuliche Übersetzung bekannt machte. Ungern brechen wir ab, weil wir auch diesem Manne für das Gute, das wir ihm schuldig sind, gründlichen Dank abzutragen wünschten. In gleicher Stellung finden wir uns gegen die beiden folgenden, deren Verdienste wir auch nur oberflächlich berühren dürfen.

TAVERNIER UND CHARDIN

Ersterer, Goldschmied und Juwelenhändler, dringt mit Verstand und klugem Betragen, kostbar-kunstreiche Waren zu seiner Empfehlung vorzeigend, an die orientalischen Höfe und weiß sich überall zu schicken und zu finden. Er gelangt nach Indien zu den Demantgruben, und nach einer gefahrvollen Rückreise wird er im Westen nicht zum freundlichsten aufgenommen. Dessen hinterlassene Schriften sind höchst belehrend, und doch wird er von seinem Landsmann, Nachfolger und Rival Chardin nicht sowohl im Lebensgange gehindert, als in der öffentlichen Meinung nachher verdunkelt. Dieser, der sich gleich zu Anfang seiner Reise durch die größten Hindernisse durcharbeiten muß, versteht denn auch die Sinnesweise orientalischer Macht- und Geldhaber, die zwischen Großmut und Eigennutz schwankt, trefflich zu benutzen und ihrer, beim Besitz der größten Schätze, nie zu stillenden Begier nach frischen Juwelen und fremden Goldarbeiten vielfach zu dienen; deshalb er denn auch nicht ohne Glück und Vorteil wieder nach Hause zurückkehrt.

An diesen beiden Männern ist Verstand, Gleichmut, Gewandtheit, Beharrlichkeit, einnehmendes Betragen und Standhaftigkeit nicht genug zu bewundern, und könnte jeder Weltmann sie auf seiner Lebensreise als Muster verehren. Sie besaßen aber zwei Vorteile, die nicht einem jeden zustatten kommen; sie waren Protestanten und Franzosen zugleich – Eigenschaften, die, zusammen verbunden, höchst fähige Individuen hervorzubringen imstande sind.

NEUERE UND NEUSTE REISENDE

Was wir dem achtzehnten und schon dem neunzehnten Jahrhundert verdanken, darf hier gar nicht berührt werden. Die Engländer haben uns in der letzten Zeit über die unbekanntesten Gegenden aufgeklärt. Das Königreich Kabul, das alte Gedrosien und Karamanien sind uns zugänglich geworden. Wer kann seine Blicke zurückhalten, daß sie nicht über den Indus hinüberstreifen und dort die große Tätigkeit anerkennen, die täglich weiter um sich greift; und so muß denn, hiedurch gefördert, auch im Okzident die Lust nach ferner- und tieferer Sprachkenntnis sich immer erweitern. Wenn wir bedenken, welche Schritte Geist und Fleiß Hand in Hand getan haben, um aus dem beschränkten hebräisch-rabbinischen Kreise bis zur Tiefe und Weite des Sanskrit zu gelangen, so erfreut man sich, seit so vielen Jahren Zeuge dieses Fortschreitens zu sein. Selbst die Kriege, die, so manches hindernd, zerstören, haben der gründlichen Einsicht viele Vorteile gebracht. Von den Himalajagebirgen herab sind uns die Ländereien zu beiden Seiten des Indus, die bisher noch märchenhaft genug geblieben, klar, mit der übrigen Welt im Zusammenhang erschienen. Über die Halbinsel hinunter bis Java können wir nach Belieben, nach Kräften und Gelegenheit unsere Übersicht ausdehnen und uns im Besondersten unterrichten; und so öffnet sich den jüngern Freunden des Orients eine Pforte nach der andern, um die Geheimnisse jener Urwelt, die Mängel einer seltsamen Verfassung und unglücklichen Religion, sowie die Herrlichkeit der Poesie kennen zu lernen, in die sich reine Menschheit, edle Sitte, Heiterkeit und Liebe flüchtet, um uns über Kastenstreit, phantastische Religionsungeheuer und abstrusen Mystizismus zu trösten und zu überzeugen, daß doch zuletzt in ihr das Heil der Menschheit aufbewahrt bleibe.

LEHRER
Abgeschiedene, Mitlebende

Sich selbst genaue Rechenschaft zu geben, von wem wir auf unserem Lebens- und Studiengange dieses oder jenes gelernt, wie wir nicht allein durch Freunde und Genossen, sodern auch durch Widersacher und Feinde gefördert worden, ist eine schwierige, kaum zu lösende Aufgabe. Indessen fühl ich mich angetrieben, einige Männer zu nennen, denen ich besonderen Dank abzutragen schuldig bin.

JONES. Die Verdienste dieses Mannes sind so weltbekannt und an mehr als einem Orte umständlich gerühmt, daß mir nichts übrig bleibt, als nur im allgemeinen anzuerkennen, daß ich aus seinen Bemühungen von jeher möglichsten Vorteil zu ziehen gesucht habe; doch will ich eine Seite bezeichnen, von welcher er mir besonders merkwürdig geworden.

Er, nach echter englischer Bildungsweise, in griechischer und lateinischer Literatur dergestalt gegründet, daß er nicht allein die Produkte derselben zu würdern, sondern auch selbst in diesen Sprachen zu arbeiten weiß, mit den europäischen

Literaturen gleichfalls bekannt, in den orientalischen bewandert, erfreut er sich der doppelt schönen Gabe, einmal eine jede Nation in ihren eigensten Verdiensten zu schätzen, sodann aber das Schöne und Gute, worin sie sämtlich einander notwendig gleichen, überall aufzufinden.

Bei der Mitteilung seiner Einsichten jedoch findet er manche Schwierigkeit, vorzüglich stellt sich ihm die Vorliebe seiner Nation für alte klassische Literatur entgegen, und wenn man ihn genau beobachtet, so wird man leicht gewahr, daß er als ein kluger Mann das Unbekannte ans Bekannte, das Schätzenswerte an das Geschätzte anzuschließen sucht; er verschleiert seine Vorliebe für asiatische Dichtkunst und gibt mit gewandter Bescheidenheit meistens solche Beispiele, die er lateinischen und griechischen hochbelobten Gedichten gar wohl an die Seite stellen darf, er benutzt die rhythmischen antiken Formen, um die anmutigen Zartheiten des Orients auch Klassizisten eingänglich zu machen. Aber nicht allein von altertümlicher, sondern auch von patriotischer Seite mochte er viel Verdruß erlebt haben, ihn schmerzte Herabsetzung orientalischer Dichtkunst; welches deutlich hervorleuchtet aus dem hart-ironischen, nur zweiblättrigen Aufsatz: »Arabs, sive de Poësi Anglorum Dialogus«, am Schlusse seines Werkes über asiatische Dichtkunst. Hier stellt er uns mit offenbarer Bitterkeit vor Augen, wie absurd sich Milton und Pope im orientalischen Gewand ausnähmen; woraus denn folgt, was auch wir so oft wiederholen, daß man jeden Dichter in seiner Sprache und im eigentümlichen Bezirk seiner Zeit und Sitten aufsuchen, kennen und schätzen müsse.

EICHHORN. Mit vergnüglicher Anerkennung bemerke ich, daß ich bei meinen gegenwärtigen Arbeiten noch dasselbe Exemplar benutze, welches mir der hochverdiente Mann von seiner Ausgabe des Jonesschen Werks vor zweiundvierzig Jahren verehrte, als wir ihn noch unter die Unseren zählten und aus seinem Munde gar manches Heilsam-Belehrende vernahmen. Auch die ganze Zeit über bin ich seinem Lehrgange im stillen gefolgt, und in diesen letzten Tagen freute ich mich höchlich, abermals von seiner Hand das höchst wichtige Werk, das uns die Propheten und ihre Zustände aufklärt, vollendet zu erhalten. Denn was ist erfreulicher für den ruhigverständigen Mann wie für den aufgeregten Dichter, als zu sehen, wie jene gottbegabten Männer mit hohem Geiste ihre

bewegte Zeitumgebung betrachteten und auf das Wunder-
sam-Bedenkliche was vorging strafend, warnend, tröstend
und herzerhebend hindeuteten.

Mit diesem wenigen sei mein dankbarer Lebensbezug zu
diesem würdigen Manne treulich ausgesprochen.

LORSBACH. Schuldigkeit ist es, hier auch des wackern Lorsbach zu gedenken. Er kam betagt in unsern Kreis, wo er in
keinem Sinne für sich eine behagliche Lage fand; doch gab
er mir gern über alles, worüber ich ihn befragte, treuen Be-
scheid, sobald es innerhalb der Grenze seiner Kenntnisse lag,
die er oft mochte zu scharf gezogen haben.

Wundersam schien es mir anfangs, ihn als keinen sonderli-
chen Freund orientalischer Poesie zu finden; und doch geht
es einem jeden auf ähnliche Weise, der auf irgend ein Geschäft mit Vorliebe und Enthusiasmus Zeit und Kräfte verwendet und doch zuletzt eine gehoffte Ausbeute nicht zu finden
glaubt. Und dann ist ja das Alter die Zeit, die des Genusses
entbehrt, da wo ihn der Mensch am meisten verdiente. Sein
Verstand und seine Redlichkeit waren gleich heiter, und ich
erinnere mich der Stunden, die ich mit ihm zubrachte, immer
mit Vergnügen.

VON DIEZ

Einen bedeutenden Einfluß auf mein Studium, den ich
dankbar erkenne, hatte der Prälat von Diez. Zur Zeit, da ich
mich um orientalische Literatur näher bekümmerte, war mir
das »Buch des Kabus« zu Handen gekommen und schien mir
so bedeutend, daß ich ihm viele Zeit widmete und mehrere
Freunde zu dessen Betrachtung aufforderte. Durch einen
Reisenden bot ich jenem schätzbaren Manne, dem ich so viel
Belehrung schuldig geworden, einen verbindlichen Gruß. Er
sendete mir dagegen freundlich das kleine Büchlein über die
Tulpen. Nun ließ ich auf seidenartiges Papier einen kleinen
Raum mit prächtiger goldner Blumeneinfassung verzieren,
worin ich nachfolgendes Gedicht schrieb:

> *Wie man mit Vorsicht auf der Erde wandelt,*
> *Es sei bergauf, es sei hinab vom Thron,*
> *Und wie man Menschen, wie man Pferde handelt*
> *Das alles lehrt der König seinen Sohn.*

Wir wissens's nun durch dich der uns beschenkte;
Jetzt fügest du der Tulpe Flor daran,
Und wenn mich nicht der goldne Rahm beschränkte,
Wo endete was du für uns getan!

Und so entspann sich eine briefliche Unterhaltung, die der würdige Mann bis an sein Ende mit fast unleserlicher Hand unter Leiden und Schmerzen getreulich fortsetzte.

Da ich nun mit Sitten und Geschichte des Orients bisher nur im allgemeinen, mit Sprache so gut wie gar nicht bekannt gewesen, war eine solche Freundlichkeit mir von der größten Bedeutung. Denn weil es mir bei einem vorgezeichneten, methodischen Verfahren um augenblickliche Aufklärung zu tun war, welche in Büchern zu finden Kraft und Zeit verzehrenden Aufwand erfordert hätte, so wendete ich mich in bedenklichen Fällen an ihn und erhielt auf meine Frage jederzeit genügende und fördernde Antwort. Diese seine Briefe verdienten gar wohl wegen ihres Gehalts gedruckt und als ein Denkmal seiner Kenntnisse und seines Wohlwollens aufgestellt zu werden. Da ich seine strenge und eigene Gemütsart kannte, so hütete ich mich, ihn von gewisser Seite zu berühren; doch war er gefällig genug, ganz gegen seine Denkweise, als ich den Charakter des Nussreddin Chodscha, des lustigen Reise- und Zeltgefährten des Welteroberers Timur, zu kennen wünschte, mir einige Anekdoten zu übersetzen. Woraus denn abermal hervorging, daß gar manche verfängliche Märchen, welche die Westländer nach ihrer Weise behandelt, sich vom Orient herschreiben, jedoch die eigentliche Farbe, den wahren, angemessenen Ton bei der Umbildung meistenteils verloren.

Da von diesem Buche das Manuskript sich nun auf der königlichen Bibliothek zu Berlin befindet, wäre es sehr zu wünschen, daß ein Meister dieses Faches uns eine Übersetzung gäbe. Vielleicht wäre sie in lateinischer Sprache am füglichsten zu unternehmen, damit der Gelehrte vorerst vollständige Kenntnis davon erhielte. Für das deutsche Publikum ließe sich alsdann recht wohl eine anständige Übersetzung im Auszug veranstalten.

Daß ich an des Freundes übrigen Schriften, den »Denkwürdigkeiten des Orients« und so weiter, teilgenommen und Nutzen daraus gezogen, davon möge gegenwärtiges Heft

Beweise führen; bedenklicher ist es, zu bekennen, daß auch seine nicht gerade immer zu billigende Streitsucht mir vielen Nutzen geschafft. Erinnert man sich aber seiner Universitätsjahre, wo man gewiß zum Fechtboden eilte, wenn ein paar Meister oder Senioren Kraft und Gewandtheit gegeneinander versuchten, so wird niemand in Abrede sein, daß man bei solcher Gelegenheit Stärken und Schwächen gewahr wurde, die einem Schüler vielleicht für immer verborgen geblieben wären.

Der Verfasser des »Buches Kabus«, Kjekjawus, König der Dilemiten, welche das Gebirgsland Ghilan, das gegen Mittag den Pontus euxinus abschließt, bewohnten, wird uns bei näherer Bekanntschaft doppelt lieb werden. Als Kronprinz höchst sorgfältig zum freisten, tätigsten Leben erzogen, verließ er das Land, um weit in Osten sich auszubilden und zu prüfen.

Kurz nach dem Tode Mahmuds, von welchem wir so viel Rühmliches zu melden hatten, kam er nach Gasna, wurde von dessen Sohne Messud freundlichst aufgenommen und, in Gefolg mancher Kriegs- und Friedensdienste, mit einer Schwester vermählt. An einem Hofe, wo vor wenigen Jahren Ferdusi das »Schah Nameh« geschrieben, wo eine große Versammlung von Dichtern und talentvollen Menschen nicht ausgestorben war, wo der neue Herrscher, kühn und kriegerisch wie sein Vater, geistreiche Gesellschaft zu schätzen wußte, konnte Kjekjawus auf seiner Irrfahrt den köstlichsten Raum zu fernerer Ausbildung finden.

Doch müssen wir zuerst von seiner Erziehung sprechen. Sein Vater hatte, die körperliche Ausbildung aufs höchste zu steigern, ihn einem trefflichen Pädagogen übergeben. Dieser brachte den Sohn zurück, geübt in allen ritterlichen Gewandtheiten: zu schießen, zu reiten, reitend zu schießen, den Speer zu werfen, den Schlegel zu führen und damit den Ball aufs geschickteste zu treffen. Nachdem dies alles vollkommen gelang und der König zufrieden schien, auch deshalb den Lehrmeister höchlich lobte, fügte er hinzu: »Ich habe doch noch eins zu erinnern. Du hast meinen Sohn in allem unterrichtet, wozu er fremder Werkzeuge bedarf: ohne Pferd kann er nicht reiten, nicht schießen ohne Bogen, was ist sein Arm, wenn er keinen Wurfspieß hat, und was wäre das Spiel ohne Schlegel und Ball! Das einzige hast du ihn nicht gelehrt, wo er sein selbst allein bedarf, welches das Notwendigste ist und wo ihm niemand helfen kann.« Der Lehrer stand beschämt und vernahm, daß dem Prinzen die Kunst zu schwimmen fehle. Auch diese wurde, jedoch mit einigem Widerwillen des Prinzen, erlernt, und diese rettete ihm das Leben, als er auf einer Reise nach Mekka, mit einer großen Menge Pilger auf dem Euphrat scheiternd, nur mit wenigen davon kam.

Daß er geistig in gleich hohem Grade gebildet gewesen, beweist die gute Aufnahme, die er an dem Hofe von Gasna gefunden, daß er zum Gesellschafter des Fürsten ernannt war, welches damals viel heißen wollte, weil er gewandt sein mußte, verständig und angenehm von allem Vorkommenden genügende Rechenschaft zu geben.

Unsicher war die Thronfolge von Ghilan, unsicher der Besitz des Reiches selbst wegen mächtiger, eroberungssüchtiger Nachbarn. Endlich nach dem Tode seines erst abgesetzten, dann wieder eingesetzten königlichen Vaters bestieg Kjekjawus mit großer Weisheit und entschiedener Ergebenheit in die mögliche Folge der Ereignisse den Thron, und in hohem Alter, da er voraussah, daß der Sohn Ghilan Schah noch einen gefährlichern Stand haben werde als er selbst, schreibt er dies merkwürdige Buch, worin er zu seinem Sohne spricht: »daß er ihn mit Künsten und Wissenschaften aus dem doppelten Grunde bekannt mache, um entweder durch irgend eine Kunst seinen Unterhalt zu gewinnen, wenn er durchs Schicksal in die Notwendigkeit versetzt werden möchte, oder im Fall er der Kunst zum Unterhalt nicht bedürfte, doch wenigstens vom Grunde jeder Sache wohl unterrichtet zu sein, wenn er bei der Hoheit verbleiben sollte.«

Wäre in unsern Tagen den hohen Emigrierten, die sich oft mit musterhafter Ergebung von ihrer Hände Arbeit nährten, ein solches Buch zu Handen gekommen, wie tröstlich wäre es ihnen gewesen.

Daß ein so vortreffliches, ja unschätzbares Buch nicht mehr bekannt geworden, daran mag hauptsächlich Ursache sein, daß es der Verfasser auf seine eigenen Kosten herausgab, und die Firma Nicolai solches nur in Kommission genommen hatte, wodurch gleich für ein solches Werk im Buchhandel eine ursprüngliche Stockung entsteht. Damit aber das Vaterland wisse, welcher Schatz ihm hier zubereitet liegt, so setzen wir den Inhalt der Kapitel hierher und ersuchen die schätzbaren Tagesblätter, wie das »Morgenblatt« und »Der Gesellschafter«, die so erbaulichen als erfreulichen Anekdoten und Geschichten, nicht weniger die großen, unvergleichlichen Maximen, die dieses Werk enthält, vorläufig allgemein bekannt zu machen.

Inhalt des Buches Kabus kapitelweise

35. Eigenschaften der Dichter und Dichtkunst
36. Regeln der Musiker
37. Die Art, Kaisern zu dienen
38. Stand der Vertrauten und Gesellschafter der Kaiser
39. Regeln der Kanzleiämter
40. Ordnung des Wesirats
41. Regeln der Heerführerschaft
42. Regeln der Kaiser
43. Regeln des Ackerbaues und der Landwirtschaft
44. Vorzüge der Tugend

Wie man nun aus einem Buche solchen Inhalts sich ohne Frage eine ausgebreitete Kenntnis der orientalischen Zustände versprechen kann, so wird man nicht zweifeln, daß man darin Analogien genug finden werde, sich in seiner europäischen Lage zu belehren und zu beurteilen.

Zum Schluß eine kurze chronologische Wiederholung. König Kjekjawus kam ungefähr zur Regierung Hegire 450 = 1058, regierte noch Hegire 473 = 1080, vermählt mit einer Tochter des Sultan Mahmud von Gasna. Sein Sohn, Ghilan Schah, für welchen er das Werk schrieb, ward seiner Länder beraubt. Man weiß wenig von seinem Leben, nichts von seinem Tode. Siehe Diez' Übersetzung. Berlin 1811.

Diejenige Buchhandlung, die vorgemeldetes Werk in Verlag oder Kommission übernommen, wird ersucht solches anzuzeigen. Ein billiger Preis wird die wünschenswerte Verbreitung erleichtern.

VON HAMMER

Wieviel ich diesem würdigen Mann schuldig geworden, beweist mein Büchlein in allen seinen Teilen. Längst war ich auf Hafis und dessen Gedichte aufmerksam, aber was mir auch Literatur, Reisebeschreibung, Zeitblatt und sonst zu Gesicht brachte, gab mir keinen Begriff, keine Anschauung von dem Wert, von dem Verdienste dieses außerordentlichen Mannes. Endlich aber, als mir im Frühling 1813 die vollständige Übersetzung aller seiner Werke zukam, ergriff ich mit besonderer Vorliebe sein inneres Wesen und suchte mich durch eigene Produktion mit ihm in Verhältnis zu setzen. Diese freundliche Beschäftigung half mir über bedenkliche Zeiten hinweg und ließ mich zuletzt die Früchte des errungenen Friedens aufs angenehmste genießen.

Schon seit einigen Jahren war mir der schwunghafte Betrieb der »Fundgruben« im allgemeinen bekannt geworden, nun aber erschien die Zeit, wo ich Vorteil daraus gewinnen sollte. Nach mannigfaltigen Seiten hin deutete dieses Werk, erregte und befriedigte zugleich das Bedürfnis der Zeit; und hier bewahrheitete sich mir abermals die Erfahrung, daß wir in jedem Fach von den Mitlebenden auf das schönste gefördert werden, sobald man sich ihrer Vorzüge dankbar und freundlich bedienen mag. Kenntnisreiche Männer belehren uns über die Vergangenheit, sie geben den Standpunkt an, auf welchem sich die augenblickliche Tätigkeit hervortut, sie deuten vorwärts auf den nächsten Weg, den wir einzuschlagen haben. Glücklicherweise wird genanntes herrliche Werk noch immer mit gleichem Eifer fortgesetzt, und wenn man auch in diesem Felde seine Untersuchungen rückwärts anstellt, so kehrt man doch immer gern mit erneutem Anteil zu demjenigen zurück, was uns hier so frisch genießbar und brauchbar von vielen Seiten geboten wird.

Um jedoch eines zu erinnern, muß ich gestehen, daß mich diese wichtige Sammlung noch schneller gefördert hätte, wenn die Herausgeber, die freilich nur für vollendete Kenner eintragen und arbeiten, auch auf Laien und Liebhaber ihr Augenmerk gerichtet und, wo nicht allen, doch mehreren Aufsätzen eine kurze Einleitung über die Umstände vergangner Zeit, Persönlichkeiten, Lokalitäten vorgesetzt hätten; da denn freilich manches mühsame und zerstreuende Nachsuchen dem Lernbegierigen wäre erspart worden.

Doch alles, was damals zu wünschen blieb, ist uns jetzt in reichlichem Maße geworden durch das unschätzbare Werk, das uns Geschichte persischer Dichtkunst überliefert. Denn ich gestehe gern, daß schon im Jahre 1814, als die »Göttinger Anzeigen« uns die erste Nachricht von dessen Inhalt vorläufig bekannt machten, ich sogleich meine Studien nach den gegebenen Rubriken ordnete und einrichtete, wodurch mir ein ansehnlicher Vorteil geworden. Als nun aber das mit Ungeduld erwartete Ganze endlich erschien, fand man sich auf einmal wie mitten in einer bekannten Welt, deren Verhältnisse man klar im Einzelnen erkennen und beachten konnte, da wo man sonst nur im Allgemeinsten, durch wechselnde Nebelschichten hindurchsah.

Möge man mit meiner Benutzung dieses Werks einigermaßen zufrieden sein und die Absicht erkennen, auch diejenigen anzulocken, welche diesen gehäuften Schatz auf ihrem Lebenswege vielleicht weit zur Seite gelassen hätten.

Gewiß besitzen wir nun ein Fundament, worauf die persische Literatur herrlich und übersehbar aufgebaut werden kann, nach dessen Muster auch andere Literaturen Stellung und Fördernis gewinnen sollen. Höchst wünschenswert bleibt es jedoch, daß man die chronologische Ordnung immerfort beibehalte und nicht etwa einen Versuch mache einer systematischen Aufstellung nach den verschiedenen Dichtarten. Bei den orientalischen Poeten ist alles zu sehr gemischt, als daß man das Einzelne sondern könnte; der Charakter der Zeit und des Dichters in seiner Zeit ist allein belehrend und wirkt belebend auf einen jeden; wie es hier geschehen, bleibe ja die Behandlung so fortan.

Mögen die Verdienste der glänzenden »Schirin«, des lieblich ernst belehrenden »Kleeblatts«, das uns eben am Schluß unserer Arbeit erfreut, allgemein anerkannt werden.

ÜBERSETZUNGEN

Da nun aber auch der Deutsche durch Übersetzungen aller Art gegen den Orient immer weiter vorrückt, so finden wir uns veranlaßt, etwas zwar Bekanntes, doch nie genug zu Wiederholendes an dieser Stelle beizubringen.

Es gibt dreierlei Arten Übersetzung. Die erste macht uns in unserm eigenen Sinne mit dem Auslande bekannt; eine schlicht-prosaische ist hiezu die beste. Denn indem die Prosa alle Eigentümlichkeiten einer jeden Dichtkunst völlig aufhebt und selbst den poetischen Enthusiasmus auf eine allgemeine Wasserebne niederzieht, so leistet sie für den Anfang den größten Dienst, weil sie uns mit dem fremden Vortrefflichen mitten in unserer nationellen Häuslichkeit, in unserem gemeinen Leben überrascht und, ohne daß wir wissen, wie uns geschieht, eine höhere Stimmung verleihend, wahrhaft erbaut. Eine solche Wirkung wird Luthers Bibelübersetzung jederzeit hervorbringen.

Hätte man die »Nibelungen« gleich in tüchtige Prosa gesetzt und sie zu einem Volksbuche gestempelt, so wäre viel gewonnen worden, und der seltsame, ernste, düstere, grauerliche

Rittersinn hätte uns mit seiner vollkommenen Kraft angesprochen. Ob dieses jetzt noch rätlich und tunlich sei, werden diejenigen am besten beurteilen, die sich diesen altertümlichen Geschäften entschiedener gewidmet haben.

Eine zweite Epoche folgt hierauf, wo man sich in die Zustände des Auslandes zwar zu versetzen, aber eigentlich nur fremden Sinn sich anzueignen und mit eignem Sinne wieder darzustellen bemüht ist. Solche Zeit möchte ich im reinsten Wortverstand die parodistische nennen. Meistenteils sind es geistreiche Menschen, die sich zu einem solchen Geschäft berufen fühlen. Die Franzosen bedienen sich dieser Art bei Übersetzung aller poetischen Werke; Beispiele zu Hunderten lassen sich in Delilles Übertragungen finden. Der Franzose, wie er sich fremde Worte mundrecht macht, verfährt auch so mit den Gefühlen, Gedanken, ja den Gegenständen, er fordert durchaus für jede fremde Frucht ein Surrogat, das auf seinem eignen Grund und Boden gewachsen sei.

Wielands Übersetzungen gehören zu dieser Art und Weise; auch er hatte einen eigentümlichen Verstands- und Geschmacksinn, mit dem er sich dem Altertum, dem Auslande nur insofern annäherte, als er seine Konvenienz dabei fand. Dieser vorzügliche Mann darf als Repräsentant seiner Zeit angesehen werden; er hat außerordentlich gewirkt, indem gerade das, was ihn anmutete, wie er sich's zueignete und es wieder mitteilte, auch seinen Zeitgenossen angenehm und genießbar begegnete.

Weil man aber weder im Vollkommenen noch Unvollkommenen lange verharren kann, sondern eine Umwandlung nach der andern immerhin erfolgen muß, so erlebten wir den dritten Zeitraum, welcher der höchste und letzte zu nennen ist, derjenige nämlich, wo man die Übersetzung dem Original identisch machen möchte, so daß eins nicht anstatt des andern, sondern an der Stelle des andern gelten solle.

Diese Art erlitt anfangs den größten Widerstand; denn der Übersetzer, der sich fest an sein Original anschließt, gibt mehr oder weniger die Originalität seiner Nation auf, und so entsteht ein Drittes, wozu der Geschmack der Menge sich erst heranbilden muß.

Der nie genug zu schätzende Voß konnte das Publikum zuerst nicht befriedigen, bis man sich nach und nach in die neue Art hinein hörte, hinein bequemte. Wer nun aber jetzt übersieht, was geschehen ist, welche Versatilität unter die Deutschen gekommen, welche rhetorische, rhythmische, metrische Vorteile dem geistreich-talentvollen Jüngling zur Hand sind, wie nun Ariost und Tasso, Shakespeare und Calderon als eingedeutschte Fremde uns doppelt und dreifach vorgeführt werden, der darf hoffen, daß die Literaturgeschichte unbewunden aussprechen werde, wer diesen Weg unter mancherlei Hindernissen zuerst einschlug.

Die von Hammerschen Arbeiten deuten nun auch meistens auf ähnliche Behandlung orientalischer Meisterwerke, bei welchen vorzüglich die Annäherung an äußere Form zu empfehlen ist. Wie unendlich vorteilhafter zeigen sich die Stellen einer Übersetzung des Ferdusi, welche uns genannter Freund geliefert, gegen diejenigen eines Umarbeiters, wovon einiges in den »Fundgruben« zu lesen ist. Diese Art, einen Dichter umzubilden, halten wir für den traurigsten Mißgriff, den ein fleißiger, dem Geschäft übrigens gewachsener Übersetzer tun könnte.

Da aber bei jeder Literatur jene drei Epochen sich wiederholen, umkehren, ja die Behandlungsarten sich gleichzeitig ausüben lassen, so wäre jetzt eine prosaische Übersetzung des »Schah Nameh« und der Werke des Nisami immer noch am Platz. Man benutzte sie zur überhineilenden, den Hauptsinn aufschließenden Lektüre, wir erfreuten uns am Geschichtlichen, Fabelhaften, Ethischen im allgemeinen und vertrauten uns immer näher mit den Gesinnungen und Denkweisen, bis wir uns endlich damit völlig verbrüdern könnten.

Man erinnere sich des entschiedensten Beifalls, den wir Deutschen einer solchen Übersetzung der »Sakontala« gezollt, und wir können das Glück, was sie gemacht, gar wohl jener allgemeinen Prosa zuschreiben, in welche das Gedicht aufgelöst worden. Nun aber wäre es an der Zeit, uns davon eine Übersetzung der dritten Art zu geben, die den verschiedenen Dialekten, rhythmischen, metrischen und prosaischen Sprachweisen des Originals entspräche und uns dieses Gedicht in seiner ganzen Eigentümlichkeit aufs neue erfreulich und einheimisch machte. Da nun in Paris eine Handschrift dieses ewigen Werkes befindlich, so könnte ein dort hausender Deutscher sich um uns ein unsterblich Verdienst durch solche Arbeit erwerben.

Der englische Übersetzer des Wolkenboten, »Megha Duta«, ist gleichfalls aller Ehren wert, denn die erste Bekanntschaft mit einem solchen Werke macht immer Epoche in unserem Leben. Aber seine Übersetzung ist eigentlich aus der zweiten

Epoche, paraphrastisch und suppletorisch, sie schmeichelt durch den fünffüßigen Jambus dem nordöstlichen Ohr und Sinn. Unserm Kosegarten dagegen verdanke ich wenige Verse unmittelbar aus der Ursprache, welche freilich einen ganz andern Aufschluß geben. Überdies hat sich der Engländer Transpositionen der Motive erlaubt, die der geübte ästhetische Blick sogleich entdeckt und mißbilligt.

Warum' wir aber die dritte Epoche auch zugleich die letzte genannt, erklären wir noch mit wenigem. Eine Übersetzung, die sich mit dem Original zu identifizieren strebt, nähert sich zuletzt der Interlinearversion und erleichtert höchlich das Verständnis des Originals, hiedurch werden wir an den Grundtext hinangeführt, ja getrieben, und so ist denn zuletzt der ganze Zirkel abgeschlossen, in welchem sich die Annäherung des Fremden und Einheimischen, des Bekannten und Unbekannten bewegt.

ENDLICHER ABSCHLUSS!

Inwiefern es uns gelungen ist, den urältesten, abgeschiedenen Orient an den neusten, lebendigsten anzuknüpfen, werden Kenner und Freunde mit Wohlwollen beurteilen. Uns kam jedoch abermals einiges zur Hand, das, der Geschichte des Tags angehörig, zu frohem und belebtem Schlusse des Ganzen erfreulich dienen möchte.

Als vor etwa vier Jahren der nach Petersburg bestimmte persische Gesandte die Aufträge seines Kaisers erhielt, versäumte die erlauchte Gemahlin des Monarchen keineswegs diese Gelegenheit, sie sendete vielmehr von ihrer Seite bedeutende Geschenke Ihro der Kaiserin-Mutter aller Reußen Majestät, begleitet von einem Briefe, dessen Übersetzung wir mitzuteilen das Glück haben.

Schreiben der Gemahlin des Kaisers von Persien an Ihro Majestät die Kaiserin-Mutter aller Reußen

Solange die Elemente dauern, aus welchen die Welt besteht, möge die erlauchte Frau des Palasts der Größe, das Schatzkästchen der Perle des Reiches, die Konstellation der Gestirne der Herrschaft, die, welche die glänzende Sonne des großen Reiches getragen, den Zirkel des Mittelpunkts der Oberherrschaft, den Palmbaum der Frucht der obersten Gewalt, möge sie immer glücklich sein und bewahrt vor allen Unfällen.

Nach dargebrachten diesen meinen aufrichtigsten Wünschen hab ich die Ehre anzumelden, daß, nachdem in unsern glücklichen Zeiten, durch Wirkung der großen Barmherzigkeit des allgewaltigen Wesens, die Gärten der zwei hohen Mächte aufs neue frische Rosenblüten hervortreiben und alles, was sich zwischen die beiden herrlichen Höfe eingeschlichen, durch aufrichtigste Einigkeit und Freundschaft beseitigt ist, auch in Anerkennung dieser großen Wohltat nunmehr alle, welche mit einem oder dem andern Hofe verbunden sind, nicht aufhören werden, freundschaftliche Verhältnisse und Briefwechsel zu unterhalten.

Nun also in diesem Momente, da Seine Exzellenz Mirza Abul Hassan Chan, Gesandter an dem großen russischen Hofe, nach dessen Hauptstadt abreist, hab ich nötig gefunden, die Türe der Freundschaft durch den Schlüssel dieses aufrichtigen Briefes zu eröffnen. Und weil es ein alter Gebrauch ist, gemäß den Grundsätzen der Freundschaft und Herzlichkeit, daß Freunde sich Geschenke darbringen, so bitte ich die dargebotenen artigsten Schmuckwaren unseres Landes gefällig aufzunehmen. Ich hoffe, daß Sie dagegen durch einige Tropfen freundlicher Briefe den Garten eines Herzens erquicken werden, das Sie höchlich liebt. Wie ich denn bitte, mich mit Aufträgen zu erfreuen, die ich angelegentlichst zu erfüllen mich erbiete.

Gott erhalte Ihre Tage rein, glücklich und ruhmvoll.

* * *

Geschenke

Eine Perlenschnur, an Gewicht 498 Karat
Fünf indische Schals
Ein Pappenkästchen, ispahanische Arbeit
Eine kleine Schachtel, Federn darein zu legen
Behältnis mit Gerätschaften zu notwendigem Gebrauch
Fünf Stück Brokate

Wie ferner der in Petersburg verweilende Gesandte über die Verhältnisse beider Nationen sich klug, bescheidentlich ausdrückt, konnten wir unsern Landsleuten im Gefolg der Geschichte persischer Literatur und Poesie schon oben darlegen.

Neuerdings aber finden wir diesen gleichsam gebornen Gesandten auf seiner Durchreise für England in Wien von Gnadengaben seines Kaisers erreicht, denen der Herrscher selbst durch dichterischen Ausdruck Bedeutung und Glanz vollkommen verleihen will. Auch diese Gedichte fügen wir hinzu als endlichen Schlußstein unseres zwar mit mancherlei Materialien, aber doch, Gott gebe! dauerhaft aufgeführten Domgewölbes.

———

در درفش

فتحعلی شه ترک جمشید کیتی افروز
کشور خدای ایران خورشید عالم ارا
چترش بصحن کیهان افکنده ظلّ اعظم
کردش بمغز کیوان اکنده مشک سارا
ایران کنام شیران خورشید شاه ایران
زانست شیر وخورشید نفس درفش دارا
فرق سفیر دانا یعنی ابو الحسن خان
بر اطلس فلک شود ار این درفش خارا
از مهم سوی لندن اورا سفیر فرمود
ان داد فتر و نصرت بر خسرو نصارا

AUF DIE FAHNE

Fetch Ali Schah der Türk ist Dschemschid gleich,
Weltlicht, und Irans Herr, der Erden Sonne.
Sein Schirm wirft auf die Weltflur weiten Schatten,
Sein Gurt haucht Muskus in Saturns Gehirn.
Iran ist Löwenschlucht, sein Fürst die Sonne;
Drum prangen Leu und Sonn in Daras Banner.
Das Haupt des Boten Abul Hassan Chan
Erhebt zum Himmelsdom das seidne Banner.
Aus Liebe ward nach London er gesandt
Und brachte Glück und Heil dem Christenherrn.

در پرده

با صورت شاه وافتاب

تبارك الله زاين پرده همايون فر
كه افتاب بر پردكش پرده در
بلى طراش از كلك مانى ثانى
نكار فتحعلى شاه افتاب افسر
مهين سفير شهنشاه اسمان دركاه
ابو الحسن خان ان هوشمند دانشور
زپاى تا سر او غرق كوهر از خسرو
سپرد چون ره خدمت بجاى پا از سر
چو خواست بازكند ناركش فردين با مهر
قرانش داد بدين مهر اسمان چاكر
درين خجسته . بشارت اشارتست برزك
بر ان سفير نكو سيرت ستوده سير
كه هست عهدش عهد جهانكشا دارا
كه هست قولش قول سپهر فر دور

AUF DAS ORDENSBAND

MIT DEM BILDE DER SONNE UND DES KÖNIGES

Es segne Gott dies Band des edlen Glanzes;
Die Sonne zieht den Schleier von ihm weg.
Sein Schmuck kam von des zweiten Mani Pinsel,
Das Bild Fetch Ali Schahs mit Sonnenkrone.
Ein Bote groß des Herrn mit Himmelshof
Ist Abul Hassan Chan, gelehrt und weise,
Von Haupt zu Fuß gesenkt in Herrschersperlen;
Den Dienstweg schritt vom Haupt zum Ende er.
Da man sein Haupt zur Sonne wollt erheben,
Gab man ihm mit die Himmelssonn als Diener.
So frohe Botschaft ist von großem Sinn
Für den Gesandten edel und belobt;
Sein Bund ist Bund des Weltgebieters Dara,
Sein Wort ist Wort des Herrn mit Himmelsglanz.

Die orientalischen Höfe beobachten unter dem Schein einer kindlichen Naivetät ein besonders kluges, listiges Betragen und Verfahren; vorstehende Gedichte sind Beweis davon.

Die neueste russische Gesandtschaft nach Persien fand Mirza Abul Hassan Chan zwar bei Hofe, aber nicht in ausgezeichneter Gunst, er hält sich bescheiden zur Gesandtschaft, leistet ihr manche Dienste und erregt ihre Dankbarkeit. Einige Jahre darauf wird derselbige Mann mit stattlichem Gefolge nach England gesendet, um ihn aber recht zu verherrlichen, bedient man sich eines eignen Mittels. Man stattet ihn bei seiner Abreise nicht mit allen Vorzügen aus, die man ihm zudenkt, sondern läßt ihn mit Kreditiven und was sonst nötig ist, seinen Weg antreten. Allein kaum ist er in Wien angelangt, so ereilen ihn glänzende Bestätigungen seiner Würde, auffallende Zeugnisse seiner Bedeutung. Eine Fahne mit Insignien des Reichs wird ihm gesendet, ein Ordensband mit dem Gleichnis der Sonne, ja mit dem Ebenbild des Kaisers selbst verziert, das alles erhebt ihn zum Stellvertreter der höchsten Macht, in und mit ihm ist die Majestät gegenwärtig. Dabei aber läßt man's nicht bewenden, Gedichte werden hinzugefügt, die nach orientalischer Weise in glänzenden Metaphern und Hyperbeln Fahne, Sonne und Ebenbild erst verherrlichen.

Zum bessern Verständnis des Einzelnen fügen wir wenige Bemerkungen hinzu. Der Kaiser nennt sich einen Türken, als aus dem Stamme Catschar entsprungen, welcher zur türkischen Zunge gehört. Es werden nämlich alle Hauptstämme Persiens, welche das Kriegsheer stellen, nach Sprache und Abstammung geteilt in die Stämme der türkischen, kurdischen, lurischen und arabischen Zunge.

Er vergleicht sich mit Dschemschid, wie die Perser ihre mächtigen Fürsten mit ihren alten Königen, in Beziehung auf gewisse Eigenschaften, zusammenstellen: Feridun an Würde, ein Dschemschid an Glanz, Alexander an Macht, ein Darius an Schutz. Schirm ist der Kaiser selbst, Schatten Gottes auf Erden, nur bedarf er freilich am heißen Sommertage eines Schirms; dieser aber beschattet ihn nicht allein, sondern die ganze Welt. Der Moschusgeruch, der feinste, dauerndste, teilbarste, steigt von des Kaisers Gürtel bis in Saturns Gehirn. Saturn ist für sie noch immer der oberste der Planeten, sein Kreis schließt die untere Welt ab, hier ist das Haupt, das Gehirn des Ganzen; wo Gehirn ist, sind Sinne, der Saturn ist also noch empfänglich für Moschusgeruch, der von dem Gürtel des Kaisers aufsteigt. Dara ist der Name Darius und bedeutet Herrscher; sie lassen auf keine Weise von der Erinnerung ihrer Voreltern los. Daß Iran Löwenschlucht genannt wird, finden wir deshalb bedeutend, weil der Teil von Persien, wo jetzt der Hof sich gewöhnlich aufhält, meist gebirgig ist, und sich gar wohl das Reich als eine Schlucht denken läßt, von Kriegern, Löwen bevölkert. Das seidene Banner erhöhet nun ausdrücklich den Gesandten so hoch als möglich, und ein freundliches, liebevolles Verhältnis zu England wird zuletzt ausgesprochen.

Bei dem zweiten Gedicht können wir die allgemeine Anmerkung vorausschicken, daß Wortbezüge der persischen Dichtkunst ein inneres anmutiges Leben verleihen, sie kommen oft vor und erfreuen uns durch sinnigen Anklang.

Das Band gilt auch für jede Art von Bezirkung, die einen Eingang hat und deswegen wohl auch eines Pförtners bedarf, wie das Original sich ausdrückt und sagt: »dessen Vorhang (oder Tor) die Sonne aufhebt (öffnet)«, denn das Tor vieler orientalischer Gemächer bildet ein Vorhang; der Halter und Aufheber des Vorhangs ist daher der Pförtner. Unter Mani ist Manes gemeint, Sektenhaupt der Manichäer, er soll ein geschickter Maler gewesen sein und seine seltsamen Irrlehren hauptsächlich durch Gemälde verbreitet haben. Er steht hier, wie wir Apelles und Raffael sagen würden. Bei dem Wort Herrscherperlen fühlt sich die Einbildungskraft seltsam angeregt. Perlen gelten auch für Tropfen, und so wird ein Perlenmeer denkbar, in welches die gnädige Majestät den Günstling untertaucht. Zieht sie ihn wieder hervor, so bleiben die Tropfen an ihm hängen, und er ist köstlich geschmückt von Haupt zu Fuß. Nun aber hat der Dienstweg auch Haupt und Fuß, Anfang und Ende, Beginn und Ziel; weil nun also diesen der Diener treu durchschritten, wird er gelobt und belohnt. Die folgenden Zeilen deuten abermals auf die Absicht, den Gesandten überschwenglich zu erhöhen und ihm an dem Hofe, wo er hingesandt worden, das höchste Vertrauen zu sichern, eben als wenn der Kaiser selbst gegenwärtig wäre. Daraus wir denn schließen, daß die Absendung nach England von der größten Bedeutung sei.

Man hat von der persischen Dichtkunst mit Wahrheit gesagt, sie sei in ewiger Diastole und Systole begriffen; vorstehende Gedichte bewahrheiten diese Ansicht. Immer geht es darin ins

Grenzenlose und gleich wieder ins Bestimmte zurück. Der Herrscher ist Weltlicht und zugleich seines Reiches Herr, der Schirm, der ihn vor der Sonne schützt, breitet seine Schatten über die Weltflur aus, die Wohlgerüche seines Leibgurts sind dem Saturn noch ruchbar, und so weiter fort strebt alles hinaus und herein, aus den fabelhaftesten Zeiten zum augenblicklichen Hoftag. Hieraus lernen wir abermals, daß ihre Tropen, Metaphern, Hyperbeln niemals einzeln, sondern im Sinn und Zusammenhange des Ganzen aufzunehmen sind.

REVISION

Betrachtet man den Anteil, der von den ältesten bis auf die neuesten Zeiten schriftlicher Überlieferung gegönnt worden, so findet sich derselbe meistens dadurch belebt, daß an jenen Pergamenten und Blättern immer noch etwas zu verändern und zu verbessern ist. Wäre es möglich, daß uns eine anerkannt fehlerlose Abschrift eines alten Autors eingehändigt würde, so möchte solcher vielleicht gar bald zur Seite liegen.

Auch darf nicht geleugnet werden, daß wir persönlich einem Buche gar manchen Druckfehler verzeihen, indem wir uns durch dessen Entdeckung geschmeichelt fühlen. Möge diese menschliche Eigenheit auch unserer Druckschrift zugute kommen, da verschiedenen Mängeln abzuhelfen, manche Fehler zu verbessern, uns oder andern künftig vorbehalten bleibt; doch wird ein kleiner Beitrag hiezu nicht unfreundlich abgewiesen werden.

Zuvörderst also möge von der Rechtschreibung orientalischer Namen die Rede sein, an welchen eine durchgängige Gleichheit kaum zu erreichen ist. Denn bei dem großen Unterschiede der östlichen und westlichen Sprachen hält es schwer, für die Alphabete jener bei uns reine Äquivalente zu finden. Da nun ferner die europäischen Sprachen unter sich wegen verschiedener Abstammung und einzelner Dialekte dem eigenen Alphabet verschiedenen Wert und Bedeutung beilegen, so wird eine Übereinstimmung noch schwieriger.

Unter französischem Geleit sind wir hauptsächlich in jene Gegenden eingeführt worden. Herbelots Wörterbuch kam unsern Wünschen zu Hülfe. Nun mußte der französische Gelehrte orientalische Worte und Namen der nationellen Aussprache und Hörweise aneignen und gefällig machen, welches denn auch in deutsche Kultur nach und nach herüberging. So sagen wir noch Hegire lieber als Hedschra, des angenehmen Klanges und der alten Bekanntschaft wegen.

Wie viel haben an ihrer Seite die Engländer nicht geleistet! und, ob sie schon über die Aussprache ihres eignen Idioms nicht einig sind, sich doch, wie billig, des Rechts bedient, jene Namen nach ihrer Weise auszusprechen und zu schreiben, wodurch wir abermals in Schwanken und Zweifel geraten.

Die Deutschen, denen es am leichtesten fällt, zu schreiben wie sie sprechen, die sich fremden Klängen, Quantitäten und Akzenten nicht ungern gleichstellen, gingen ernstlich zu Werke. Eben aber weil sie dem Ausländischen und Fremden sich immer mehr anzunähern bemüht gewesen, so findet man auch hier zwischen älteren und neueren Schriften großen Unterschied, so daß man sich einer sichern Autorität zu unterwerfen kaum Überzeugung findet.

Dieser Sorge hat mich jedoch der ebenso einsichtige als gefällige Freund, J. G. L. Kosegarten, dem ich auch obige Übersetzung der kaiserlichen Gedichte verdanke, gar freundlich enthoben und Berichtigungen, wie sie im Register enthalten sind, wo auch zugleich einige Druckfehler bemerkt worden, mitgeteilt. Möge dieser zuverlässige Mann meine Vorbereitung zu einem künftigen »Divan« gleichfalls geneigt begünstigen.

SILVESTRE DE SACY

Unserm Meister, geh! verpfände
Dich, o Büchlein, traulich-froh;
Hier am Anfang, hier am Ende,
Östlich, westlich, A und Ω.

سيلوبستر دساسى

يا ايها الكتاب سر الى سيدنا الاعز
فـسـلـم عـليـه بـهـذه الـورقـة
الـتـى هـى اول الـكـتـاب واخـره
يعنى اوله فى المشرق واخره فى المغرب

ما نصیحت بجای خود کردیم

روزگاری درین بسر بردیم

کر نیاید بکوش رغبت کس

بر رسولان پیام باشد وبس

Wir haben nun den guten Rat gesprochen,
Und manchen unsrer Tage dran gewandt;
Mißtönt er etwa in des Menschen Ohr –
Nun, Botenpflicht ist sprechen. Damit gut.

NACHWORT

Zwei Perioden seines Lebens hat Goethe als eine Flucht bezeichnet, die ihn verjüngte und ihm ein neues Bild der Welt und des Menschentums gab. Zum erstenmal geschah das dem Siebenunddreißigjährigen, als er auf der Reise in Italien durch die Denkmäler der Antike und der Renaissance seinen Humanismus fand. Ein Menschenalter später, als die Ideale der klassischen Kunst und Lebensauffassung sich nicht mehr als umfassend genug für ihn erwiesen und gleichzeitig die Ereignisse der Revolution und der napoleonischen Kriege dazu zwangen, sie »an dem ungeheuren Maßstabe der Weltgeschichte zu messen«, fand Goethe seinen neuen Standpunkt durch die »Flucht« in die Kultur des Orients. Diese Hegire (uns ist das arabische Wort weniger in dieser französischen Lautfolge bekannt als in der Form Hedschra, wie der Ritt des Propheten Muhammed von Mekka nach Medina im Jahre 622 bezeichnet wird), durch die sich Goethe verjüngt fühlte, war auch tatsächlich eine geistige Rückkehr in die eigene Jugendzeit, von der er in »Dichtung und Wahrheit« erzählt: »Wenn es draußen noch so wild und wunderlich herging, so flüchtete ich gern nach jenen morgenländischen Gegenden, ich versenkte mich in die ersten Bücher Moses und fand mich dort unter den ausgebreiteten Hirtenstämmen sogleich in der größten Einsamkeit und in der größten Gesellschaft.«

Von den Geschichten des Alten Testamentes, von den Figuren der Propheten und von Moses, von dem er sagt, er habe »eine Sprache der Geister, und aus den Tiefen der Gottheit flammte seine Zunge Leben und Licht«, hat sich Goethe niemals abgekehrt; die Bibel blieb ihm nah trotz aller späterer Bildungseinflüsse, das beweisen allein die vielen Zitate in seinen Werken und Briefen. Früh lernte er auch schon den Koran kennen und versuchte, Teile daraus zu übersetzen. Bruchstücke vor-muhammedanischer Poesie, altarabische Heldengedichte, frühe Beduinengesänge und auch modernere orientalische Prosa- und Versdichtungen erweiterten späterhin seine Vorstellung von der östlichen Gedankenwelt. Reiseschilderungen kamen hinzu. Aber nun erst, gegen Ende des ersten Jahrzehnts des neuen Jahrhunderts, bot ihm die damals mit der Romantik erwachende wissenschaftliche Bemühung französischer, englischer und deutscher Gelehrter einen größeren Überblick über orientalisches Geistesleben und seine dichterische Ausformung. Jetzt erst konnte er den Zusammenhang der alten Religionen, Weisheit und Menschennatur des Ostens ganz erkennen und darin ein Typisches, Ewiges entdecken.

Was ihn aber schließlich am tiefsten ergriff, war die Gestalt eines persischen Dichters des 14. Jahrhunderts, aus dessen Versen ein äußeres Schicksal klang und eine Art, sich dazu zu stellen, die ihm ganz der eigenen zu entsprechen schien. Dieser Hafis, das heißt »Kenner und Bewahrer des Koran«, mußte sich vor beinahe fünfhundert Jahren in einer ebenso stürmischen, widersetzlichen Welt als Mensch und Dichter bewähren, wie es nun Goethes Aufgabe war. Hafis hatte sich gegen Machthaber und orthodoxe Priester zu verteidigen, die seine freie Religiosität, seine tolerante Weisheit ebensowenig gelten lassen wollten wie seinen Frohsinn, seine Freude an den Gaben der Natur, seinen Hymnus auf das gute Leben, trotz Revolutionen, Elend und Jammer. Das typisch Dämonische der Gewalt, der Herrschaft des Krieges erlebte Hafis in der Person des Mongolen-Chans Timur, der uns unter dem Namen Tamerlan geschichtliche Figur geworden ist. In Goethes Tagen war der gewalttätige Umgestalter alles Gewohnten Napoleon. Sich gegen solche Macht zu halten und nicht das Chaos als das letzte Urelement auf dieser Erde zu empfinden, war nur möglich, wenn man dahinter eine höhere Ordnung, umfassende Gesetze und Werte glaubte. Hafis tat es, und wenn er von Nachtigall und Rose, von Wein und Liebe sang, so feierte er damit den Schöpfer, Gott. Nur im Gleichnis, in mystischen Bildern wußte er von ihm zu reden, im Gegenwärtig-Sinnlichen das Ewige, Überirdische zu erahnen. Diese Analogie zu seinem eigenen Dichten und Leben war es, was Goethe an den Gedichten des Hafis ergriff; deswegen konnte er sich ihm gleichsetzen, seinen Namen übernehmen und einen Deutschen Divan dichten. So sollte das Buch ursprünglich heißen, als es von Goethe konzipiert wurde. »Divan« heißt »Versammlung«, bedeutet also hier eine Vereinigung von Gedichten.

Den Anstoß für Goethes neue Lyrik bot zwar die Beschäftigung mit orientalischer Poesie und Geschichte; aber nicht ein einziges dieser Gedichte ist schon in diesen Jahren entstanden. Zu der imaginären Reise mußte erst noch eine wirkliche Fahrt kommen, die wörtlich zurück in das Land seiner Kindheit, seiner persönlichen Ursprünge führte: der zweimalige Aufenthalt an Rhein und Main in den Jahren 1814 und 1815. Die Landschaftsbilder, die hier in der alten südwestdeutschen Heimat wieder vor sein Auge traten, vermischten sich mit den vorgestellten der asiatischen Reiseschilderungen. Über die Szenen von Karawanen und Oasen, von Basaren, Bädern und Schenken, oder von Bagdad und des Euphrats schieben sich nun die Eindrücke der eigenen Wagenfahrt, die Felder, wo es »grunelt«, die Weinberge, der Neckar, Wiesbaden und das Heidelberger Schloß. Diese Gegenwart wird im Divan beschworen, vertauscht mit dem historischen oder fiktiven Orient; alles ist ja nur ein Gleichnis für den unbeschreibbaren gemeinsamen Untergrund des Lebens, der uns nur im farbigen Abglanz erscheint. Die vielfachen Brechungen dieses Farbenspiels waren nicht von einem Standpunkt aus zu fassen; der Dichter mußte sich immer wieder in andere Lagen versetzen, westlich und östlich mußten seine Gedichte zu gleicher Zeit werden, deutsche Poesie und Weltliteratur. Daher kommt es auch, daß der Schöpfer dieser Lyrik – und Lyrik ist ja Aussage, Selbstbekenntnis – kein eindeutiges Gesicht hat. Sein Ich, das da zu uns spricht, kann sich Hatem nennen und damit Gestalt und Wesen eines Mannes aus einer uns fernen Welt annehmen, und dann wieder eindeutig ein in deutscher Gegenwart lebender Schriftsteller sein.

Am 25. Juli 1814 hat Goethe in Weimar seinen Reisewagen bestiegen, der ihn zu den »gesegneten Gebreiten« seiner Geburtslandschaft bringen sollte. Schon auf der Fahrt packte ihn das Gefühl einer »temporären Verjüngung«, mit der er nun »Im Gegenwärtigen Vergangenes« durchlebt. So heißt die Überschrift des am zweiten Reisetag niedergeschriebenen Gedichts, in dem der Vers steht »Und da duftets wie vor Alters«. Weitere Gedichte folgen, und an ihnen muß Goethe merken, daß er gar nicht nur ein Rückblickender und Betrachtender ist, sondern ein frisch und neu Empfindender. Das Gedicht »Phänomen« ist Zeugnis dieses Zustandes. Und wie ein Naturereignis nimmt er nun das hin, was ihm geschieht und was er später Eckermann gegenüber wie einen wissenschaftlichen Lehrsatz formuliert hat: »Geniale Naturen er-

leben eine wiederholte Pubertät, während andere Leute nur
einmal jung sind.« Zum Jungsein gehörte aber für Goethe die
Fähigkeit oder vielmehr der Zwang, sich in Gedichten auszusprechen. Auch das wurde ihm geschenkt, und es begann für
zwei Sommer lang die »glückliche Zeit«, so nennt er sie selbst,
»als ihn die Gedichte des Divans in ihrer Gewalt hatten«,
wo er »produktiv genug war, oft in einem Tage zwei bis drei
zu machen, auf freiem Felde, im Wagen, im Gasthof«.

Nur einen Tag blieb er in der Vaterstadt, dann ging er nach
Wiesbaden, wo er den ganzen August über blieb. Von hier
führte ihn ein längerer Ausflug nach Rüdesheim und Bingen.
Er hat ihn in dem Aufsatz »Herbsttage im Rheingau« beschrieben, einer der beglückendsten Reiseschilderungen, die
wir in unserer Sprache besitzen. Sie wird nur übertroffen von
dem Bericht über das »Rochusfest in Bingen«, wo Goethe
einen Wallfahrtstag bei der hochgelegenen Kapelle beschreibt,
in der das Volk den Lokalheiligen feiert und an den langen
Wirtstafeln Geschichten erzählt werden, die die Vorzüge der
Gegend preisen, nicht zuletzt ihre Weingärten und deren
gekelterten Ertrag. Hier ist eine Quelle für das »Buch des
Schenken«, in dem der Vers steht »Wie man getrunken hat,
weiß man das Rechte«. Wichtiger ist, daß dieses Kirchenfest
ihn aufgeschlossen machte für die Bilderwelt des Katholizis-
mus, die seit dem Mittelalter her ihre Lebenskraft bewahrt
hatte.

Schönste Zeugnisse ihres Gestaltwerdens lernte Goethe kurz
darauf in der Sammlung altdeutscher und niederländischer
Gemälde im Hause der Brüder Boisserée zu Heidelberg
kennen. Viele Stunden lang hat er täglich diese Bilder betrachtet; »er ist ganz entzückt, ja erstarrt davor« berichtet ihr
Besitzer. Was die Entdeckung solcher Kunstwerke für Goethe
gerade in dieser Periode bedeutet, hat Sulpiz Boisserée erst
ganz erfahren, als er den Divan lesen durfte: Goethe sah in
den mittelalterlichen Andachtsbildern eine weitere Bestätigung
für die am Orient und seiner Kultur ihm kürzlich gewordene
Erkenntnis, daß der gottsuchende Mensch seine stets gleichen
Gefühle nur in Bildern und Gleichnissen ausdrücken könne,
die ihm die Fülle der irdischen Erscheinungen bietet. »Da
macht der Eyck ein solches Bild, das mehr wert ist als alles,
was ich gemacht habe!« soll Goethe erschüttert vor einer der
Altartafeln ausgerufen haben. Als Symbole des Ewigen nahm

er nun die Themen und Figuren der Gotik, die er lange abgelehnt hatte, und zögerte darum nicht, auch ihnen Platz im Divan zu geben. West-östlich wurde er durch die Aufnahme christlicher Legenden erst recht. So wie Goethe sie auf den frommen Heiligenbildern dargestellt gesehen hatte, gingen sie nun in die Welt seiner Gedichte ein: das Schweißtuch der Veronika mit dem wahren Bilde des Herrn, der Vera Ikon; die Geschichte von den Siebenschläfern; die Glaubensstreiter und Märtyrer, die Goethe als »Berechtigte Männer« in das Paradies eingehen heißt; und unter den »Auserwählten Frauen« steht wie im Faust an oberster Stelle die Jungfrau Maria in der Gestalt, wie sie auf den Passionsbildern des Mittelalters immer wieder erscheint. Dies Einbeziehen alter christlicher Kunst und Religion in seine eigene Vorstellungswelt ist die bedeutungsvollste Frucht der ersten Reise des fünfundsechzigjährigen Dichters. Die Rheinfahrt des nächsten Jahres sollte die Eindrücke noch verstärken.

Denn da besuchte er den Freiherrn vom Stein auf seinem Schloß Nassau und fuhr mit ihm hinunter nach Köln, um den seit Jahrhunderten unvollendeten Dom zu besichtigen. Die Brüder Boisserée hatten die kürzlich wiedergefundenen mittelalterlichen Risse der Fassade mit den Türmen veröffentlicht. Nun betrieb man den Plan, den gewaltigen Bau zu vollenden als ein Monument aus einer Zeit deutscher Größe, wie man sie für das Vaterland nach den Befreiungskriegen wieder erwartete. Die preußische Regierung in Berlin, der ja im Wiener Kongreß die Rheinprovinz zugefallen war, als Geldgeber zu gewinnen, war Steins Absicht. Keine gewichtigere Stimme aber konnte diesen Appell mehr unterstützen als die des größten deutschen Dichters. Statt eines solchen Memorandums hat Goethe im Jahre 1817 einen Aufsatz über alle Kunstschätze in öffentlichem und privatem Besitz drucken lassen, die er am Rhein gesehn hatte und die er der Pflege durch den Staat, dem Ausbau und der Publizierung empfahl. Immer wieder erwähnt er da den Kölner Dom. Er nennt ihn ein »Wunderwerk, gegründet auf die höchsten christlich-kirchlichen Bedürfnisse, so genial als verständig gedacht, durch vollendete Kunst und Handwerk ausgeführt«. Und zum Abschluß heißt es: »So wird man sich nicht verwehren, jene kühne Frage aufzuwerfen, ob nicht jetzt der günstige Zeitpunkt sei, an den Fortbau eines solchen Werkes zu denken.«

Mit solchen Äußerungen stellt Goethe die gotischen Meister als gleichrangig neben die der antiken Baukunst hin. Erst jetzt, da er die mittelalterlichen Künstler neben den griechischen Bildnern anerkennt, konnte eine weltweite, eine west-östliche Dichtung werden, wie wir sie in deutscher Sprache außer dem Divan nur noch im zweiten Teil des Faust besitzen. Seltsam genug bedeuten diese Werke der letzten Altersstufe zugleich eine Rückkehr zu Goethes Jugendanschauungen, die er nun von höherer Sicht aus wieder bejahen kann und in sein Weltbild einbezieht. Als Student hatte er in Straßburg den Hymnus auf das Münster und seinen Erbauer Erwin von Steinbach gesungen und den aufgeklärten Zeitgenossen des Rokoko »Von deutscher Baukunst«, ihren Wundern und Geheimnissen gesprochen. Der spätere Humanist, dessen Ruf »Sie sinds, die Griechen« den deutschen Klassizismus begründete, zeigt nun als ein Verjüngter seinem Volke wiederum, was es in seiner Vergangenheit an unvergänglichen Werken der Architektur und Malerei besitzt. Mancher Zeitgenosse wird die Wandlung nicht begriffen haben und gemeint haben, daß Goethe sich selbst widerspreche. Er selbst hat die Antwort gegeben und verraten, daß er solche Wiedergeburten, solche stufenweisen Erneuerungen, »dieses Stirb und Werde« als das oberste Gesetz des Lebens betrachte, das schließlich auch fortgelten werde nach dem physischen Tod des Menschen.

Im September 1814 ist Goethe, bevor er nach Heidelberg reiste, für zwei Wochen in Frankfurt gewesen und verkehrte dort mit den ihm von Jugendtagen her befreundeten Familien der Schlossers, Brentanos, Guaitas, Melbers, Stocks, Bethmanns, Städels und Passavants. Am liebsten ist er aber im Haus »Zum roten Männchen« und auf der nahegelegenen Gerbermühle gewesen, den beiden Wohnungen des mit seiner Mutter einst befreundeten und auch mit ihm schon lange Jahre bekannten Bankiers Johann Jakob Willemer, der 1816 vom preußischen König geadelt wurde. Dieser hatte sich gerade zum dritten Male vermählt, mit Marianne Jung, die er einst als Gefährtin seiner mit ihr gleichaltrigen Töchter in sein Haus aufgenommen hatte. Als halbes Kind noch war das aus Österreich stammende Mädchen zu der frankfurter Theatertruppe gekommen und hatte da als Tänzerin und Sängerin alle Welt entzückt, nicht zuletzt den jungen Clemens Brentano, von dem es einen Bericht über ihr Auftreten in einer

Pantomime gibt. Um sie vor den Gefahren des Bühnenlebens zu schützen und ihr eine bürgerliche Erziehung angedeihen zu lassen, hatte Willemer sie in seine Familie gezogen. Wenn sie nun, vierzehn Jahre später, eingewilligt hatte, seine Frau zu werden, so war das gewiß der freie Entschluß der Dreißigjährigen, die durchaus annehmen durfte, daß Dankbarkeit und Achtung die genügende Grundlage für eine Ehe mit dem ehrenwerten Mann sein würden. Wie konnte sie ahnen, daß Kräfte in ihr lagen, die durch die Begegnung mit einem Genie erst zu wecken waren, daß der Größte der Zeit von ihr bekennen würde: »Du, die so lange mir erharrt war«?

Auch Goethe ist sich in diesen Spätsommerwochen des Jahres 1814 dessen noch nicht bewußt geworden. Erst ein Jahr später sollte das gegenseitige Erkennen kommen, daß sie füreinander bestimmt seien. Die Tage im Hause Willemer hat er wie jeder andere Gast genossen, sich der von der Hausfrau geleiteten Gespräche über Kunst und Literatur gefreut, sich als den Dichter des Wilhelm Meister, des Lieblingsbuchs von Willemer, feiern lassen und nur überrascht sich eingestanden, daß er die Mignonlieder noch niemals mit solchem beseelten Verständnis hatte vortragen gehört, wie sie von Marianne gesungen wurden. Diesen Eindruck faßte er für sich selbst in Verse, die die Sängerin erst zu sehen bekam, als fünf Jahre später der Divan gedruckt war:

> Ist's möglich, daß ich Liebchen dich kose,
> Vernehme der göttlichen Stimme Schall!
> Unmöglich scheint immer die Rose,
> Unbegreiflich die Nachtigall.

Die Strophe verrät schon, wie Wesen und Gestalt Mariannes von Goethe als gleich wunderbar empfunden werden wie die von ihr geleistete Interpretation seiner Poesie. Aber noch glaubt er, daß seine Huldigung einer begnadeten Künstlerin gelte, nicht einer Frau, die über ein Jahr ihm bekennen würde:

> Meine Ruh, mein ganzes Leben
> Geb' ich freudig, nimm es hin!

Erst im August 1815, seinem Geburtsmonat, mußte auch er erkennen, daß er »eins und doppelt« geworden war und daß ein Wunder der Verjüngung – »Und noch einmal fühlet Hatem Frühlingshauch und Sommerbrand« – sein Schicksal geworden war. Er hat sich zu dieser Liebe sogleich bekannt, denn Marianne sollte nicht denken, daß er mit ihr gespielt habe. In einem Gedicht gestand er ihr, »daß ich nun, verarmt, mein Leben nur von dir gewärtig bin«.

Da Goethe Dichter war, hat er immer seine Liebe zu einer Frau in Versen ausgesprochen; ungewollt flossen die Worte in eine rhythmische Form, die den Stimmungen seines Gefühlslebens entsprach. Was er da für sich selbst niederschrieb oder der Geliebten zuschickte, es war ein Kunstwerk geworden. Ob es aber als solches erkannt wurde von der Person, die es in ihm geweckt hatte, hat er nie erfahren. Als Künstler blieb er einsam. Und nun geschah das Überraschende, das ihn zutiefst Erregende: Marianne antwortete schon am nächsten Tag, in Versen, die den Fluß und die Reime der seinen wiederholten und damit mehr als durch ihren Inhalt bewiesen, wie sie sein ganzes Wesen, nicht allein den Menschen, sondern vor allem den Dichter, sich zu eigen gemacht hatte.

Goethe hat für die Vielgeliebte den Namen Suleika gefunden. So hieß in der arabischen Legendendichtung die unerreichbare Geliebte Jussuphs. Denn daß auch seiner Liebe niemals dauernde Bindung beschert sein könnte, das hat Goethe sogleich gewußt, so sehr auch Marianne bereit war, alle äußeren und konventionellen Hindernisse zu mißachten. Sie fühlte sich für ihn vorbestimmt und durch diese Liebe nun erst zu ihrem vollen Leben erweckt. Für Goethe war es das gleiche: wie eine endlich eingetroffene Erfüllung vorgeahnter Ereignisse nahm er alles hin: »Denke nun, wie von so langem prophezeit Suleika war.« Und nun begann für wenige Wochen ein Austausch lyrischer Liebesbekenntnisse, wie ihn die gesamte Weltliteratur nicht kennt. Ein doppeltes Wunder, wenn man bedenkt, wie wenige Liebesgedichte von Frauen es überhaupt gibt. In deutscher Sprache sind die Mariannens die schönsten, die wir besitzen. Goethe hat sie – nur ganz wenig ändernd und mildernd – in den Divan aufgenommen. Dies Buch bewahrt aber andererseits auch alles, was dieser Frau als Dichterin zu sagen geschenkt war. Sie ist wieder verstummt, als Trennung und Verzicht über sie kamen, deren eines Gedicht mit dem Aufschrei begonnen hatte: »Nimmer will ich dich verlieren.«

Goethe war nach Heidelberg gegangen, wohl schon mit der Absicht, nicht wieder nach Frankfurt zurückzukommen und sich möglichst schonend zu lösen. Marianne begriff das nicht, sie glaubte an eine glückliche Wendung des Geschicks für alle Zukunft. In dieser sicheren Hochstimmung bestieg sie den

Reisewagen, um für drei Tage ebenfalls nach Heidelberg zu kommen. »Dort wo hohe Mauern glühen«, in den Ruinengärten des Heidelberger Schlosses, verbrachten Goethe und Marianne einen großen Teil dieser kurzen Frist. Der Dichter in einer Spannung der Gefühle, einer Mischung von begehrender Leidenschaft und wissender Verzweiflung darüber, daß dieser Liebe seines Alters das entscheidende Zu spät gesprochen war. Er hat es nicht vermocht, auch Marianne von dieser unvermeidlichen Wahrheit zu überzeugen. Als sie abfuhr, glaubte sie nur an eine kurze Trennung und rechnete mit einem baldigen Wiedersehn in Frankfurt. Dazu ist es nicht gekommen. Goethe beschloß, nach Weimar zurückzufahren und dabei den Weg nicht über Frankfurt, sondern über Würzburg zu nehmen. Welchen Kampf ihn das gekostet hat, können wir an den Berichten ermessen, die Sulpiz Boisserée von jenen Tagen gegeben hat. Noch deutlicher spricht Goethes Tagebuch davon. Dort steht hinter der Notiz, daß er den Absagebrief geschrieben habe, nur ein einziges arabisches Schriftzeichen, das übersetzt bedeutet: »Ich schreie vor Qual.« – Niemals wieder ist Goethe in den ihm noch vergönnten siebzehn Jahren seines Lebens nach Westdeutschland und in seine Vaterstadt gereist. Auch Marianne war nie in Weimar. Nur Briefe gingen bis zum Tode des Dichters zwischen ihnen hin und her.

Das Buch der Liebe und das Buch Suleika sind nur durch dieses persönliche Schicksal zu erklären; in ihnen ist es zum Kunstwerk geläutert in eine dauernd gültige Sphäre gehoben. Goethe steigerte das, was die Liebenden erfahren und gelitten hatten, zum Beispiel des auf dieser Erde in allen Weltteilen und zu allen Zeiten sich wiederholenden Schauspiels, das sich nach einem ständigen Gesetz vollzieht. Wie Dante und Beatrice oder Romeo und Julia für uns in der hohen Dichtung Symbole dieses Gesetzes wurden, so treten gleicherweise als ein Paar, dessen Namen man in einem Atem nennt, Hatem und Suleika in die Weltliteratur ein: »musterhaft in Freud und Qual.«

Die beiden Bücher des Divans, die von dieser Liebe sprechen, sind gewiß die unser Gefühl am meisten bewegenden. Doch nach dem Willen des Dichters sollen sie nicht herausgenommen werden, sondern stets in bezug auf das gesamte Werk gesehen werden, in dem Goethe das ganze Weltbild seines Alters ausbreitet, das was er nach allen Erfahrungen (nicht bloß als Liebender) als das Bleibende erkannt hatte.

In zwölf Bücher ist der West-östliche Divan aufgeteilt. In der Mitte des Bandes steht das Buch Timur. Es hat den geringsten Umfang; im Grunde enthält es nur ein einziges Gedicht, das die Übersetzung eines persischen Berichtes darstellt über den Untergang von Tamerlans Heer im Schnee, also eine augenfällige Parallele zu Napoleons Feldzug in Rußland. Für Goethe ein Beispiel für die Wiederkehr des Gleichen in der Geschichte, dafür daß ein »Tyrann des Unrechts« schließlich seinen Meister findet. Es ist anzunehmen, daß der Dichter noch weitere ähnliche Geschehnisse aus der Welthistorie anführen wollte, die sich auf die Gegenwart beziehen ließen. Je mehr der Divan sich aber zu einer zeitlos gültigen Sammlung seiner Weisheit gestaltete, paßten solche allzusehr an Ereignisse gebundene Schilderungen nicht mehr hinein. Der Blick auf die politische Geschichte konnte durch ein einziges Gedicht repräsentiert werden, war es doch das Weltbild eines Dichters, nicht eines Historikers, das sich im Divan formte.

Und so beginnt das Werk auch mit dem Buch des Sängers und dem Buch Hafis. In beiden Zyklen wird das Vorrecht des Poeten betont, durch alle Zeiten und Breiten zu schweifen, nicht in der Gegenwart zu verharren, weil sein Lied vom Ewig-Menschlichen seinen Wert nimmt: »Und ich reite froh in alle Ferne, über meiner Mütze nur die Sterne.« Die Ruhmgedichte auf das Dichtertum, die lehrhafter Art sind, teilte Goethe dem Buch des Sängers zu. Im Buch Hafis sammelte er lyrische Selbstbekenntnisse seines Dichtergefühls. Neben der Freiheit, die Welt nach seinem Maß zu sehn, fordert er hier das Recht, sie zu lieben und sich an ihr zu begeistern.

Die beiden der Liebe gewidmeten Bücher haben wir schon betrachtet. Das Buch, das die Begeistigung durch die Gaben der Welt feiert, heißt das Buch des Schenken. Denn unter dem Bilde und Gleichnis des Weingenusses – ja, man könnte sagen des zum Symbol erhobenen Rausches – spricht Goethe von dem gesteigerten, seelenlösenden, seherischen Zustand eines Dichters. Im Wein wird die Macht verherrlicht, die mit und durch den Rausch erhellt und wissender macht. So stehen denn in diesen einmaligen Trinkliedern Sätze wie »Der Trinkende, wie es auch immer sei, blickt Gott frischer ins Angesicht«. Daß solche Poetenweisheit von der Menge nicht verstanden, von Philistern und Pfaffen bekämpft wird, wußte und erfuhr Goethe. Er setzt sich mit diesen Feinden seiner Freiheit, seines Rausches und seiner Weltliebe im Buch des Unmuts auseinander. Gerne würde er diese Leute übersehen, wenn sie ihn auch in Ruhe ließen. So muß er gegen sie seine Stimme erheben. Meist geschieht das in überlegenem Ton, wie in dem Gedicht »Wanderers Gemütsruhe«. An anderen Stellen aber bricht der ganze Zorn Goethes über seine Neider durch. Mit Stolz fühlt er seinen überlegenen Wert und sein Recht, die kleinen Geister zu verspotten, die Nörgler und Heuchler zu entlarven. Doch schließlich tröstet er sich selbst: »Was klagst du über Feinde? Sollten solche je werden Freunde, denen das Wesen, wie du bist, im Stillen ein ewiger Vorwurf ist.« Das war es: Goethe war eine anspruchsvolle Gestalt geworden, ein Maßstab, an dem sich zu messen für niemanden bequem war. So sehr er auch gerade im Divan betont, daß aller Menschen Leben unter dem gleichen Gesetz steht und abläuft, – er hatte es erkannt, sich ihm wissend und glaubend unterworfen und war dadurch zu einem souveränen Zuschauer des Getriebes geworden, in dem sich die übrige Menschheit verirrte und verwirrte.

Was er von seiner Höhe aus sah, ordnete er in zwei Bücher des Divans ein, in das Buch der Betrachtungen und das Buch der Sprüche, das Lehren und Mahnungen enthält. Hier äußert sich der positive, jasagende Goethe, der im Buch des Unmuts sein Nein zu falscher Lebensart gesprochen hatte. Man muß diese Maximen als eine tägliche Stärkung und als Wegbegleiter nehmen, als welche sie gemeint sind. Wer in diesem Brevier nachschlägt, wird wohl für jede Situation, in der er sich gerade befindet, einen Trost wenn nicht Rat finden. Das hat der Großherzog Carl Alexander von Weimar, der Enkel von Goethes fürstlichem Freund, gemeint, als er sagte: »Ich könnte alles entbehren, Goethen nicht.«

Von wie vielen Büchern kann man das sagen? – Aber der Divan erschöpft sich nicht mit solchen Spruchweisheiten; seine drei letzten Bücher greifen noch weiter. Während die bisherigen vom Weltlauf, von den Erfahrungen eines Dichters, eines Weisen, eines Liebenden handeln, reden die Bücher der Parabeln, des Parsen und des Paradieses vom ewigen Walten Gottes, von Goethes Glauben an das über die erfaßbare Welt Hinausreichende, von dem diese Erde nur ein Teil ist. Weil sie das aber ist, können wir am Hiesigen die Art des Jenseitigen erahnen. Denn die irdischen Erscheinungen stehen nicht im Gegensatz zum Ganzen, sondern sind ein Abglanz von dem zukünftig uns Erkennbaren, sind ein Gleichnis des Ewig-dauernden. Darum dürfen wir alles unseren Sinnen Zugäng-liche als richtunggebende Hinweise auf das im Metaphysischen Geltende nehmen, das, weil es ja allumfassend ist, auch jedes Hiesige mitumschließen muß. Da dem Menschen im Erleben eines hiesigen Augenblicks die transzendierende Überzeugung werden kann, daß er nicht vergänglich ist, sondern mit zur Ewigkeit gehört, kann man jede leiblich-sinnliche und geistige Erfahrung als Sinnbild nehmen. In solchen Bildern, Allegorien, Parabeln spricht der Dichter, so vermag er am besten das Un-sagbare, nur Geglaubte mit und unter den Worten fühlbar zu machen.

Den Stoff für seine Vorstellungen vom Himmel und Paradies nimmt Goethe vorzüglich aus der muhammedanischen Lehre; er mischt ihn aber mit christlichen Bildern, wie er sie in den letzten Szenen des Faust ebenfalls zur Sichtbarmachung des Jenseits gebraucht hat. Auch im Divan ordnen sich in Rängen und Stufen die Berechtigten Männer, die Auserwählten Frauen, die immer strebend sich bemüht haben. Und wie Gretchen dort Faust entgegentritt und in höhere Sphären ziehen darf, so tritt unter den Huris in Allahs Paradies eine auf, von der Hatem sagt: »Ich wollt es beschwören, ich wollt es beweisen, Du hast einmal Suleika geheißen.«

So wie hier ausdrücklich auf das Buch Suleika Bezug ge-nommen wird, ergänzen sich fast alle Gedichte des Divans und stehen in einem geistigen Zusammenhang. Denn diese »Ver-sammlung« von Versen ist keine zufällige, sie ist durchaus ein einheitliches Werk, als solches von Anfang an geplant und das Ergebnis und der Niederschlag von Goethes Denken und Füh-len in einer einmaligen Periode seines Daseins. »West-östlich« nannte er sein Buch gerade darum, weil mit diesem Beiwort die augenblickliche Situation des Dichters am besten beschrieben war, der in seinem Alter durch die Beschäftigung mit dem Orient eine geistige Landschaft kennengelernt hatte, die seine Anschauung bestätigte, daß in der Geschichte der Völker wie im einzelnen Menschenleben ein großes Gesetz walte, das Gleiche immer wiederkehre. In seinem Brief an Zelter hat Goethe das ausgesprochen: »Diese muhammedanische Reli-gion, Mythologie, Sitte geben Raum einer Poesie wie sie mei-nen Jahren ziemt. Unbedingtes Ergeben in den unergründli-chen Willen Gottes, heiterer Überblick des beweglichen, immer kreis- und spiralartig wiederkehrenden Erdetreibens, Liebe, Neigung zwischen zwei Welten schwebend, alles Reale geläutert, sich symbolisch auflösend.«

Nun hat Goethe aber keineswegs angestrebt, in seinem Divan die Gedichtformen des Orients in deutscher Sprache nachzubilden. Nur ganz gelegentlich hat er die komplizierten Reimfindungen wiederholt, an denen Hafis reich ist. Auch die »Ghasel« genannte Form eines Gedichts findet sich nur in wenigen Beispielen. Wenn man dazu noch die Häufung der vergleichenden Bilder, mit denen der Dichter auf einen und denselben Gegenstand hinweist, als »orientalisch« bezeichnen will, so ist damit tatsächlich der Umfang der formalen Imitation beschrieben. Goethe brauchte und wollte kein fremdes Gewand und erst recht keine Maske. Er fand vielmehr einen ganz eigenen poetischen Stil für das, was er im Divan zu sagen hatte.

Auch das ist ein Beweis für das Wunder seiner Verjüngung. In seiner klassischen Periode hatte er fünffüßige Jamben geschrieben oder seine Epen in Hexametern verfaßt; Strophenformen wie Distichen oder Stanzen bevorzugte er. Nichts davon findet sich im Divan. Hier kehrt er meistens zu dem Lieblingsvers seiner Jugend zurück, dem viertaktigen Knittelvers. Besonders da, wo die Aussage epigrammatisch oder aphoristisch gefaßt ist, wie im Buch der Sprüche, stehen solche Verse, zwischen deren vier Hebungen beliebig viele Senkungen oder auch gar keine fallen dürfen, was zu den überraschendsten Rhythmen und Tempoveränderungen führt. Ein weiterer Teil der Divan-Gedichte – es sind übrigens die am frühesten entstandenen – sind singbare Lieder, die nicht für eine einzelne Stimme gedacht waren, sondern für gemeinsamen Gesang, sogenannte Gesellige Lieder. Äußeren Anlaß dazu gab die »Liedertafel« von Goethes Berliner Freund, dem Komponisten Zelter. Der wahre Grund aber, daß Goethe sich zu solchen Texten für Vokalmusik bereit fand, lag darin, daß er die in diesen Gedichten ausgesprochenen Überzeugungen gerne zum Allgemeingut gemacht hätte, weil er sie für verbindlich hielt. Die Themen dieser sich zum Vortrag und Chorgesang eignenden Strophen hat Goethe in dem Lied über die »Elemente« aufgezählt.

Allzu viele Stücke dieser lyrischen Gattung hätten aber den Zyklus gesprengt, der alle menschlichen Bereiche umfassen und nicht einzelne hervorheben sollte. Die Welt betrachten aber kann ein Dichter nur als Einzelner, und die Form seiner Aussage kann nur selten zum Tafellied werden. In den Lehrsprüchen und Lebensregeln des Divans ist Goethe zwar in der Wortwahl einfach und im Versbau sinnfällig-volkstümlich geblieben, aber diese Verse sind doch das Zeugnis dafür, daß alles »zur Reflexion hintrieb«, nicht mehr gesungen war, sondern gesprochen in heiterer oder ironischer Stimmung, in resignierender Weisheit oder mit leidenschaftlichem Bekenntniseifer. Der Vielfalt der Seelenlagen und dem Gewicht der Gedanken wird die Rücksicht auf eine gleichmäßige, regelmäßige Form geopfert, dafür aber jeweils eine einmalige Ausdruckskraft und unverwechselbare Geprägtheit gewonnen. Manchmal kann man gar nicht mehr von Versen oder Bindungen sprechen, nur noch von rhythmischer Prosa, da auch die Reime fehlen oder zu Assoziationen geworden sind. Goethe hat hier einen Stil gefunden, so einmalig in seiner jeden Schmuck und jede Pose verachtenden Würde wie er fähig ist, tiefste Geheimnisse und Erfahrungen mit knappen Wörtern der Alltagssprache wie als etwas Belangloses zu nennen. Unbefangen wie in der Periode des Sturm und Drangs nimmt Goethe seine Vergleiche und Wörter aus allen Sphären des Lebens. Er kann mit Regeln und Begriffen wie dem der künstlerischen Illusion brechen und spielen, wenn dadurch seine Gedanken eine größere Schlagkraft erhalten. Das ist ein sehr bewußtes Verfahren, nicht etwa sorglose Willkür. Goethe ist Meister und Kenner aller Mittel, doch sein Hörer soll das nicht merken; er scheint unabsichtlich und nachlässig zu sein, setzt aber einen scheinbaren Fehler und etwas Ungewohntes immer an solche Stellen seiner Verse, die er hervorheben und beachtbar machen will. Diese kunstvolle Kunstlosigkeit rückt den Divan weit ab von Goethes früher Lyrik. Der Fünfundsechzigjährige schreibt aus der Distanz heraus, seine Erlebnisinhalte betrachtet er und spricht sie erst dann aus, wenn er sie mit abgeklärter Heiterkeit weit von sich weggestellt hat und in dem ihm persönlich Geschehenen das allgemein Gültige, Typische erkannte. Denn er will ja lehren und belehren. Daraus ergibt sich die seltsam didaktische Art so vieler Divan-Weisheiten, die nur deswegen Poesie bleiben und sich von den Lehrgedichten der Aufklärer unterscheiden, weil sie von einer ursprünglich in der Tiefe der Seele durchlebten Erfahrung getragen werden. Aber dieses ihn allein angehende Ereignis verbirgt Goethe; der Schüler braucht die Schmerzen des Lehrers nicht zu kennen. Oft werden sie unter einer parodierenden Form verborgen, Goethe wird ironisch und scheut sogar das Mephistopheles-Lächeln gegenüber dem Baccalaureus nicht.

Der alte Dichter blickt wie sein Türmer Lynkeus im Faust von weit her über Land und Leute, und für ihn ist alles, was je er gesehen, gleicherweise beispielhaft brauchbar und der Poesie würdig. Ebenso hält er es mit der Weltgeschichte und deren großen Figuren, mit den Gestalten aus alter und neuer Dichtung. Wenn Goethe die Zeitalter und Völkertypen mischt, so deshalb, weil ihm solche Überschau die Dauer im Wechsel der Erscheinungen bewies. Deshalb dürfen wir uns nicht wundern, wenn neben dem alten orientalischen Schriftsteller Saadi und dem Mufti Ebusuud auch der spanische Dramatiker Calderon oder Ulrich von Hutten, Alexander der Große und Xerxes auftauchen. Neben Muhammed wird Christus genannt, ebenso die Propheten des Alten Bundes und Moses. Unbefangen stellt Goethe zu diesen Verkündern des alleinigen Gottes die Götter des Olymps, Hesperus, Aurora, Iris und Phöbus Apollo. Alle Figuren, alle Geschehnisse der erträumten und realen Welt der Menschen sind ja nur Spiegelbilder einer einzigen höheren Existenz und können darum dem Divan-Dichter für seine auf das Typische gerichtete Symbolik dienen. Goethe hat einmal gesagt, daß »kein organisches Wesen ganz der Idee, die zu Grunde liegt, entsprechend ist, hinter jedem die höhere Idee steckt, der Gott, – den wir alle ewig suchen und zu erschauen hoffen, aber nur ahnen können«. Seine Flucht in den Osten hatte ihn in dieser religiösen Überzeugung bestärkt. Frucht dieser Erkenntnis ist der Divan, ihr Kern das Gedicht »Talismane«.

Weil das Buch auf religiöser Grundlage steht, zeigt es ein geschlossenes Weltbild in seinen einzelnen lyrischen Stücken. Deren Aussagen und Gleichnisse scheinen sich zu wiederholen. Notgedrungen muß das so sein, und was von den Versen des Hafis gesagt wird, gilt auch für die des deutschen Divan-Dichters: »Dein Lied ist drehend wie das Sterngewölbe, Anfang und Ende immerfort dasselbe.« Wir ordnen die kreisende Schar der Sterne, indem wir Figuren in sie hineinsehen, die aber beliebig vertauschbar wären und ineinander überfließen können; doch ihre Gesamtheit erst bildet die Kugel.

So ist es auch mit der Bilder- und Figurenwelt des Divans: gegenseitig ergänzt sie sich und wird so zur Einheit. Sie ist wie ein geschliffener Edelstein mit vielen Facetten. Von ihnen erhält jede ihr Licht von den anderen und, wenn nur eine einzige fehlte, verlören die übrigen ihre Strahlkraft. So ist das Ganze mehr als die Summe seiner Teile, von denen man nicht sagen kann, welcher etwa der erste oder der wichtigste sei. Genau so sollen wir die Gedichte des Divans nehmen: jedes ist gleich wichtig, erhellt die anderen und wird durch sie wieder erhellt. Es gibt für diesen Kosmos des alten Dichters keine Ausgangs- oder Ansatzpunkte und auch kein Ziel. Er ruht in sich.

Hellmuth von Maltzahn

ALPHABETISCHES VERZEICHNIS
DER ÜBERSCHRIFTEN UND ANFÄNGE DER GEDICHTE

INHALT

West-östlicher Divan

GOETHE
IM ARTEMIS VERLAG

DER ARTEMIS-GOETHE

Gedenkausgabe der Werke, Briefe und Gespräche
von Johann Wolfgang Goethe
in 24 Bänden, 2 Ergänzungsbänden und 1 Registerband,
herausgegeben von Ernst Beutler

Seit der großen Weimarer Sophien-Ausgabe (1887–1920) übertrifft keine den Artemis-Goethe an Vollständigkeit; textkritisch steht er auf der Höhe der neuesten Forschung, so daß man Goethe in der besten existierenden Vorlage liest. Besonderes Profil gewinnt die Ausgabe nicht zuletzt durch die Herausgeber-Nachworte in jedem Band. Viele von ihnen sind Kunstwerke in sich, geschliffene Essays, die nicht nur informieren, sondern eine anregende Lektüre bieten. Der Artemis-Goethe ist nicht nur in die deutschsprachige Verlagsgeschichte, sondern auch in die Literaturgeschichte eingegangen, als eine allzeit bleibende Leistung um den größten deutschen Dichter.

Jeder Band mit einem zeitgenössischen Bildnis und 800 bis 1000 Textseiten: insgesamt 24 377 Seiten. Preis der Gesamtausgabe mit Bandnummern: in Leinen 750,– DM, in Leder mit Goldschnitt 1450,– DM. Bei Abnahmeverpflichtung ist Lieferung auch in Abständen möglich. Alle Bände sind ohne Bandnummern auch einzeln erhältlich und zwar in Leinen 33,50 DM und in Leder für 64,– DM. Der Ergänzungsband »Briefe aus dem Elternhaus« kostet 33,50 DM bzw. 64,– DM, während der Ergänzungsband »Tagebücher« in Leinen 45,– DM und in Leder 72,– DM kostet. Der »Registerband«, bearbeitet von Martin Müller, erscheint im Herbst 1971. Der Preis wird in Leinen etwa 64,– DM und in Leder etwa 98,– DM betragen. Einen ausführlichen Prospekt besorgt Ihnen gern Ihr Buchhändler oder wenden sie sich direkt an den Artemis Verlag 7 Stuttgart 1, Postfach 3173.

Textkritische Editionen deutscher Klassiker in Einzelbänden

Johann Wolfgang Goethe:
Sämtliche Werke in
45 Bänden
Herausgegeben von
Peter Boerner

Friedrich Schiller:
Sämtliche Werke in
20 Bänden
Herausgegeben von
Gerhard Fricke,
Herbert G. Göpfert und
Herbert Stubenrauch

Heinrich von Kleist:
Sämtliche Werke in
8 Bänden
Herausgegeben von
Helmut Sembdner

Georg Büchner:
Werke und Briefe in
einem Band
Herausgegeben von
Fritz Bergemann

Des Knaben Wunderhorn
in 3 Bänden
Gedruckt nach der
Erstausgabe von 1806/08

Johann
Wolfgang
Goethe

Der West-
östliche
Divan

dtv Gesamt
ausgabe 5

Friedrich
Schiller

Bühnenbe-
arbeitungen

Goethe: Egmont
Shakespeare: Macbeth
Gozzi: Turandot

dtv Gesamt
ausgabe 12

Heinrich
von
Kleist

Heinrich von Kleists
Lebensspuren

Dokumente und Berichte
der Zeitgenossen
Herausgegeben
von Helmut Sembdner

dtv Gesamt
ausgabe 8

Georg
Büchner

Werke und
Briefe

Dramen
Prosa
Briefe
Dokumente

dtv Gesamt
ausgabe

dtv-Gesamtausgaben

Eine Sammlung deutscher Poesie – nach den Erstdrucken

Epochen der
deutschen Lyrik
1700-1770

dtv
Wissenschaftliche
Reihe

Eine historische Dokumentation der lyrischen Dichtung vom frühen Minnesang bis zur Gegenwart. Der chronologische Aufbau des Werkes folgt den Erscheinungsdaten der Gedichte. Er zeigt getreu die Wandlungen der lyrischen Bilder und Themen, der Formen und Gattungen. Diese Anordnung bietet damit erstmalig Materialien zu einer Morphologie der Lyrik.

Durch die Prinzipien der Auswahl, durch den Abdruck der Gedichte in der ursprünglichen Textgestalt, durch die sachkundige Einführung zu jedem Band sowie durch die ausführlichen Autoren- und Quellenverzeichnisse empfiehlt sich diese Anthologie als unentbehrliches Quellenwerk für das Studium und als bisher umfassendstes Lesebuch deutscher Poesie.

Epochen der deutschen Lyrik
Herausgegeben von Walther Killy

Band 1: bis 1300. Hrsg.: Werner Höver
Band 2: 1300–1500. Hrsg.: Eva Kiepe-Willms
Band 3: 1500–1600. Hrsg.: Klaus Düwel
Band 4: 1600–1700. Hrsg.: Chr. Wagenknecht
Band 5: 1700–1770. Hrsg.: Jürgen Stenzel
Band 6: 1770–1800. Hrsg.: Gerhart Pickerodt
Band 7: 1800–1830. Hrsg.: Jost Schillemeit
Band 8: 1830–1900. Hrsg.: R.-R. Wuthenow
Band 9: ab 1900. Hrsg.: Gisela Lindemann
Band 10: Übersetzungen

Epochen der deutschen Lyrik